Zum Buch

Heute sind genau 13 Jahre vergangen, seit ich beim Lesen von Hölderlins Gedicht „Der Rhein" eine außergewöhnliche mystische Erfahrung machen durfte. Das Erlebnis dauerte fast zwei Wochen und war so stark, daß es mein ganzes Leben und meine Wahrnehmung tiefgreifend verändert hat. Es dauerte mehrere Monate, bis ich wieder in unserer alltäglichen Realität war. Meine eigenen Erfahrungen und Erlebnisse sind die Grundlage für mein Verständnis von Hölderlins Gedichten und meinen Versuch, ihre tiefe spirituelle Bedeutung zu ergründen.

Dieses Buch ist an alle Leser gerichtet, die sich auf einer spirituellen Suche befinden und die innerlich spüren, daß es weit mehr gibt als unsere zu Materie verdichtete Realität. Wer oder was sind wir? Woher kommen wir und wohin gehen wir nach unserem physischen Tod? Wer bist du?

13. Dezember 2021

HÖLDERLIN
Eine spirituelle Reise

Christian Sinclair

1. Auflage
Deutsche Erstveröffentlichung März 2022
Copyright der Originalausgabe 2021 bei Christian Sinclair
www.hoelderlin-eine-spirituelle-reise.de
ISBN: 978-3-00-071659-1

Das Werk, einschließlich seiner Teile, ist urheberrechtlich geschützt. Jede Verwertung ist ohne Zustimmung des Autors unzulässig. Dies gilt insbesondere für die elektronische oder sonstige Vervielfältigung, Übersetzung, Verbreitung und öffentliche Zugänglichmachung.

Titelcover: Elisa Terrazas
eterrazas07@yahoo.com.mx
Facebook: Elisa Terrazas

Gestaltung & Satz: Ralph Ludwig graphicdesign4you
www.graphicdesign4you.de

Lektorat & Texterfassung: M. Speidel

Vorwort	2
1. Unsere Seele, der geistige Urstoff der Schöpfung	4
Die Unsterblichkeit der Seele	4
2. Einssein und allumfassende Liebe als spirituelles Erlebnis	25
Die Nacht	25
Lied der Liebe	38
Hymne an die Unsterblichkeit	47
3. Die Göttin Urania, transzendentale Reisen in die Dimension der Ewigkeit und die Auflösung von Raum und Zeit	55
Hymne an die Göttin der Harmonie	55
Hymne an die Muse	71
Hymne an die Freiheit	81
Hymne an die Schönheit	86
Aus den verschiedenen Gedichten Diotima	90
4. Der große Kreislauf der Menschheitsgeschichte	108
Hymne an die Menschheit	108
5. Paradiesfall und wie wir uns selbst eine vorgestellte Realität erschaffen haben	140
Paradiesfall	140
Die heilige Bahn	176
6. Ewigkeit, Zeit, Schicksal und freier Wille	204
Die Bücher der Zeiten	204
7. Hölderlin zwischen Himmel und Erde	222
8. Erleuchtung befreit das Schicksal und ist der Beginn eines neuen Lebens	260
Der Rhein	260
9. Integration der archetypischen Kräfte der Götter in unser Sein	296
Patmos	296
Friedensfeier	300
10. Mein mystisches Erlebnis und die Magie der Zwischenwelten	332
11. Anhang / Literatur	352

Vorwort

Hölderlins Gedichte sind eine Reise in eine uns innewohnende andere Welt. Anhand seiner Rhythmen und seiner bildhaften Sprache, aber auch über den Inhalt seiner Texte will er uns eine ursprüngliche Wahrheit mitteilen und auf eine Reise mitnehmen. Er erklärt uns die Welt nicht über eine philosophische Lehre oder einen Glauben, sondern versucht uns innerlich anzusprechen, so daß wir die geistige Kraft der Schöpfung in uns selbst spüren und vielleicht sogar in ihre Dimension mitgenommen werden. Kein anderer deutscher Dichter beschreibt mit so eindrucksvollen und schönen Worten unseren göttlichen Ursprung, unsere Seele. Mit viel Freude und Liebe berichtet er von seinen transzendentalen Erlebnissen und erklärt, was uns innewohnt und wer wir eigentlich sind.

Seine Gedichte wollen im richtigen Tonfall und Rhythmus gesprochen werden, so daß sie in uns Altvergessenes wachrufen und dieses zur Wirkung kommen kann. In diesem Sinne ist es sicherlich angebracht, daß der Leser die Gedichte selbst liest und spricht, bevor er sich den Erläuterungen der Inhalte zuwendet.

Hölderlins Gedichte sind sehr schwer zu verstehen und deshalb ist dieses Buch ein Versuch, uns den Textinhalt und dessen Bedeutung verständlich zu machen, soweit diese mit unserem logischen Denken erfasst werden können. Dieses Buch ist keine wissenschaftliche Arbeit, weil man die geistigen Dimensionen, in die uns Hölderlins Gedichte entführen, nicht logisch erklären kann. Es geht um spirituelle und mystische Erfahrungen in einer mehrdimensionalen Welt, deren Essenz im Laufe dieses Buches anhand verschiedener Gedichte und Texte Hölderlins und auch anderer Schriften, vor allem Laotses Tao Te King, ausführlich erklärt wird.

Heute ist es wichtiger denn je zuvor in unserer Geschichte, daß wir unsere Vorstellung von uns selbst und unserem

Dasein als Mensch grundlegend verändern. Nur wenn wir uns innerlich transformieren und sich unser Bewußtsein grundlegend wandelt, werden wir es schaffen, unsere derzeitige Weltsituation zu verändern. Viele Gedichte Hölderlins sind für künftige Generationen geschrieben und rufen in den Wandel der Zeit!

Von Natur aus haben wir verschiedene geistige Dimensionen in uns, zu denen wir im Laufe von tausenden von Jahren immer weniger Zugang hatten. Immer wieder versucht Hölderlin, uns innerlich zu öffnen, so daß wir nicht nur unsere vorgestellte Welt wahrnehmen, sondern die eigentliche Wirklichkeit und uns bewußt werden, wer wir eigentlich sind. Er erklärt uns auch, wie wir uns in tausenden von Jahren mit unseren Vorstellungen, Gedanken, Wünschen und Handlungen eine eigene Realität erschaffen und uns immer mehr von unserem göttlichen Ursprung entfernt haben. Es gibt viele geistige Dimensionen und in allen wirken geistige Wesenheiten als ausführende Kräfte, derer wir uns heute nicht bewußt sind. Für Hölderlin sind die Götter der höheren geistigen Sphären genauso existent wie Geister und Dämonen, die hier auf der Erde wirken. In vielen Gedichten spricht Hölderlin aus einer höheren Dimension und beschreibt uns in seiner unglaublichen poetischen Sprache die Zusammenhänge der uns innewohnenden geistigen Welten. Vielleicht sind seine Gedichte die einzigen Schriften, die wir auf Deutsch und im Original lesen können, in denen jemand aus der geistigen Dimension der Schöpfung und mit erwachtem Bewußtsein zu uns spricht.

1 Unsere Seele, der geistige Urstoff der Schöpfung

Die Unsterblichkeit der Seele

Dieses Gedicht schrieb Hölderlin, als er siebzehn oder achtzehn Jahre alt war. Er beschreibt uns eine mystische, mehrdimensionale Welt, die er schon als Jugendlicher erleben durfte.

Die Unsterblichkeit der Seele

Da steh' ich auf dem Hügel, und schau' umher,
Wie alles auflebt, alles empor sich dehnt,
Und Hain und Flur, und Tal, und Hügel
Jauchzet im herrlichen Morgenstrahle.

In der Morgendämmerung ist Hölderlin auf einem Hügel und schaut zu wie die Natur erwacht. Tautropfen glitzern in den ersten Sonnenstrahlen und für ihn scheint ein ganz normaler Tag zu beginnen. Doch auf einmal wird alles lebendig und dehnt sich nach oben aus. Die ganze Natur lebt und streckt sich gegen den Himmel. Er beobachtet mit Freude wie alles größer und weiter wird und sich die Pflanzen der Sonne öffnen. Die Dunkelheit ist vorüber und es wird wieder klar und hell, so daß auch in ihm das Göttliche erwacht und sich eine höhere Bewußtseinsebene eröffnet.

> O diese Nacht – da bebtet ihr, Schöpfungen!
> Da weckten nahe Donner die Schlummernde,
> Da schreckten im Gefilde grause
> Zackigte Blitze die stille Schatten.

Mit „Nacht" meint Hölderlin nicht die Nacht als solche, sondern daß wir normalerweise in einer Verdunkelung sind und leben. Wir sind uns unserer Seele nicht bewußt und haben keinen Zugang zu ihr. Das Gedicht will uns aufwecken, unsere schlafende Seele wachrütteln, so daß wir das, was in den folgenden Strophen des Gedichts beschrieben wird, bewußt erleben können. Eine vom Himmel kommende übernatürliche Kraft soll unsere Schatten, unsere Verdunkelung, erschrecken und vertreiben, so daß wir nicht nur ein Abbild wahrnehmen, sondern die eigentliche Wirklichkeit.

> Jetzt jauchzt die Erde, feiert im Perlenschmuck
> Den Sieg des Tages über das Graun der Nacht –
> Doch freut sich meine Seele schöner
> Denn sie besiegt der Vernichtung Grauen.

Innerhalb unserer kollektiven Umnachtung, in der wir in unserer Unbewußtheit leben, wirken polare Kräfte, die Hölderlin anhand von Tag und Nacht bildhaft macht. Die Nacht ist dunkel und man hat nachts ja auch eher Furcht oder Angstgefühle. Jeder hat sicherlich schon angstvolle Nächte, zumindest als Kind, erlebt und war froh, als es wieder Tag wurde und die Sonne schien. Nachts sind wir Menschen oft mehr getrieben. Es geschehen mehr Verbrechen, man hat öfters Sex, es wird mehr getrunken, gefeiert oder auch gestritten. Auf der Erde existieren für uns Menschen gegensätzlich wirkende Kräfte. Das Positive, in diesem Fall der Tag, ist stärker als das „Grauen der Nacht". Der Tag, also für uns auch das

Helle und Sichtbare, besiegt die Dunkelheit der Nacht und alles, was mit ihr einherging.

Doch es gibt etwas, das selbst den Tag, die Sonne, die Schönheit der Natur und all die damit verbundenen Erlebnisse übertrifft. Unsere Seele. In diesem Gedicht schildert uns Hölderlin die Erfahrung, die er macht, wenn er zu seiner Seele gelangt. Unsere Seele ist schöner als alles Irdische. In reiner Form, so wie wir sie bei diesem Gedicht erleben sollen, ist sie über alle polaren Kräfte, die hier auf der Erde wirken, erhaben. Wenn man zu seiner Seele gelangt, so erlebt man eine Dimension, in der beides überwunden wird; der Tag und die Nacht. Es ist ein Seinszustand, den wir uns mit uns mit unserem Verstand nicht vorstellen können. Er soll erlebt werden.

Denn – o ihr Himmel! Adams Geschlechte sinds,
die diese Erd' im niedrigen Schoße trägt –
O betet an, Geschlechte Adams!
Jauchzet mit Engeln, Geschlechte Adams!

In der Dimension unserer Seele wird Hölderlin sich bewußt, daß wir Menschen göttlicher Abstammung sind. Nur dadurch ist diese Erfahrung, die er macht, überhaupt möglich. Die Erfahrung des Göttlichen ist für ihn das Schönste, was man als Mensch erleben kann. Nur das Göttliche in uns wird von ihm angebetet. Über Rhythmus und Klang seiner Gedichte versucht Hölderlin uns innerlich zu berühren, so daß wir die Schwingung des Göttlichen in uns spüren und Zugang zu unserer Seele bekommen. Hölderlin will all die Freude, die er bei seinen außergewöhnlichen transzendentalen Erfahrungen machen durfte, mit uns teilen und uns auf diese Reise mitnehmen.

> *O ihr seid schön, ihr herrliche Schöpfungen!*
> *Geschmückt mit Perlen blitzet das Blumenfeld;*
> *Doch schöner ist des Menschen Seele,*
> *Wenn sie von Euch zu Gott sich erhebet.*

Hier auf der Erde mag es vieles geben, was uns schön erscheint, Blumen, Täler, Berge, Strände und all die Erfahrungen, die wir in der Natur machen können. Viele von uns machen in der Natur ihre schönsten, friedlichsten oder auch abenteuerlichsten Erfahrungen, sei es bei einem gemütlichen Spaziergang, beim Tauchen oder beim Bergsteigen. Die Natur bietet für jeden etwas. Weiße Strände mit blauem Meer in der Karibik oder glitzernde Seen mit den schneebedeckten Bergen der Alpen im Hintergrund. Doch all dies ist nichts im Vergleich zu der Erfahrung, die uns Hölderlin hier beschreibt. Es ist eine Reise in eine höhere Dimension, in der man in göttliches Bewußtsein aufsteigt. Hölderlin erklärt in Bildern, was er erleben durfte oder sogar im Moment des Schreibens erlebt. Die Seele des Lesers wird aufgefordert sich auf die Reise zu begeben und ihn mitzunehmen.

> *O, dich zu denken, die du aus Gottes Hand*
> *Erhaben über tausend Geschöpfe gingst,*
> *In deiner Klarheit dich zu denken,*
> *Wenn du zu Gott dich erhebst, o Seele!*

Unsere Hände sind die ausführende Kraft unseres Verstandes. Unser Verstand ist aber heute von individuellen Wünschen und Vorstellungen geprägt. Deshalb handeln wir fast nie im Sinne eines uns innewohnenden höheren Bewußtseins. Hölderlin sagt uns hier, daß das nicht immer so war. Als wir Menschen noch den Zugang zu unserer Seele hatten oder vielleicht sogar in ihrer Dimension lebten, wurden wir direkt von Gott geleitet. Wir waren die ausführende Hand Gottes und standen somit auch höher als andere Lebewesen, die dieses Bewußtsein nicht hatten. In diesem Gedicht bekommt Hölderlin diesen Zugang und das damit verbundene Wissen und Bewußtsein wieder. Die Umnachtung unserer diesseitigen polaren Realität wird von ihm überwunden. Jetzt, wenn er sich mit seiner Seele in eine höhere göttliche Dimension begibt, wird alles klar und rein. Seine Gedanken sind nun nicht mehr irdisch, sondern er kann höhere Gedanken zulassen und uns somit auch höheres Wissen in seiner reinen Form mitteilen.

> Ha! diese Eiche – strecket die stolze nicht
> Ihr Haupt empor, als stünde sie ewig so?
> Und drohte nicht Jehovas Donner,
> Niederzuschmettern die stolze Eiche?

> Ha! diese Felsen – blicken die stolze nicht
> Hinab ins Tal, als blieben sie ewig so?
> Jahrhunderte – und an der Stelle
> Malmet der Wanderer zu Staub das Sandkorn.

In diesen Strophen fängt Hölderlin langsam an, das Verhältnis von der für uns sichtbaren Natur zu uns Menschen und zu den auf uns wirkenden himmlischen Kräften zu erklären. Eine scheinbar alte Eiche kann von einem Blitz auf einen Schlag zerstört werden. Selbst Felsen verändern sich im Lauf der Jahrhunderte. Wir Menschen jedoch werden immer da sein, selbst, wenn der Fels wieder zu „Staub" geworden ist. Bildlich will er hier sagen, daß selbst dann, wenn alles Materialisierte verschwunden ist, werden wir, unser Sein, unsere Seele, immer noch existieren. Mit dem Bild des Wanderers gibt er erste Hinweise bezüglich Reinkarnation. Wir wandern durch die Zeit, das heißt, da wo vorher noch ein Felsen stand, werden wir tausende Jahre später nur noch Sand vorfinden. In späteren Gedichten wird dieses Thema von ihm ausführlicher erklärt.

> Und meine Seele – wo ist dein Stachel, Tod?
> O beugt euch, Felsen! neiget euch ehrfurchtsvoll,
> Ihr stolzen Eichen! – hörts und beugt euch!
> Ewig ist, ewig des Menschen Seele.

Unsere Seele wird es immer geben - auch wenn alles, was es auf der Erde gibt, vergangen ist, ja selbst dann noch, wenn die Erde an sich nicht mehr existiert. Es gibt also etwas in uns, das uns mit der höheren Sphäre der Ewigkeit verbindet und all das, was materiell manifestiert ist, überlebt. Wenn wir zu unserer Seele gelangen werden wir uns bewußt werden, daß es in uns eine vollkommen andere Dimension gibt, die nicht materialisiert ist und in der es auch keine Zeit gibt. Schon in jungen Jahren war es Hölderlin erlaubt, in diese geistige Welt einzureisen und schildert uns mit Begeisterung, was er sieht und erlebt.

> Mit grausem Zischen braust der Sturm daher,
> Ich komme, spricht er, und das Gehölze kracht
> Und Türme wanken, Städte sinken,
> Länder zerschmettern, wenn ich ergrimme.

In dieser und in den folgenden Strophen erklärt Hölderlin, wie verschiedene Kräfte hier in unserer irdischen Dimension wirken. Aus Wut und Haß können wir ganze Städte und Länder zerstören. Gedanken und Vorstellungen bestimmen uns und sind fast immer der Anfang allen Übels. Aufgrund von falschen Vorstellungen versklaven wir uns und andere. In uns und auf uns wirkt die Macht unserer Gedanken oft katastrophal, so wie in der Natur ein Sturm Bäume entwurzelt oder ganze Landstriche zerstören kann. Immer wieder gibt es Herrscher oder Regierungen, die wahnhaften Gedanken verfallen sind und Kriege anfangen, um diese zu verwirklichen. Der Sturm steht für das Element Luft und ist bei uns Menschen gleichbedeutend mit unserem Verstand.

Doch – wandelt nicht in Schweigen der Winde Dräun?
Macht nicht ein Tag die brausende atemlos?
Ein Tag, ein Tag, an dem ein andrer
Sturm der verwesten Gebeine sammelt.

So schnell wie der Sturm kam, so schnell ist er auch wieder vorbei. Oft ist nach einem Tag alles wieder ruhig, als ob es ihn gar nie gegeben hätte. Wir sehen noch die Zerstörung, die er angerichtet hat, den Orkan selbst aber nicht mehr. Manchmal haben wir Momente, in denen zerstörerische Gedanken in uns Wut oder Haß verursachen. Menschen, die cholerische Anfälle haben und nach ein paar Minuten wieder normal sind. Meist sind wir uns nicht bewußt, was Gedanken bewirken. Es gibt Menschen, die ihr ganzes Leben die Vorstellung haben, daß sie Geld oder Macht haben müssen und all ihre Handlungen sind von diesen Zielen bestimmt. In ihrem ganzen Leben tun sie nichts anderes und nur das Erreichen diese Ziele scheint sie glücklich zu machen. Neue Ideen und Gedanken sind der Anfang von jeder neuen Zeitepoche und bestimmen diese. Es waren die Ideen der Aufklärung, die zu einer Verurteilung des Mittelalters führten und den Beginn einer neuen Zeitepoche ermöglichten. Ständig kommen Gedanken und verdrängen andere.

Unser ganzes Denken und Wissen beschränken sich

jedoch fast bei allen Menschen auf das, was wir in unserer Realität sehen und mit unserer logischen Denkweise überprüfen können. So wie individuelle Gedanken einzelne Menschen bestimmen, so werden auch ganze Menschheitsepochen von bestimmten Ideen und Vorstellungen und deren Auswirkungen bestimmt. Für Hölderlin entstehen Gedanken nicht nur in unserem Verstand, sondern sie existieren auch in einer höheren geistigen Sphäre. Immer wieder wird neues Gedankengut auf die Erde zu uns Menschen kommen und das Vorherige vergessen machen. Es findet also keine, in unserem Verstand entstandene, lineare Entwicklung statt, sondern Gedanken kommen wie ein „Sturm" auf die Erde und bestimmen uns.

Für unsere Seele ist dies alles wie ein Tag, sowohl ein Zeitabschnitt eines einzelnen Lebens als auch eine Zeitepoche der ganzen Menschheit. Sie ist ewig, das heißt, sie ist nicht an eine lineare von uns vorgestellte Zeiteinteilung gebunden. Es ist eine andere Dimension, in der ein Tag so viel ist wie tausende von Jahren. In ihrer Welt gibt es unsere Zeit so nicht. Unsere Gedanken als Mensch bewirken, daß wir nicht zu unserer Seele finden, dies soll später genauer erklärt werden, können aber letztendlich unserer ewigen Seele keinen Schaden zufügen, höchstens uns selbst oder unseren Mitmenschen.

Zum Himmel schäumt und woget der Ozean
In seinem Grimm, der Sonnen und Monde Heer
Herab aus ihren Höhn, die stolze
Niederzureißen in seine Tiefen.

Der Ozean steht bildhaft für das Element Wasser und damit für unsere Gefühle, Emotionen, Träume oder auch für unsere Empfindungen. Wir wissen fast nie, wo unsere Gefühle herkommen oder was uns ein Traum sagen wollte. Das Meer repräsentiert auch unser Unterbewußtsein, also all jene Kräfte, die auf uns und in uns wirken und die wir normalerweise nicht sehen können. Hier sagt Hölderlin, daß, wenn er in die geistige Dimension seiner Seele gelangt oder auf dem Weg dorthin ist, sogleich Kräfte dahingehend wirken, ihn wieder in unsere Dimension zurückzuholen. Kräfte, derer wir uns nicht bewußt sind, versperren den Weg zu unserer Seele und damit zu unserem göttlichen Ursprung. Unser Bewußtsein ist wie ein Eisberg. Der größte Teil liegt unter Wasser. Unser Unterbewußtsein ist viel grösser als unser Bewußtsein und bestimmt uns mehr als wir denken. Die ausführenden Kräfte des Unbewußten, des Meeres, bezeichnet Hölderlin als Heere von Sonnen und Monden. Sie wollen nicht, daß wir uns unserer Seele bewußt sind oder gar ihre Dimension selbst erleben und verstecken sozusagen unsere Seele im großen Meer unseres Unterbewußtseins. Dies ist nicht nur bildhaft zu verstehen, für Hölderlin existieren solche Kräfte wirklich.

Was bist du Erde? hadert der Ozean,
Was bist du? streck' ich, nicht, wie die Fittige
Aufs Reh der Adler, meine Arme
Über die Schwächliche aus? – was bist du,

Hier auf der Erde wirken höhere Kräfte, die immer über uns schweben. Wir sind schwach und unserem Unterbewußtsein ausgeliefert. Der Adler steht symbolisch aber auch als Botschafter der höheren Götter. Wir erhalten also über unser Unterbewußtsein auch Wissen, Botschaften und Signale. Hölderlin beschreibt in Bildern beide Seiten der für uns nicht sichtbaren Kräfte. Zum einen können sie uns helfen, zum andern lassen sie es aber auch nicht zu, daß wir zu unserer Seele gelangen. Rein körperlich betrachtet wirken sich die Ozeane von Gefühlen und Emotionen auch auf unseren Körper und somit auf unsere Gesundheit aus. Die Erde steht hier auch für das Element Erde und somit für alles irdisch gestaltgewordene.

> Wenn nicht zur Sonne segnend mein Hauch sich hebt,
> Zu tränken dich mit Regen und Morgentau?
> Und wann er sich erhebt zu nahn in
> Mitternachtswolken, zu nah'n mit Donnern;

> Ha! bebst du nicht, gebrechliche? bebst du nicht?

Auch hier werden wieder die gegensätzlichen Kräfte, die in unserem Unterbewußtsein wirken, beschrieben. Wasser macht alles Leben überhaupt möglich. Ohne Wasser wäre alles eine unfruchtbare Wüste. Unser Leben als Mensch hier in unserem Körper, wo wir von polar wirkenden Kräften bestimmt werden, wäre ohne die Wirksamkeit unbewußter Mächte gar nicht möglich. Sie sind es ja, „der Sonnen und Monde Heer", die dafür sorgen, daß wir nicht bei unserer Seele sind, also in einer höheren nichtmaterialisierten Dimension, die nicht an Ort und Zeit gebunden ist und uns in unserer Realität festhalten.

Nachts wirken diese Kräfte stärker und wir bekommen deswegen auch öfters Angst. In vielen Geschichten, Büchern oder Filmen ist Mitternacht auch die Geisterstunde oder Stunde der Magie. Das Gedicht sagt hier, daß um Mitternacht diese Kräfte am stärksten wirken und wir am hilflosesten sind. In Bildern erklärt uns Hölderlin die verschiedenen Bedeutungen des Elements Wasser. Zum einen sind es die unbewußten Kräfte, die unsere Seele immer wieder aus der Höhe einer himmlischen Sphäre herunterreißen und zum anderen sind es aber auch Kräfte, die unser irdisches körperliches Dasein als Mensch ermöglichen, indem sie uns an unsere

Realität binden.

> Und doch! vor jenem Tage verkriechet sich
> Das Meer, und seiner Wogen keine
> Tönt in die Jubel der Auferstehung.

Wenn wir eins mit unserer Seele sind, so haben die unbewußten Kräfte der Polaritäten keine Macht mehr über uns. Wir sind jetzt über ihnen in einer vollständig anderen zeitlosen Dimension, in der weder die Kräfte von Gefühlen oder Emotionen noch unserer Gedanken wirken. Unsere Seele existierte schon vor der materialisierten Welt und wird auch nach ihr weiterhin existieren. Auferstehung wird in vielen Religionen vollkommen unterschiedlich gedeutet. Selbst innerhalb des Christentums gehen die Meinungen, je nach Zeit und Richtung, weit auseinander. Hölderlin erklärt dies im späteren Teil dieses Gedichtes sowie in anderen Gedichten.

> Wie herrlich, Sonne! wandelst du nicht daher!
> Dein Kommen und Dein Scheiden ist Widerschein
> Vom Thron des Ewigen; wie göttlich
> Blickst du herab auf die Menschenkinder.

> Der Wilde gafft mit zitternden Wimpern dich
> O Heldin an, von heiligen Ahndungen
> Durchbebt, verhüllt er schnell sein Haupt und
> Nennet dich Gott, und er baut dir Tempel.

In der Menschheitsgeschichte wurde die Sonne oft als Gottheit verehrt. Nicht nur Naturvölker und Nomaden beteten sie an, sondern auch in Hochkulturen wie in Ägypten, Griechenland oder Mexiko war sie oftmals die höchste Gottheit. Sie ist viel größer als unsere Erde und gibt uns Licht und Energie. Viele Menschen glaubten, daß sie die größte und zentrale Kraft des Universums ist. Tempel und Pyramiden wurden gebaut, um diesen Gott oder diese Göttin zu verehren und anzubeten. Es scheint so, als ob wir im Vergleich zu ihr nur kleine Menschen sind. In der Astrologie, in unserem Geburtshoroskop, definiert die Sonne unser Sternzeichen. Unter den Elementen repräsentiert sie das Feuer. Hölderlin nennt alle Völker, die die Sonne anbeten, Wilde und erklärt uns dies auch. Die Menschen haben innerlich Angst vor einer scheinbar höheren Kraft, die auf sie und die Erde wirkt. Sie zittern vor dieser Macht und bauen Heiligtümer, um sie zu verehren und zu besänftigen. Sie wollen sich aus Angst vor ihrer Größe mit dieser Göttin gut stellen.

Und doch, o Sonne! endet dereinst dein Lauf,
Verlischt an jenem Tag dein hehres Licht.
Doch wirbelt sie an jenem Tage
Rauchend die Himmel hindurch, und schmettert.

Nur Wilde können etwas anbeten, das vergänglich ist. Selbst die Sonne wird eines Tages nicht mehr existieren! Ihr Licht nicht mehr da sein. Am Schluß wird sie explodieren! Erstaunlich wie dies Hölderlin 1788 schon als Achtzehnjähriger erkannte. Wie konnte er dies damals wissen?

> O du Entzücken meiner Unsterblichkeit!
> O kehre du Entzücken! du stärkest mich!
> Daß ich nicht sinke, in dem Graun der
> Großen Vernichtungen nicht versinke.
>
> Wenn all dies anhebt – fühle dich ganz, o Mensch!
> Da wirst du jauchzen, wo ist dein Stachel, Tod?
> Denn ewig ist sie – tönt es nach ihr
> Harfen des Himmels, des Menschen Seele.

Unser innerster Kern, unsere Seele, wird immer da sein. Selbst wenn es die Sonne und unsere Erde nicht mehr gibt. Hölderlin will uns auf die Reise zu unserer Seele mitnehmen. „Wenn all dies anhebt – fühle dich ganz, o Mensch!" Wir sollen uns selbst beim Lesen dieses Gedichts in diese Höhe begeben! Alle anderen Kräfte sollen für Momente aufhören zu wirken. Die Seele will von uns selbst erfahren werden. Nur dann sind wir wieder ganz! Das ist das eigentliche Ziel vieler Gedichte Hölderlins. Seine Gedichte sollen und wollen im Rhythmus so gesprochen werden, daß sie auf uns wirken können und wir selbst in die Ewigkeit einreisen und erfahren, was und wer wir eigentlich sind.

Erst wenn wir etwas selbst erlebt haben, können wir wirklich wissen, um was es eigentlich geht und was es bedeutet. Ein Kind weiß auch nur wie gefährlich Feuer sein kann, nachdem es sich das erste Mal verbrannt hat. Wir sammeln im Leben verschiedene Erfahrungen und lernen aus ihnen. Die Gedichte Hölderlins wollen uns direkt mitnehmen in eine andere Welt. Die Erfahrung, die man macht, wenn man in die Ewigkeit unserer Seele einreist, ist das Höchste, was man als Mensch erleben kann.

Die Freude, die Hölderlin in dieser für uns unvorstellbaren Dimension erlebt, will auf uns überspringen, so daß wir zu unserem innersten Kern zurückkehren, der immer da war und immer da sein wird. Die Seele ist unsere innerste Stimme, mit der wir uns direkt mit Gott verbinden. Sie steht über allen Mächten, die uns normalerweise bestimmen und auf uns wirken. Sie ist älter und stärker als die „Heere von Sonnen und Monden", als unsere Gedanken, Gefühle, Emotionen und deren Wirkung, als unser Körper, ja selbst stärker als die Kraft der Sonne.

O Seele! jetzt schon bist du so wundervoll!
Wer denkt dich aus? daß wann du zu Gott dich nahst
Erhabne, mir im Auge blinket
Deine Erhabenheit – daß du, Seele!

Wann auf die Flur das irdische Auge blickt,
So süß, so himmlisch dann dich in mir erhebst –
Wer sah, was Geist an Körper bindet, wer
Lauschte die Sprache der Seele mit den

Verwesungen? – O Seele schon jetzt bist du
So groß, so himmlisch, wann du von Erdentand
Und Menschendruck entlediget in
Großen Momenten zu deinem Urstoff

Empor dich schwingst.

Hölderlin darf diese außergewöhnlichen Erfahrungen machen, während er hier auf der Erde ist und versucht uns in diese himmlische Dimension mitzunehmen. Wir können sie jetzt erleben und nicht erst nach unserem Tod. Sein Körper ist zwar noch hier, aber er erlebt und sieht eine uns innewohnende geistige Urkraft, die er als unsere Seele bezeichnet. In diesem Moment ist alles Irdische, also alles, was wir in unserer Realität als Materie sehen und wahrnehmen, nicht mehr da. Alle Kräfte, die normalerweise auf uns wirken und uns von dieser Dimension trennen, sind bei diesem Erlebnis überwunden.

Hölderlin glaubt nicht nur an eine ewige Seele, sondern er weiß, daß sie wirklich existiert! Er berichtet, was er in ihrer geistigen Dimension sieht und erlebt! Unsere Seele ist die Verbindung von unserem Verstand und unserem Körper sowie zu allem, was schon vorher da war. Sie verbindet uns mit dem Urstoff, ja sie ist der Urstoff selbst. Aus unserer Seele wurde alles andere erschaffen. Sie ist älter als unsere Erde, älter als Sonne, Mond und Sterne. Hölderlin erlebt und sieht, daß in uns etwas existiert, das nicht materiell manifestiert ist und daß dieses Etwas schon immer da war und immer da sein wird. Es ist wie eine Urkraft, aus der alles hervorging und die uns mit dem ursprünglichen Geist der Schöpfung verbindet oder dieser selbst ist. Unsere Gedanken und Worte reichen nicht aus, um diese ursprüngliche Kraft zu beschreiben. Hölderlin nennt sie unsere ewige Seele und erklärt in verschiedenen Gedichten wie sie wirkt, was er sieht oder auch was er fühlt und empfindet. Für Hölderlin sind nicht die Elemente Feuer, Wasser, Luft und Erde der Ursprung der Schöpfung, sondern die geistige Kraft unserer Seele. Die Elemente sind aus ihr erschaffen worden und werden von ihr geleitet.

Unsere Seele ist der Urstoff selbst und sie verbindet auch die geistigen Welten mit den körperlich Gestalt gewordenen. Im Kleinen verbindet sie so unseren Verstand mit unserem Körper und im Großen alles, was materialisiert Gestalt geworden ist mit der geistigen Kraft der Schöpfung, die sie ja selbst wiederum ist. Sie ist sowohl unsere Verbindung zu den höheren geistigen Welten als auch zu Gott.

> Wie Schimmer Eloas Haupt
> Umschwebt der Umkreis deiner Gedanken dich
> Wie Edens goldne Ströme, reihen
> Deine Betrachtungen sich zusammen.

Jetzt ist Hölderlin für Momente ganz bei seinem Urstoff angelangt. Seine Seele ist zu ihrer Quelle zurückgekehrt. Er wird sich bewußt, daß unsere Gedanken, bereits bevor wir Gestalt werden, in der geistigen Dimension der Ewigkeit vorhanden sind. So wie Gedanken wie ein Schimmer um das Haupt Gottes schweben und ganze Universen erschaffen, so existieren auch seine Gedanken in dieser göttlichen Höhe. Es sind göttliche Gedanken und zugleich auch seine eigenen. Aus der Kraft dieser Gedanken werden unsere Vorstellungen Gestalt und somit materialisiert. Die Idee von uns Menschen, von der Erde, ja von allem was wir kennen, existiert bereits vor der manifesten Gestaltwerdung.

Hier erklärt uns Hölderlin, wie unsere Vorstellungen und Ideen zusammen mit der Kraft unserer Seele Materie erschaffen. Er sieht, wie aus diesem ewigen Urstoff die Erde und auch wir selbst erschaffen werden. Es ist, wie wenn Gedanken mit Hilfe einer unerschöpflichen ewigen Energie materialisiert wurden und werden. „Wie Edens goldne Ströme, reihen deine Betrachtungen sich zusammen". In wunderschönen Worten erklärt uns Hölderlin wie er in der Dimension unserer Seele göttliche Schöpfung erlebt und sieht. Unsere Vorstellung von der Welt wird real Gestalt.

Es sind göttliche Gedanken, aber auch unsere eigenen als Mensch, die unsere Welt, unsere materialisierte Realität, erschaffen. In diesen seltenen Momenten erlebt Hölderlin wie seine Seele, sein innerster Kern, wieder eins ist mit dem Stoff, den es schon immer gab und immer geben wird. Er wird sich bewußt, daß unsere Seele der Urstoff ist, aus dem alles in diesem Moment erschaffen wird!

Unsere Seele ist Teil der Schöpfung oder Schöpfung selbst. Der Geist erschafft die Materie und nicht umgekehrt! Er war schon immer da und hat sich nicht erst in tausenden oder in Millionen Jahren entwickelt! Hölderlin sieht und erfährt, daß der Gedanke von uns Menschen an sich schon vorher existierte, lange bevor es unsere Erde überhaupt gab. Er wird sich bewußt, daß unsere materialisierte Dimension in diesem Moment erschaffen wird und Schöpfung nicht nur in der Vergangenheit stattgefunden hat, sondern permanent stattfindet. Die Kraft unserer Gedanken und Vorstellungen erschaffen im Zusammenspiel mit der unerschöpflichen Energie unserer Seele die für uns sichtbare diesseitige Realität.

Hölderlin durfte die Erfahrung machen, was es heißt, wenn man wieder eins ist mit seiner ursprünglichen Quelle. Es gibt keine Worte, um dieses Erlebnis zu beschreiben. Wie wollen wir etwas benennen, das nichts mehr mit unserem angelernten Wissen zu tun hat? Die Gedichte Hölderlins wollen uns keine wissenschaftlichen Erklärungen geben, sondern wir sollen selbst mitreisen oder zumindest kurz aus unserem Schlaf aufwachen. Wir sollen uns bewußt werden, daß wir Menschen es sind, die das Göttliche in uns tragen. Unsere Seele ist es, die Sonne, Mond und Sterne überleben wird. Sie ist der Stoff, die geistige Kraft, aus der alles erschaffen wurde und immer noch wird. Dieser Urstoff ist in allem, in jedem Tier, in jeder Pflanze, in jedem Fels... Alle Menschen haben ihn in sich und doch sind wir es, die sich nicht mehr von ihm leiten lassen.

> Und o! wie wirds einst werden, wann Erdentand
> Und Menschendruck auf ewig verschwunden ist,
> Wann ich an Gottes – Gottes Throne
> Bin, und die Klarheit des Höchsten schaue.

Hölderlin freut sich jetzt schon darauf, daß seine Existenz als Mensch irgendwann beendet wird. Er ist sich bewußt, daß wir hier als Mensch auf der Erde nur für Momente die uns innewohnende göttliche Dimension erleben können. Normalerweise wirken auf uns immer Kräfte, die nicht zulassen, daß wir Zugang zu unserer Seele haben. All die Einschränkungen, die wir hier auf der Erde erleben, wird es irgendwann nicht mehr geben. Hölderlin gerät in keine Weltuntergangsstimmung, wenn er an seinen Tod oder den Untergang der Erde denkt, sondern er jubelt vor Freude! An diesem Tage werden wir wieder voll und ganz bei unserer Seele sein und uns ungetrübt das anschauen können, was über allem steht und schon immer da war.

> Und weg ihr Zweifel! Quälendes Seelengift!
> Hinweg! der Seele Jubel ist Ewigkeit! –
> Und ist ers nicht, so mag noch heute
> Tod und Verderben des Lebens große
>
> Gesetze niedertrümmern; so mag der Sohn
> In seinem Elend Vater und Mutterherz
> Durchbohren; mag ums Brot die Armut
> Tempel bestehlen; so mag das Mitleid

> Zu Tigern fliehn, zu Schlangen Gerechtigkeit,
> und Kannibalenrache des Kindes Brust
> entflammen, und Banditentrug im
> Himmelsgewande der Unschuld wohnen.

Hölderlin sagt sich hier selbst und auch jedem Leser, der beim Lesen des Gedichts seine Seele erfahren durfte, daß alles, was er in dieser anderen uns innewohnenden Dimension gesehen und erlebt hat, auch die Wahrheit ist. Jeglicher Zweifel soll beseitigt werden. Auch wenn er nur für Momente seinen göttlichen Ursprung erfahren und sehen durfte, weiß er, daß er dieses Bewußtsein immer beibehalten muß. Wenn unsere Seele nicht existieren würde, so könnten wir auch gleich unseren Vater und unsere Mutter töten. Alle Kräfte, die ihn wieder vernebeln wollen, werden in diesen großartigen Momenten besiegt.

> Doch nein! der Seele Jubel ist Ewigkeit!
> Jehovah sprachs! ihr Jubel ist Ewigkeit!
> Sein Wort ist ewig, wie sein Name,
> Ewig ist, ewig des Menschen Seele.

Die Seele ist der ursprüngliche geistige Stoff, aus dem alles erschaffen wurde und wird. Sie ist unsere Verbindung zu Gott selbst und auch zu allem anderen, was existiert. Für unsere Seele gibt es keine Zeit in unserem Sinne. Sie ist eine geistige Kraft, die wir mit unserem logischen Verstand nicht erfassen können. Hölderlin macht sich und uns noch einmal bewußt, daß unser innerster Kern genauso wie Gott immer da sein wird.

> So sing ihn nach, ihr Menschengeschlechte! nach
> Myriaden Seelen singet den Jubel nach –
> Ich glaube meinem Gott, und schau' in
> Himmelsentzückungen meine Größe.

Das Gedicht ruft uns dazu auf, daß wir in diese unglaubliche Freude miteinstimmen. Unsere göttliche Seele soll noch einmal wachgerufen werden. Klang und Rhythmus des Gedichts wollen auf uns wirken. Wir sind es, die diese ewige Seele in uns haben und dies auch bewußt erleben können. Felsen, Eichen, die Sonne oder auch Tiere haben diesen Urstoff zwar auch in sich, aber wir sind es, die auch wieder zu ihm zurückkehren können und wenn wir dies erleben dürfen, so werden wir uns unseres göttlichen Ursprungs bewußt werden. Wir werden Klarheit darüber erlangen, daß wir an der Erschaffung unserer polaren materialisierten Welt durchaus beteiligt waren und sie mit unseren Gedanken aufrechterhalten. Hölderlin durfte schon in sehr jungen Jahren immer wieder die Erfahrung machen was es heißt, wenn man die Dimension des Urstoffs selbst erlebt. In jener Sphäre ist man wieder eins mit allem und jedem. Es ist dieser unerschöpfliche kosmische Geist und dessen Energie, aus dem alles hervorging und der auch weiterhin in allem vorhanden ist.

Hölderlin sieht und erlebt eine vollkommen andere höhere Welt. Anhand von Bildern beschreibt er uns in diesem Gedicht, daß es verschiedene Kräfte gibt, die hier in unserer polaren materialisierten Dimension wirken und uns normalerweise in ihr festhalten. Hier auf der Erde existieren polare Kräfte, die sich gegenseitig bedingen und ergänzen. Wir erleben sie als Liebe oder Haß, kalt oder warm, naß oder trocken. Wir betrachten etwas als groß oder klein, gut oder böse, flach oder gebirgig… Doch selbst das, was wir als schön und gut ansehen oder von dem wir gar denken wir würden es lieben, ist nichts im Vergleich zu der Erfahrung, die man macht, wenn man wieder zu seinem Ursprung gelangt. Wie und warum aus diesem einen Urstoff polar wirkende Kräfte entstanden sind und wie wir aus ihnen spaltende Gegensätze gemacht haben, erklärt Hölderlin in späteren Gedichten und Texten.

Hier in diesem Gedicht gibt er uns erste Hinweise. Es sind unsere Vorstellungen, mit denen wir unsere diesseitige Realität mit all ihren Leiden erschaffen. Hölderlin erlebt und sieht eine uns innewohnende höhere Dimension, in der keine Polarität, keine unbewußten Mächte und auch keine elementaren Kräfte wie Feuer, Wasser, Erde oder Luft wirken. Alles ist aus einem geistigen Urstoff entstanden und es ist seine geistige Kraft, die uns in unserem tiefsten Inneren mit allem weiterhin verbindet. Immer wieder versucht Hölderlin unseren innersten Kern, unsere Seele, anzusprechen und uns auf eine transzendentale Reise mitzunehmen. Wir sollen selbst erleben was es heißt, wenn wir mit allem und jedem verbunden sind und selbst erfahren, woher wir eigentlich kommen und wer wir sind. Wir haben diesen göttlichen Urstoff immer in uns, aus ihm sind wir selbst erschaffen worden und zu ihm führt alles wieder zurück. Wenn wir Zugang zu unserer Seele haben oder diese himmlische Dimension selbst erleben dürfen, so werden wir Freude und Liebe empfinden, wie wir es zuvor noch nie erlebt haben, - so wie ein kleines verlorengegangenes Kind, das seine Mutter wiederfindet.

2 Einssein und allumfassende Liebe als spirituelles Erlebnis

Die Nacht

Die Nacht

Seid gegrüßt, ihr zufluchtsvolle Schatten,
Ihr Fluren, die ihr einsam um mich ruht;
Du stiller Mond, du hörst, nicht wie Verleumder lauren,
Mein Herz, entzückt von deinem Perlenglanz.

Schon als Fünfzehnjähriger gibt uns Hölderlin in seinem Gedicht „Die Nacht" erste Einblicke in unsere Seele. Für ihn existieren geistige Sphären genauso wie unsere Realität. Gleich am Anfang des Gedichts begrüßt er „zufluchtsvolle Schatten". Er sieht, daß es außer uns Menschen noch andere Wesen gibt. Nachts, wenn alles Irdische zur Ruhe gekommen ist, sieht und grüßt er diese Wesen. Die Dimension, in der er diese Wesen sieht, ist für ihn zwar echter und erfüllender als unsere rein gegenständliche, aber dennoch nicht der Ursprung. Sie steht zwischen unserer normal sichtbaren Welt und unserer Seele. Auch sie ist, genauso wie unsere materialisierte Dimension, nur ein Schatten und nicht das Original. Sie ist eine Zwischenwelt, die zwischen unserer rein gegenständlichen Dimension und unserem göttlichen Ursprung anzusiedeln ist.

Der Mond steht für unsere Welt der Emotionen, Gefühle und Empfindungen. Er ist aber auch das Auge der Nacht, in dem Verborgenes offenbart wird. Wenn man in der Sphäre ist, die zwischen uns und unserer Seele herrscht und dort keine

Gefühle und Emotionen hat, also innerlich zu vollkommener Stille gelangt, bekommt man so auch von den dort herrschenden Kräften Hilfe. In diesem Sinne spricht er die positiven geistigen Wesen direkt an. Für ihn existieren nicht materialisierte, oder anders gesagt, geistige Wesen von unterschiedlicher Qualität wirklich.

Aus der Welt, wo tolle Toren spotten,
Um leere Schattenbilder sich bemühn,
Flieht der zu euch, der nicht das schimmernde Getümmel,
Der eitlen Welt, nein! nur die Tugend liebt.

Hölderlin nennt uns Menschen töricht, blind und dumm. Wir wissen nichts mehr von anderen Dimensionen und spotten darüber, wenn jemand von diesen spricht. Hier in unserer materiellen Dimension sehen wir nur das Bild der Schatten, das heißt, das Ursprüngliche ist hier noch einmal projiziert. Das, was wir hier sehen und fühlen ist nur das, was von der Zwischenwelt wieder hier abgebildet wird oder auf uns wirkt. Wir sehen nur den Film auf der Leinwand, wissen nicht, daß es dazu einen Projektor braucht um ihn abzuspielen, und haben schon gar kein Wissen mehr über den eigentlichen Autor! Wir sehen in unserer Realität, in unserer gestaltgewordenen Welt, nur die Schatten, das heißt, daß wir nur das Abbild von etwas sehen, das selbst wiederum nicht die ursprüngliche Wirklichkeit ist. Die „Sonnen und Monde" wirken zwar hier in unserer Welt auf uns und sind so gesehen auch eine Wirklichkeit, aber sie sind nicht der Ursprung.

Hölderlin flieht aus unserer Realität, weil sie für ihn unecht und inhaltslos ist, in die Zwischenwelt, also in eine Dimension in der es auch geistige Wesen gibt. Doch seine Liebe zur Tugend hilft ihm, einen noch tieferen und allumfassenden Einblick zu bekommen.

> Nur bei dir empfindt auch hier die Seele;
> Wie göttlich sie dereinst wird sein,
> Die Freude, deren falschem Schein so viele Altäre
> So viele Opfer gewidmet sind.

Nur derjenige, der die Tugend liebt und sich auch so verhält, kann das Göttliche seiner Seele in sich wahrnehmen. Was Hölderlin unter wahrer Tugend versteht, erklärt er in späteren Strophen und in anderen Gedichten. Er spürt schon jetzt die Freude, wenn die Seele sich wieder mit dem Göttlichen vereinen wird. Hier auf der Erde erfreuen wir uns nur an den Abbildern der Seele, also nicht mehr an dem Ursprünglichen, von wo aus alles erschaffen wird. Wir erfreuen uns nur noch an dem, was wir gegenständlich sehen und erfahren können und opfern oft alles, dies zu erreichen. Schon in jungen Jahren durfte Hölderlin die Erfahrung machen, daß es verschiedene Dimensionen gibt und unsere materialisierte Welt oder unsere Vorstellung von ihr nur die unterste Stufe ist.

> Weit hinauf, weit über euch, ihr Sterne,
> Geht sie entzückt mit heilgem Seraphsflug;
> Sieht über euch herab mit göttlich heilgem Blicke,
> Auf ihre Erd, da wo sie schlummernd ruht.

Die Seele stammt nicht aus den Zwischenwelten, sondern aus einer viel höheren geistigen Sphäre. Aus dieser göttlichen Höhe blickt sie auf uns und ihre Erde. Sowohl wir Menschen, als auch alles, was wir hier auf der Erde materialisiert sehen können, gingen aus ihr hervor. Sie ist der Ursprung der Zwischenwelten und ihrer Wesen. In diesem Gedicht hat Hölderlin noch nicht das Bewußtsein wie in seinem späteren Gedicht „die Unsterblichkeit der Seele". Unsere Seele ist nicht nur die Seele eines einzelnen individuellen Menschen, sondern allumfassend.

In dem Gedicht „die Nacht" ist er sich noch nicht bewußt, daß wir auch schon jetzt als Mensch Momente erleben können, in denen wir vollkommen eins mit unserer Seele sind. Unsere Seele ist in einem schlafenden Zustand. Wir Menschen sind uns hier auf der Erde ihrer nicht bewußt, wir sind noch nicht erwacht und in vielen Gedichten versucht Hölderlin, sie in uns zu erwecken.

> *Goldner Schlaf, nur dessen Herz zufrieden*
> *Wohltätger Tugend wahre Freude kennt,*
> *Nur der fühlt dich. – . Hier stellst du dürftig schwache Arme*
> *Die seine Hülfe suchen vor ihn hin.*
>
> *Schnell fühlt er des armen Bruders Leiden;*
> *Der arme weint, er weinet auch mit ihm;*
> *Schon Trost genug! Doch spricht er, gab Gott seine Gaben*
> *Nur mir? Nein auch für andre lebe ich.*

Im Gedicht „die Unsterblichkeit der Seele" reist Hölderlin in eine höhere Dimension. Er erlebt seine Seele als einen geistigen Urstoff, aus dem alles erschaffen wird und der in allem weiterhin vorhanden ist. Doch auch hier in unserer Dimension können wir unsere Seele innerlich spüren, sofern wir tugendhaft handeln. Für Hölderlin ist Mitgefühl eine der höchsten Tugenden, über die wir Zugang zu unserer Seele bekommen und uns somit mit anderen Menschen verbinden. Sobald wir uns unserem innersten Kern nähern, so empfinden wir intuitiv, ob es jemandem schlecht geht oder ob jemand Hilfe braucht. Tief in uns sind wir eins mit dieser Person.

Wenn wir aus wahrem Mitgefühl handeln, so sind wir innerlich glücklich. Hölderlin sagt uns in diesen Versen, daß nur dann, wenn wir jemandem aus Mitgefühl helfen, wahre Zufriedenheit und Freude entstehen können. Wenn wir aus unserem wahren Empfinden heraus handeln, so sind wir im Einklang mit unserer Seele und dem Göttlichen. Wir sind dann zwar immer noch in einem unbewußten Zustand in unserer vorgestellten Welt und dennoch mit dem Göttlichen verbunden. Dies meint Hölderlin mit dem goldenen Schlaf.

Nicht von Stolz, noch Eitelkeit getrieben,
Kleidt er den Nackten dann, und sättigt den,
Dem blasse Hungersnot sein schwach Gerippe zählet;
Und himmlisch wird sein fühlend Herz entzückt.

Vieles geschieht von selbst, sofern man sich von seinem Innersten leiten läßt. Man handelt schnell und muß nicht lange überlegen. Es ist nicht nötig, daß wir morgens aus dem Haus gehen und meinen, wir müßten eine gute Tat vollbringen. Der Hilfesuchende erscheint von selbst und nicht, weil unser Ego jemanden braucht, dem wir helfen können! Viele Wohltäter handeln aus falschen Motiven. Sie wollen, daß jeder sieht, wie viel Geld sie gespendet haben. Vielen ist ihr öffentliches Ansehen wichtiger als das eigentliche Helfen und sie hängen ihre Hilfsbereitschaft an die große Glocke.

Hölderlin beschreibt uns hier eine andere, tiefer gehende Dimension, in der wir nicht nach unserem Verstand handeln, sondern uns von unserem Empfinden leiten lassen. Tief in uns schlummert unsere Seele, die uns leiten und führen will! Diesen Zugang sollen wir wieder finden und ihm folgen. Wenn wir uns von unserer Seele leiten lassen, so brauchen wir nicht lange überlegen ob etwas richtig oder falsch ist. Intuitiv machen wir das Richtige, weil wir von einer uns innewohnenden höheren Kraft geleitet werden, die wir mit unserem logischen Denken nicht erfassen können. Das Göttliche in uns will uns führen und über unser Empfinden können wir es wahrnehmen. Deshalb nennt Hölderlin seine Empfindungen heilig. Spontanes Handeln, sofern es wirklich aus unserem Innersten kommt, hat keine Absicht. Es geschieht nicht nach unserem eigenen Willen oder Verstand, sondern man lässt es geschehen. Unsere Seele ist in jedem und allem. Sie ist der Urstoff der Schöpfung. Wenn wir uns von ihr leiten lassen, so kann es keine persönlichen oder individuellen Motive geben.

Immer wieder schildert uns Hölderlin seine Erfahrung, die er macht, wenn er zu seiner Seele gelangt, als Liebe. Eine Liebe, die von Innen kommt, von da, wo alles noch eins ist. Mitgefühl entstammt aus dieser allumfassenden Liebe. Wir fühlen mit jemandem mit, weil wir ja in unserem Innerstern dieser Jemand selbst sind.

Hölderlin sagt uns in diesem Gedicht bereits als Fünfzehnjähriger eindrucksvoll, was Laotse (Lao Zi) mit dem Satz im Tao Te King „Die Liebe handelt und hat keine Absicht" sagen will. Das Tao Te King (Dao De Jing) von Laotse ist wahrscheinlich der Ursprung des Daoismus schlechthin. Heute gehen viele Historiker davon aus, daß Laotse im 6. Jahrhundert v.Chr. in China gelebt und gewirkt hat. Es gibt aber auch viele Daoisten, die ihn um 2000 v.Chr. oder früher ansiedeln, da sein Gedankengut schon vor Tausend v.Chr. im chinesischen Geistesleben tief verwurzelt war. Laotse erklärt in seinem Werk eine mehrdimensionale Welt, die aus etwas, was man nicht mehr benennen kann, dem DAO, hervorging. Das DAO teilte sich in Yin und Yang und ist weiterhin als lebensspendende Kraft in allem und überall vorhanden. Hölderlins Gedichte sind in vielen Versen, sowohl in ihrem Inhalt als auch in ihrer bildhaften Sprache, dem Tao Te King sehr ähnlich. Dies ist umso erstaunlicher, da er in evangelischen

Klosterschulen aufwuchs und die Schrift von Laotse nicht kannte. Die in diesem Buch beschriebenen Gedichte entstanden zwischen 1774 und 1806. Das Tao Te King wird erst viele Jahre später von Hölderlins Freund und Studienkollegen Hegel zum ersten Mal erwähnt. Hölderlin gibt uns in seinen Gedichten wieder, was er in der Dimension unserer Seele für Momente erleben und erfahren durfte. Laotse war ständig in dieser Höhe und er erklärt in seinem Werk, wie ein weiser Mensch nicht selbst handelt, sondern sich vom DAO leiten läßt.

So ruht er, allein des Lasters Sklaven
Quält des Gewissens bange Donnerstimm,
Und Todesangst wälzt sie auf ihren weichen Lagern
Wo Wollust selber sich die Rute hält.

Nur wenn wir uns von unserem Innersten leiten lassen und somit auch mit wahrer Tugend handeln, haben wir innerlich Frieden mit uns selbst und mit allem was uns umgibt. Wenn man im Einklang mit seiner Seele handelt, so agiert man unausweichlich nicht aus egoistischen Motiven, sondern in Eintracht und Einheit mit dem Ursprung von sich selbst und dem ganzen Kosmos. Nur so handelt man nicht gegen seinen innersten Kern und nur so kommt man zur Ruhe und hat kein schlechtes Gewissen. Im Folgenden einige Beispiele dafür, was Hölderlin mit wahrer Tugend meint.

Die Demut

O! Demut, Demut! Lass uns all dich lieben
Du bists, die uns zu einem Bund vereint.

Sein feurigster, sein erster Wunsch auf Erden
Ist allen, allen Menschen nützlich sein,
Und wann sie froh durch seine Taten werden,
Dann will der Edle ihres Danks sich freun.

Demütig sein heißt, daß wir immer zum Wohle unserer Mitmenschen etwas tun. Wir dienen anderen Menschen und nicht uns selbst. Wenn wir so handeln, können wir mit anderen Menschen glücklich zusammenleben. Wenn wir uns selbst zum Wohle anderer erniedrigen, so werden diese sich bei uns bedanken und wir werden selbst froh und glücklich.

Die in Gefahren nur von Freude beben,
Für Tugend selbst auf einem Blutgerüst.

Allumfassende Liebe ist die höchste Tugend! Sie entspringt unserem innersten Kern, unserer Seele. Wenn wir diesen Zugang wieder finden, so wird unser Handeln aus eigenem Antrieb auch demütig sein. Die allumfassende Liebe gibt uns die Kraft und den Mut, selbst die schlimmsten Situationen zu überstehen. Wir spüren, daß es in uns etwas gibt, das stärker ist als alles, was uns hier auf der Erde schaden könnte. Hölderlin erlebte und sah, daß uns eine geistige Urkraft innewohnt, die uns mit dem gesamten Kosmos verbindet. Er war sich bewußt, daß sein innerster Kern nie sterben wird. Diese höhere Dimension erlebte er als unbeschreibliche allumfassende Liebe. Wer dies einmal erlebt hat, kann vor nichts mehr Angst oder Furcht haben. Diese unerschöpfliche Quelle der Liebe wird uns immer wieder von neuem Mut und Hoffnung geben, sofern wir uns ihrer bewußt sind und uns von ihr leiten lassen. Hier ein weiterer Vergleich mit Laotses Tao Te King, Verse eines unbekannten Verfassers:

LXVII
Drei Tugenden sind es,
die ich schätze und hege:
die eine ist die Liebe,
die andere die Genügsamkeit,
die dritte Demut heisset.
Die Liebe gebiert den Mut,
Genügsamkeit macht freigiebig
Und die Demut befähigt zur Herrschaft.
Heute aber hat man nur Mut ohne die Liebe,
Spendet ohne Selbstbeschränkung,
steht an der Spitze ohne Demut.
Das ist das Ende;
denn Liebe nur siegt im Kampfe,
wird stark in Bedrängnis.
Wen der Himmel retten will,
dem gibt er die Liebe.

Für Laotse sind Liebe, Genügsamkeit und Demut die wertvollsten Eigenschaften, nach denen wir Menschen streben sollten. Allumfassende Liebe ist himmlisch. Ihr entspringen Demut und Genügsamkeit. Sie erlöst uns von unserem irdischen Schicksal und ist stärker als alle anderen Mächte, die in unserer irdischen polaren Dimension auf uns wirken.
Doch nun wieder zurück zum Gedicht „Die Nacht."

Wenn wir nicht tugendhaft handeln, begehen wir Fehler und entfernen uns von unserer Seele und damit vom Göttlichen. Unsere innere Stimme weiß, was richtig und was falsch ist, nur haben wir verlernt auf sie zu hören. Menschen, die nur nach ihrem eigenen Willen handeln und nur tun, worauf sie selbst Lust haben, machen sich selbst zum Sklaven ihrer Wünsche. Ein schlechtes Gewissen kann man nur haben, wenn man nicht wahrhaftig gehandelt hat. Es geht nicht darum, daß wir bestimmte Moralvorstellungen und Regeln einhalten müssen, sondern wir sollen der uns innewohnenden höheren Dimension entsprechen. Wenn wir in Stille in uns hineinhorchen, so wissen wir meist, wenn etwas nicht richtig war oder ist.

Menschen, die nur nach ihrem eigenen Willen gehandelt haben, immer das gemacht haben, wozu sie selbst gerade Lust hatten, werden, wenn sie sterben, ein schlechtes Gewissen haben. Ihr Leben wurde nur von Sex und anderen oberflächlichen Freuden bestimmt. Sie haben keinen Kontakt zu ihrer Seele und wissen nicht, daß nur ihr Körper stirbt und ihr Innerstes immer da sein wird. Die Angst vor dem Tod wird ihre letzten Momente bestimmen. Ihr Leben hatte keine Tiefe, sondern war nur oberflächlich. Im Moment ihres Todes können sie im schönsten Bett liegen, im größten Haus wohnen und steinreich sein, all dies wird sie am Ende ihres Lebens nicht erfüllen. Sie werden leidend sterben. Ihr Leben wurde von ihrem Verstand und dem daraus erschaffenen Willen bestimmt.

Wer jedoch aus Liebe, Demut und Mitgefühl gehandelt hat und vielleicht sogar den Zugang zu seiner Seele gefunden hat, wird im Moment seines körperlichen Todes in Frieden und Stille sterben.

Textauszug aus Hölderlins Roman Hyperion: „Eines zu sein mit Allem, das ist Leben der Gottheit, das ist der Himmel des Menschen... Eines zu sein mit Allem was lebt! Mit diesem

Worte legt die Tugend den zürnenden Harnisch, der Geist des Menschen den Zepter weg, und alle Gedanken schwinden vor dem Bilde der ewigeinigen Welt... Auf dieser Höhe steh' ich oft, mein Bellarmin!"

Hier erreicht Hölderlin die höchste Stufe seiner Erleuchtungserlebnisse. Im Gedicht „Die Unsterblichkeit der Seele" darf er die Erfahrung machen, wie wir mit unseren Gedanken und Vorstellungen zusammen mit der göttlichen Kraft unserer Seele die für uns irdisch wahrnehmbare, zu Materie verdichtete Dimension erschaffen. Er wurde sich bewußt, daß wir den schöpferischen Urstoff selbst in uns haben und durften für Momente in diese geistige Welt einreisen. Hölderlin erklärt, daß sowohl göttliche als auch unsere Gedanken unsere materialisierte Realität erschaffen haben und weiterhin erschaffen. Aber er hat noch Gedanken, also existiert sein Ich noch. Er ist zwar geistig in einer viel höheren göttlichen Dimension, in der es keine Zeit und keine Materie mehr gibt, aber es sind seine Gedanken, die sein Ich umschweben. In diesen Sätzen erklärt Hölderlin im Roman Hyperion, wie es ist, wenn er wieder eins mit allem ist. Er ist eins mit allen Menschen, mit allen Pflanzen, ja mit dem ganzen Kosmos. Bei diesen Erlebnissen existieren für Momente auch seine eigenen Gedanken nicht mehr und er erlebt, daß die Welt ewig und in sich eins ist. Bei dieser Erfahrung ist alles, was sein eigenes Ego, sein Ich, definiert, vollständig aufgelöst. Es gibt nichts mehr, was ihn vor der Ewigkeit schützt oder trennt. Für Momente ist alles in ihm und er in allem. Er sieht, fühlt und empfindet unseren göttlichen Ursprung und ist wieder in dieser Einheit. Das einzige Wort, das Hölderlin verwendet, um dieses Erleben annähernd zu beschreiben, ist Liebe, allumfassende himmlische Liebe.

Wenn er in seinen Gedichten von Liebe spricht, ist er oft in diesem Zustand, in dem es keine Trennung mehr gibt zwischen seinem Ich und allem anderen, das existiert.

Er ist wieder eins mit mit dem geistigen Urstoff der Schöpfung. Dieser Urstoff, unsere Seele, ist in allem was lebt. In jedem Fels, in jeder Pflanze und in all uns Menschen. Er fühlt und empfindet Liebe zu allem und jedem, weil es ihn als Individuum nicht mehr gibt, sondern er mit allem und jedem wieder vereint ist. Alles ist in ihm und er in allem. Liebe ist das Wort, mit dem er versucht, uns dies zu beschreiben. Viele Gedichte schrieb er in diesem erleuchteten Zustand und wir können sie im Original lesen! Das Göttliche spricht über ihn zu uns. Seine Gedichte sollen im richtigen Tonfall und Rhythmus gesprochen werden, so daß unser innerster Kern, unsere Seele, und somit unser göttliches Bewußtsein wieder erwacht. Wir werden dazu aufgerufen, in diese ewige Dimension einzureisen, sie selbst zu erleben oder zumindest innerlich zu spüren, daß es weit mehr gibt als unsere zu Materie verdichtete Welt. Auch wenn die meisten Menschen beim Lesen oder Sprechen der Gedichte Hölderlins nicht selbst in die himmlische Sphäre einreisen dürfen, so wirken sie dennoch in unserem Unterbewußtsein. Erleuchtung ist ein himmlisches Geschenk und sie kann nur erfahren werden, wenn man sich in seiner spitituellen Entwicklung so weit innerlich transformiert hat, daß die Zeit dafür reif ist.

In der Dimension, aus der Hölderlin oft zu uns spricht, gibt es keine Polaritäten, Dualitäten und keine Gegensätze. Hier als normaler Mensch können wir einen Menschen lieben und im nächsten Moment hassen, so wie es in vielen Ehen oder Partnerschaften leider oft der Fall ist. Für Momente fühlen wir uns glücklich und in anderen wieder traurig. All diese gegensätzlichen Gefühle gibt es nicht mehr, wenn wir zu unserem Ursprung gelangen. Wenn Hölderlin von Liebe redet, meint er eine Dimension, die weit über unserer hier auf der Erde erlebten steht. Wahre Liebe kommt von innen, von da, wo alles noch eins ist. Hölderlin nennt seine Empfindungen heilig, weil sie von innen kommen und ihm so helfen, daß er innerlich spürt was richtig und was falsch ist im Sinne des göttlichen Willens. Das hilft ihm im normalen Leben, die Erleuchtungen hat er ja „nur" für Momente oder Stunden, immer wieder zu seinem göttlichen Ursprung zurückzufinden.

In unserer Sprache haben wir zwei Wörter; Gefühl und Empfinden. Gefühle, bei einem Insekt Fühler, kommen von außen oder wirken auf unseren Körper. Meist ist es so, daß wir uns unglücklich fühlen, weil etwas oder jemand nicht so ist, wie wir es uns in unserem Wunschdenken vorgestellt haben. Wir benutzen das Wort Gefühl auch, wenn es uns körperlich schlecht geht, z.B. bei einer Bauchgrippe. Empfindungen gehen tiefer. Es ist so etwas wie unser sechster Sinn oder Bauchgefühl. Manchmal spüren wir innerlich, meist ist es im ersten Moment, wenn etwas nicht stimmt. Doch dann setzt unser Verstand ein und wir handeln nach ihm und nicht nach unserem Empfinden. Hölderlin bezeichnet seine Empfindungen als heilig. Er nimmt das Göttliche in sich wahr und wird sich dessen bewußt. Er weiß, daß seine Empfindungen ihn leiten sollen und nicht sein Verstand, um im Einklang mit den himmlischen Kräften zu handeln und so in Harmonie und allumfassender Liebe zu wirken.

Lied der Liebe

> Lied der Liebe (erste Fassung)
>
> Singt dem Jubel, Schwestern! Brüder!
> Festgeschlungen! Hand in Hand!
> Singt das heiligste der Lieder
> Von dem hohen Wesenband!
> Steigt hinauf am Rebenhügel,
> Blickt hinab ins Schattental!
> Überall der Liebe Flügel,
> Wonnerauschend überall!

Immer wieder versucht Hölderlin, uns auf seine Reise mitzunehmen. Wir Leser sollen in dieselbe Sphäre gelangen, in der er gerade ist. Das Göttliche spricht über ihn zu unserer Seele. Alle Wesen sind über unsere Seele miteinander verbunden. Der Enthusiasmus, der dem Gedicht innewohnt, will uns in eine göttliche Sphäre einreisen lassen, um so den Inhalt des Gedichts selbst erleben zu können. Wenn man mit allem verbunden ist, mit allen Wesen, mit allen Tieren, ja sogar mit Gott selbst - wie könnte man da etwas anderes empfinden als Liebe?

Symbolisch stehen Reben auch für Unsterblichkeit und Wiederauferstehung. Hier fordert uns das Gedicht auf, daß wir in eine andere Dimension mitkommen, so daß wir unsere Welt von oben betrachten und selbst sehen, daß wir normalerweise in einer vernebelten Dimension leben, die weit unter dieser hier beschriebenen ist. Mit „singt das heiligste der Lieder" ist gemeint, daß wir das Gedicht im richtigen Tonfall und Rhythmus sprechen sollen, so daß wir selbst in eine göttliche Sphäre einreisen oder sie zumindest in uns spüren. Die dem Gedicht innewohnende göttliche Schwingung will uns erreichen und mitreißen.

> Liebe lehrt das Lüftchen kosen
> Mit den Blumen auf der Au,
> Lockt zu jungen Frühlingsrosen
> Aus der Wolke Morgentau
> Liebe zieht Well' an Welle
> Freundlichmurmelnd näher hin,
> Leitet aus der Kluft die Quelle
> Sanft hinab ins Wiesengrün.
> Berge knüpft mit eh'rner Kette
> Liebe an das Firmament,
> Donner ruft sie an die Stätte
> Wo der Sand die Pflanze brennt

Im Gedicht „Die Unsterblichkeit der Seele" erklärt uns Hölderlin, daß jegliche Materie aus der geistigen Kraft unserer Seele erschaffen wurde. Er nennt diesen Urstoff Liebe, weil er Liebe fühlt und empfindet, wenn er in der Sphäre ist, in der alles wieder eins ist. Aus dieser Liebe wurde alles hier auf der Erde erschaffen. Alles wird von einer höheren Dimension harmonisch bestimmt und geleitet.

> Um die hehre Sonne leitet
> Sie die treuen Sterne her,
> Folgsam ihrem Winke gleitet
> Jeder Strom ins weite Meer.

Nicht nur unsere Erde, sondern das ganze Universum wurde aus diesem Einssein erschaffen. Was uns dieses Gedicht an vielen Stellen bewußt machen will, ist, daß unsere Erde und alles, was sie umgibt, aus einer geistigen Dimension erschaffen wurde. Dieses Schöpferische, der Urstoff, unsere Seele, ist aber immer noch da! Sie ist immer noch in allem und wir können den Zugang zu ihr finden, weil wir sie selbst in uns haben!

> Liebe wallt in Wüsteneien,
> höhnt des Dursts im dürren Sand,
> Sieget, wo Tyrannen dräuen,
> Steigt hinab ins Totenland

Wenn wir die Verbindung zu unserem innersten Kern haben, werden wir auch in scheinbar aussichtslosen Situationen nicht verzweifelt sein. Das Göttliche in uns wird uns immer leiten und innerlich werden wir spüren, daß es etwas Größeres und Stärkeres gibt, das über Gut und Böse steht. Die Liebe gibt uns den Mut, selbst die schlimmsten Situationen zu überstehen. Jeder, der diese Dimensionen jemals erleben durfte, weiß, daß selbst sein körperlicher Tod in diesem Leben nicht sein Ende ist. Er hat keine Angst mehr vor dem Tod, ja nicht einmal davor, daß die Erde einmal ganz aufhört zu existieren, weil er sich jetzt bewußt ist, daß die lebensspendende geistige Kraft unserer Seele ewig ist.

> Liebe trümmert Felsen nieder
> Zaubert Paradiese hin,
> Schaffet Erd und Himmel wieder
> Göttlich, wie im Anbeginn.

Die ganze Schöpfung ist zyklisch!!!
Alles vergeht und wird wieder von neuem erschaffen.
Es ist keine lineare Evolution!!!
Das ganze Weltall ist ein Kommen und Gehen.

Hölderlin erklärt uns, daß wir mit unseren Vorstellungen im Zusammenspiel mit der göttlichen Urkraft unserer Seele Materie erschaffen und damit unsere materialisierte gestaltgewordene Dimension. Er vergleicht den Schimmer von Eloas Haupt mit dem Umkreis unserer Gedanken. So wie wir hier an der Erschaffung unserer Erde mitgewirkt haben, genauso geschieht dies im Größeren, jedoch ohne unsere Mitwirkung. Hier auf der Erde erhalten wir mit unseren Gedanken und Vorstellungen unsere Realität aufrecht.

Es ist nicht so, daß die Erde erschaffen und dann sich selbst überlassen wurde, sondern der göttliche Urstoff ist immer in allem vorhanden und leitet alles. Über ihn wird alles Vergehen und Erschaffen bestimmt.

Wenn jemand eine Erleuchtungserfahrung im Sinne eines vollkommenen Einsseins machen darf, so wird ihm sofort bewußt, daß dies der ursprüngliche Zustand der ersten Menschen war und eigentlich immer noch ist. Er ist wieder bei seinem göttlichen Ursprung angekommen, „Göttlich wie im Anbeginn."

Liebe schwingt den Seraphsflügel
Wo der Gott der Götter wohnt

Es gibt Götter und Engel sowie einen allumfassenden Gott, der über all diesen Wesen steht. In vielen Gedichten stellt Hölderlin dar, daß es verschiedene Götter gibt. Er spricht sie direkt an oder sie reden zu ihm. Für ihn ist vor allem der Kontakt mit den ursprünglichen höher gestellten Göttern wichtig, weil er aus eigener Erfahrung weiß, daß ihm manche von ihnen helfen können, den Kontakt zum Göttlichen selbst wiederherzustellen. Götter existieren wirklich, es sind Wesen einer höheren, für uns normalerweise nicht sichtbaren Dimension mit eigenem Bewußtsein. In anderen Gedichten und Texten erklärt uns Hölderlin, wie sie in unserer gestaltgewordenen Sphäre auf uns wirken.

In erleuchtetem Zustand, wenn man wieder eins ist mit seiner Seele und so mit dem ursprünglichen Stoff, aus dem alles erschaffen wurde, hat man wieder Zugang zu Gott selbst. Auf dieser Ebene wirken keine Götter und schon gar keine unterhalb von ihnen anzusiedelnden Wesen mehr auf uns. Wir sind über ihnen oder ihnen zumindest gleichgestellt. Hölderlin war es vergönnt, daß er schon in jungen Jahren oft ein solches Einssein erfahren durfte und weiß nun, daß von Gott selbst nur reine Liebe ausgeht. Enthusiastische Liebe erfüllt ihn, wenn er für Momente in dieser ewigen Sphäre ist. Nur in dieser Höhe kann man sie selbst erfahren. Viele Gedichte schrieb er in diesem erleuchteten Zustand. Alles, was hier über Götter vorweggenommen erklärt wird, wird im Laufe des Buches anhand von anderen Gedichten und Texten Hölderlins genauer erläutert.

> *Lohnt den Schweiß am Felsenhügel*
> *Wann der Richter einst belohnt,*
> *Wann die Königsstühle trümmern,*
> *hin ist jede Scheidewand*
> *Adeltaten heller schimmern*
> *Reiner, denn der Krone Tand.*

Wenn alle menschlichen Königreiche, also unser Dasein als Mensch hier auf der Erde, beendet sind, werden wir von der Liebe belohnt. Wir alle kehren irgendwann wieder zum Ursprung zurück, zu unserer Seele, wo alles wieder eins ist. Alles wurde aus einem geistigen Urstoff der Schöpfung erschaffen und alles kehrt wieder in ihn zurück.

Wir können unsere Seele schon jetzt in unserem Dasein

als Mensch erfahren, da sie unser innerster Kern und immer gegenwärtig ist. Hölderlin sagt uns aber auch, daß es eine Scheidewand gibt, die hier in unserer materialisierten Dimension dahingehend wirkt, daß wir unsere Seele nur in seltenen Momenten erleben dürfen oder, wie es meist der Fall ist, gar nichts mehr von ihr wissen. In späteren Gedichten und Texten erklärt er, wie wir Menschen uns von unserer inneren Verbundenheit mit dem Göttlichen immer weiter entfernt haben und so immer unbewußter wurden. Derjenige, der auch hier als Mensch schon nobel und tugendhaft gehandelt hat und das Leben genießen konnte, wird etwas noch Schöneres sehen und erleben. Er sagt nicht, daß, wenn unsere ganze Menschheit aufhört zu existieren, irgendjemand bestraft wird, wenn sich alles wieder in die Ewigkeit des Urstoffs auflöst, es gibt also keine Hölle, sondern er beschreibt uns, daß man belohnt wird, wenn sich alles wieder in die Ewigkeit unserer Seele auflöst.

> Mag uns jetzt die Stunde schlagen
> Jetzt der letzte Othem weh 'n!
> Brüder! drüben wird es tagen,
> Schwestern! dort ist wiedersehn;
> Jauchzt dem heiligsten der Triebe,
> die der Gott der Götter gab,
> Brüder! Schwestern! jauchzt der Liebe!
> Sie besieget Zeit und Grab!

Hier am Ende des Gedichts sollen wir noch einmal in die Dimension unserer Seele gebracht werden. Das Gedicht macht uns noch einmal bewußt, daß es eine Dimension gibt, in der alles eins ist und in der es keine Zeit und keinen Tod gibt. Wir brauchen keine Angst zu haben, wenn es uns Menschen irgendwann einmal nicht mehr gibt, weil wir dann wieder zu unserem göttlichen Urstoff zurückkehren. Immer wieder versucht Hölderlin, uns in die Sphäre unserer Seele mitzunehmen, so daß wir selbst erleben, wer wir eigentlich sind.

MELODIE
An Lyda

Lyda, siehe! zauberisch umwunden
Hält das All der Liebe Schöpferhand,
Erd' und Himmel wandeln treu verbunden,
Laut und Seele knüpft der Liebe Band.
Lüftchen säuseln, Donner rollen nieder –
Staune, Liebe! staun' und freue dich!
Seelen finden sich im Donner wieder,
Seelen kennen in dem Lüftchen sich.

Wenn man zu dieser allumfassenden Liebe gefunden hat, ist man direkt mit der Hand des Schöpfers verbunden. Sie verbindet uns Menschen mit dem Himmlischen. Es ist die Liebe, die von innen kommt, von da, wo wir mit allem und jedem verbunden sind, die uns unsere Seele und damit das Göttliche in allem erkennen läßt. In vielen Gedichten beschreibt uns Hölderlin, daß die höhere Dimension der Ewigkeit in allem ist. Er bezeichnet sie als unsere Seele oder Urstoff. Sie ist die schöpferische geistige Kraft, die in allem vorhanden ist und allem Leben gibt.

Die Gedichte wollen durch ihre Schwingung die Sphäre des Göttlichen in uns erklingen lassen. Hölderlin versucht, uns innerlich zu öffnen, so daß wir die Vibration des Göttlichen in uns spüren und uns ihrer bewußt werden. In mehreren Gedichten verwendet er die Worte „Donner" oder „Donnerer";

damit meint er die Stimme Gottes, also der Schöpfung selbst, manchmal aber auch die Stimme seiner Gehilfen, der Götter. Hier in diesem Gedicht versucht er uns klar zu machen, daß der ganzen Schöpfung eine göttliche Schwingung innewohnt.

> Am Gesträuche lullt in Liebesträume
> Süße Trunkenheit das Mädchen ein,
> haucht der Frühling durch die Blütenbäume,
> Summen Abendsang die Käferlein;
> Helden springen von der Schlummerstätten,
> Grüßt sie brüderlich der Nachtorkan;
> Hinzuschmettern die Tyrannenkette
> Wallen sie die traute Schreckenbahn.

Ein junges Mädchen, das verträumt daliegt und zum ersten Mal verliebt ist, erfährt die allumfassende Liebe unserer Seele hier auf der Erde als Liebe zu einem jungen Mann. Die ganze Natur wird von der geistigen Kraft der Schöpfung harmonisch geleitet. Es ist die höhere Liebe, die dem Helden den Mut verliehen hat, große Taten zu vollbringen. Sie gibt ihm die Kraft, etwas scheinbar Unmögliches zum Wohle anderer durchzuführen. Aus innerer Liebe schöpft er das Vertrauen, daß er obsiegen wird.

> Wo der Totenkranz am Grabe flüstert,
> Wo der Wurm in schwarzen Wunden nagt,
> Wo, vom grauen Felsenstrauch umdüstert,
> Durch die Heide hin der Rabe klagt;
> Wo die Lerch' im Tale froher Lieder,
> Plätschernd die Forell' im Bache tanzt;
> Tönt die Seele Sympathien wider,
> Von der Liebe Zauber eingepflanzt.

Hier in unserer alltäglichen polaren Realität werden wir im Laufe unseres Lebens mit unterschiedlichen Situationen konfrontiert. Es gibt Momente, in denen uns alles aussichtslos erscheint und wir verzweifelt sind. In solchen Momenten, Stunden oder gar Tagen ist alles dunkel und wir sind von negativen Gefühlen bestimmt, so daß wir glauben, daß nichts uns helfen kann. Dann haben wir wieder Tage oder Momente, in denen wir uns glücklich fühlen und das Leben genießen können. Wir lachen und freuen uns. Hölderlin erklärt uns in vielen Beispielen die Polarität der von uns hier erlebten Normalität. Hier auf der Erde wirken gegensätzliche Kräfte und bestimmen uns und unsere Umstände. Gleichzeitig wohnt uns auch eine geistige Sphäre inne, die über dieser Polarität steht und in der es keine Gegensätze, keine Leiden und keine irdischen Freuden mehr gibt. Alles, was wir hier erleben, kann unserer Seele letztendlich nicht schaden, da sie, selbst wenn es uns Menschen und die Erde nicht mehr gibt, immer noch existieren wird.

Liebe, die von innen kommt, von da wo es noch keine Teilung gibt, ist allumfassend und stärker als jegliche irdische polare Kraft. Sie ist der Zugang zu unserer Seele und somit zur Schöpfung selbst. Wenn wir diese Verbindung wieder haben, so kann uns nichts mehr in unserem Leben schaden oder verzweifeln lassen. Selbst in den schlimmsten Situationen werden wir Mut und Hoffnung haben.

Hymne an die Unsterblichkeit

Hymne an die Unsterblichkeit

Froh, als könnt' ich Schöpfungen beglücken,
Stolz, als huldigten die Sterne mir,
Fleugt, ins Strahlenauge dir zu blicken,
mit der Liebe Kraft mein Geist zu dir.

Immer wieder ist es die allumfassende Liebe, die Hölderlin geistig in eine höhere Sphäre reisen läßt. Ihm ist es vergönnt in eine Dimension einzureisen, in der er die Schöpfung selbst sehen kann und miterleben darf. In solchen Momenten ist es für ihn so, als ob er selbst über den Sternen wäre und Freude und Glück sind so groß, daß er das Gefühl hat, er könnte damit alles und jeden, also die ganze Schöpfung, glücklich machen. Hier beschreibt er uns in anderen Worten, daß er bei seiner Seele angelangt ist. In der Dimension, in der Schöpfung geschieht und er sie bewußt sehen kann.

Schon erglüht dem wonnetrunknen Seher
Deiner Halle gold'nes Morgenrot,
Ha, und deinem Götterschoße näher
Höhnt die Siegesfahne Grab und Tod.

Als normaler Mensch sehen wir heute nur noch die materialisierte Dimension, in der wir hier auf der Erde leben. In unserer Geschichte gab es aber auch immer wieder Magier, Seher oder Schamanen, die Einblick in geistige Welten hatten und diese Erlebnisse an andere Menschen weitergaben. Viele sahen Geister, Dämonen oder andere nichtmaterialisierte Wesen, die für uns unerklärliche Kräfte haben. Schon Plato beschreibt uns in einem seiner Dialoge des Symposiums, wie die Seherin Diotima Sokrates erklärt, was Eros ist.

Die Seherkunst wird in diesem Text als Vermittlerin zwischen Menschen und Göttern beschrieben. Diotima erklärt Sokrates Zusammenhänge, die er über alleiniges reines Denken nicht erkennen kann. Im alten Griechenland war es noch normal, daß die Philosophen über das diskutierten, was sie von den Sehern berichtet bekamen. Diese hatten den Zugang zu nichtmaterialisierten Dimensionen und erkannten, daß es geistige Wesen verschiedener Art gibt, die auf uns wirken.

Das Schöne bei Hölderlin ist, daß er während seinen transzendentalen Erfahrungen immer wieder in die Dimension gelangt, in der er die Schöpfung selbst erleben und sehen darf. Seine transzendentalen Erfahrungen gehen über die Zwischenwelten hinaus. Er darf die Dimension unseres Ursprungs erleben, die Dimension, in der alles eins ist und man direkt mit dem Göttlichen verbunden ist.

Hölderlin beschreibt uns in seinen Gedichten nicht diese Zwischenwelten, sondern es gibt in uns selbst eine geistige schöpferische Kraft, durch die alles innig miteinander verbunden ist und aus der alles entstanden ist. Sie ist über den Zwischenwelten, die uns verdunkeln und vernebeln. Seine Gedichte wollen uns diese göttliche Sphäre öffnen, so daß wir sie selbst erleben können. Er erlebte, was andere Mystiker als Union Mystika bezeichnen. Bei seinen Erleuchtungserlebnissen hatte er kurze Einblicke in die Urkraft der Schöpfung selbst und war auf das Innigste mit ihr verbunden. Laotse, Buddha oder auch Jesus hatten ständig Zugang zu dieser Dimension. Sie waren erleuchtet und hatten alles in sich transformiert und verwirklicht, so daß sie dauerhaft mit der geistigen Kraft unserer Seele verbunden waren. Hölderlin kam nach seinen transzendentalen Reisen und Einblicken wieder in unsere Dimension zurück. Auf ihn wirkten dann wieder die polaren Kräfte und die des Unbewußten.

> Mich umschimmern Orionenheere,
> Stolz ertönet der Plejaden Gang.
> Ha, sie wähnen, Ewigkeiten währe
> Ihrer Pole wilder Donnerklang.
> Majestätisch auf dem Flammenwagen
> Durchs Gefild' der Unermeßlichkeit,
> Seit das Chaos kreiste, fortgetragen,
> Heischt sich Helios Unsterblichkeit.

Alles, was wir am Himmel sehen können und materiell Gestalt wurde, ist vergänglich. Es existieren verschiedene Götter und andere geistige Kräfte, die die für uns als polar erlebte Dimension verursachen. Wir leben in einer magischen mystischen Welt. Bei seinen transzendentalen Erlebnissen erkennt Hölderlin, daß die Sonne, Sterne und Planeten über ihre jeweiligen ausführenden Kräfte hier auf der Erde real auf uns wirken. Irrtümlicherweise denken diese, daß sie immer existieren werden.

Im Altgriechischen bedeutet Chaos auch ein klaffender Raum oder so etwas wie eine gähnende Leere. Die Leere oder dieser Abgrund fing irgendwann damit an, sich in Kreisform zu bewegen. Am Beispiel des Sonnengottes Helios will uns Hölderlin bewußt machen, daß alle Kräfte, die mit der Erschaffung von Sonne, Mond, Planeten und Sternen entstanden sind, auch wieder vergänglich sind. Helios wünscht und begehrt, daß er unsterblich ist, er ist es aber nicht wirklich. Hölderlin sagt uns nicht direkt, daß dieser leere Abgrund der Ursprung der Schöpfung selbst ist, sondern nur, daß, seit dieser in Bewegung kam, verschiedene Kräfte wie z.B. der Sonnengott Helios entstanden. Er deutet aber an, daß alles aus einer Leere entstanden ist. Später wollen wir auf diesen Zusammenhang mit Hilfe einiger Verse von Laotse noch eingehen.

> Auch die Riesen dort im Gräberlande,
> Felsgebirg' und Sturm und Ozean,
> Wähnen endlos ihrer Schöpfung Bande,
> Wurzelnd in dem ew'gen Weltenplan;
> Doch es nahen die Vernichtungsstunden,
> Wie des Siegers Klinge, schrecklichschön. –
> Erd' und Himmel ist dahin geschwunden,
> Schnell, wie Blitze kommen und vergeh'n.
>
> Aber kehre, strahlendes Gefieder,
> Zu der Halle, wo das Leben wohnt!
> Triumphiere, triumphiere wieder,
> Siegesfahne, wo die Göttin thront!
> Wenn die Pole schmettern, Sonnen sinken
> In den Abgrund der Vergangenheit,
> Wird die Seele Siegeswonne trinken,
> Hocherhaben über Grab und Zeit.

Alles, was wir als Materie sehen, wird es irgendwann nicht mehr geben. Unsere Erde, die Sonne, ja unser ganzes Sonnensystem wird sich in einen Abgrund auflösen. Hier in unserer materiellen Dimension erleben und sehen wir eine polare Welt. Wir können z.B. nur etwas als dick betrachten, weil wir einen Vergleich zu etwas Dünnem haben. Im Idealfall bedingen und ergänzen sich die Gegensätzlichkeiten harmonisch. Auf Regentage folgen wieder Tage, an denen die Sonne scheint.

Wie wir Menschen aus dieser naturgegebenen Harmonie der Polarität uns selbst ein Gefängnis erschaffen haben, in dem wir so vernebelt sind, daß wir unseren göttlichen Ursprung nicht mehr erkennen, wird im späteren Teil des Buches anhand von anderen Texten und Gedichten Hölderlins erläutert. Selbst wenn sich unser ganzes Sonnensystem wieder in einen Abgrund auflöst, wird es unsere Seele immer noch geben. Unsere Seele ist der Urstoff der Schöpfung und zeitlos. Sie ist die geistige schöpferische Kraft, aus der alles entstanden ist und die ewig existieren wird. Selbst die Zeitspanne der Sonne ist für unsere Seele nur ein kurzer Moment. Immer wieder betont Hölderlin in seinen Gedichten, daß uns diese Dimension der Ewigkeit innewohnt. Immer wieder versucht er, unsere Seele anzusprechen und uns auf diese Reise mitzunehmen.

Manche Astrophysiker kamen zu der Annahme, daß alles aus einem schwarzen Loch entstanden ist und daß wahrscheinlich alles wieder in ein solches zurückgeführt wird. Hier in diesem Gedicht ist es ein gähnender Abgrund, der zu kreisen anfing und jegliche Materie, also auch Sonne, Mond und Sterne, endet wieder in diesem Abgrund und danach beginnt wieder ein neuer Kreislauf. An anderer Stelle spricht Hölderlin von den ewigen Kreisläufen der Schöpfung. Alles, was zu Materie verdichtet wurde, ist vergänglich. Hölderlin wurde sich bei seinen transzendentalen Reisen bewußt, daß uns ein geistiger Urstoff innewohnt, der in allem und jedem vorhanden ist und der immer existieren wird.

Schon in seinem Gedicht „die Unsterblichkeit der Seele" beschreibt er uns, daß sowohl unsere Gedanken als auch die des Göttlichen Materie erschaffen. Unsere Seele ist die ursprüngliche geistige Kraft der Schöpfung und existierte schon vor diesem Abgrund - schwarzes Loch? - und wird auch nach einem solchen weiterhin existieren. Wir leben in einer magischen, mystischen und multidimensionalen Welt, in der Geister, Dämonen, Götter und Gott selbst als wirkende Kräfte existieren.

Im Gedicht „Hymne an die Unsterblichkeit" „thront" eine Göttin in der Dimension der Ewigkeit unserer Seele. Diese

Göttin wird von Hölderlin in mehreren Gedichten beschrieben.

Er ruft sich selbst und uns Leser dazu auf, uns in den Raum zu begeben, von dem jegliches Leben ausgeht und in dem jegliche Polarität aufhört zu wirken. In die Sphäre, die tief in uns schlummert und von der wir und alles was lebt sowie unsere polare Realität erschaffen wurden.

Wir haben diesen inneren Kern tief verborgen in uns und werden dazu aufgerufen, ihn kennenzulernen. Immer wieder versuchen die Gedichte, uns über Klang und Rhythmus in die Dimension der Ewigkeit mitzunehmen. Wir sollen unseren göttlichen Ursprung selbst erleben. Hier und jetzt. Und nicht erst nach unserem Tode oder wenn sich unser ganzes Sonnensystem aufgelöst hat!

Harret eine Weile, Orione!
Schweige, Donner der Plejadenbahn!
Hülle, Sonne, deine Strahlenkrone,
Atme leiser, Sturm und Ozean!
Eilt zu feierlichen Huldigungen,
All ihr großen Schöpfungen der Zeit,
Denn, verloren in Begeisterungen,
Denkt der Seher der Unsterblichkeit!

Siehe! da verstummen Menschenlieder,
Wo der Seele Lust unnennbar ist

Alle Kräfte, die normalerweise hier als Mensch auf uns wirken, werden dazu aufgerufen, still zu stehen. Für Momente soll unsere Gebundenheit an diese polare und zeitliche Dimension sowie all unsere Gedanken und Gefühle aufgehoben werden. Alles, was uns normalerweise bestimmt und unsere diesseitige Sphäre aufrecht erhält, wird in solchen Momenten überwunden.

Mit heutigen Worten könnte man sagen, daß für die Zeitspanne dieses transzendentalen Erlebnisses das Geburtshoroskop aufgehoben ist. All die Gestirne mit ihren ausführenden Kräften sowie alle irdischen Kräfte, die uns in unserer zeitlichen und polaren Realität festhalten, stehen für Momente still. Das an Raum und Zeit gebundene menschliche Dasein ist für die Zeitdauer dieses Erlebens überwunden. Nur in der Dimension unserer Seele ist man vollkommen frei. Frei von allem, was uns hier an die Erde bindet. Frei von allen unbewußten Kräften, die uns vernebeln und in unserer zeitlichen Dimension festhalten. In solchen Momenten ist jegliches Leid überwunden. Hölderlin beschreibt uns diese übernatürliche Erfahrung als höchstes Glück, als unbeschreibliche Liebe oder hier in diesem Gedicht als unnennbare Lust. Im Einssein mit unserer Seele gibt es keine Individualität mehr. Es ist so, als ob man selbst in allem ist und alles in einem. Er sieht und spürt, daß der Urstoff unserer Seele vor jeglicher Materie da war und immer sein wird.

Die Freude und Liebe, die Hölderlin in der geistigen Welt unserer Seele empfindet, kann er uns mit Worten nicht mehr beschreiben. In demselben Gedicht schreibt er einige Strophen zuvor:

> *Heil uns, heil uns, wenn die freie Seele*
> *Traulich an die Führerin geschmiegt*
> *Treu dem hohen, göttlichen Befehle,*
> *Jede niedrige Leidenschaft besiegt!*

Wenn wir das Wort Leidenschaft verwenden, sind wir uns seiner eigentlichen und ursprünglichen Bedeutung meist nicht bewußt. Jemand spielt leidenschaftlich gerne Fußball oder tanzt leidenschaftlich gern. Wir verwenden das Wort fast immer für unsere Freuden. Im eigentlichen Sinne des Wortes wäre ein Alkoholiker ein leidenschaftlicher Trinker, weil er sich durch sein Trinken Leiden schafft.

Es schadet sowohl ihm als auch anderen. Von jemandem, der nur an Geld denkt, sagen wir, daß Geld seine Leidenschaft ist. Meist handelt er nicht aus Mitgefühl und Nächstenliebe, sondern um seine Habgier zu befriedigen. Alle Verhaltensweisen, sofern sie nicht im Einklang mit dem himmlischen Willen sind, verbauen uns den Zugang zu unserer Seele und machen uns unfrei. Sowohl Handlungsweisen, die uns Leiden bereiten, als auch solche, die uns irdische Freuden bereiten, trennen uns letztendlich vom Göttlichen.

In der Dimension unserer Seele ist alles Irdische überwunden, die Polarität von Freud und Leid wird, ohne diese zu bewerten, aufgehoben. Wir sind direkt mit dem Göttlichen verbunden und handeln auch nach seinem Willen. Unsere Seele ist die Verbindung zu Gott selbst und über sie wird das Göttliche ausgeführt. Für Hölderlin existiert eine Göttin, die unsere Seele führt. In den folgenden Gedichten werden wir das Verhältnis von unserer Seele zu dieser Göttin ausführlicher erklären.

3 Die Göttin Urania, transzendentale Reisen in die Dimension der Ewigkeit und die Auflösung von Raum und Zeit

Hymne an die Göttin der Harmonie

Hymne an die Göttin der Harmonie

Urania, die glänzende Jungfrau, hält mit ihrem Zaubergürtel
das Weltall in tobendem Entzücken zusammen.

Ardinghello.

In der griechischen Mythologie ist Aphrodite Urania eine der ältesten Göttinnen. Sie ist die Tochter des Uranus und wurde mutterlos geboren. Kronos schnitt die Genitalien seines Vaters ab und warf sie ins Meer. So wurde Aphrodite Urania geboren und wird deshalb auch als die Himmlische oder die Schaumgeborene bezeichnet. In manchen Texten ist sie auch die Muse der Sternkunde und der Astrologie.

> Froh, als könnt' ich Schöpfungen beglücken,
> Kühn, als huldigten die Geister mir,
> Nahet, in dein Heiligtum zu blicken,
> Hocherhab'ne! meine Liebe dir;
> Schon erglüht der wonnetrunkne Seher
> Von den Ahndungen der Herrlichkeit,
> Ha, und deinem Götterschoße näher
> Höhnt des Siegers Fahne Grab und Zeit.

Tausendfältig, wie der Götter Wille,
Weht Begeisterung den Sänger an,
Unerschöpflich ist der Schönheit Fülle,
Grenzenlos der Hoheit Ozean.
Doch vor Allem hab ich dich erkoren,
Bebend, als ich ferne dich ersah,
Bebend hab ich Liebe dir geschworen,
Königin der Welt! Urania.

Hölderlin reist in eine Dimension, in der weder Zeit noch Tod existieren. Er ist in einem so vollkommenen Einssein mit der Schöpfung, daß er seine Freude allem und jedem mitteilen will. Es ist eine gewagte Reise, zu der auch Mut gehört und die durchaus nicht ungefährlich ist. Ihm erscheint es so, als ob ihm in dieser Höhe selbst die Geister Ergebenheit erweisen. Mit Geistern sind nicht Verstorbene gemeint, die sich bemerkbar machen, sondern geistige Wesenheiten, die in unserer polaren Dimension in unserem Unterbewußtsein auf uns wirken. Diese nichtmaterialisierten Wesen haben während dieses Erlebnisses keine Macht mehr. Sie unterwerfen sich in solchen Momenten der Kraft, die der viel höheren Dimension, der Schöpfung selbst, entstammt. Hölderlin befindet sich in der geistigen Sphäre unserer Seele und wird sich ihrer Unermeßlichkeit und Größe bewußt. Während er in dieser Höhe ist, wirken auf ihn die Kräfte unseres Unbewußten, die für Seher in unserer polaren Dimension als nichtmaterialisierte Wesen durchaus sichtbar sind, nicht mehr. In diesem Seinszustand spricht er mit Enthusiasmus die Göttin Urania an. Als er diese Wesenheit gesehen hat, war er so ergriffen von Ehrfurcht und Freude, daß alles in ihm gebebt und gezittert hat. Ihr Eindruck auf ihn war so groß, daß er sie sofort „Königin der Welt" nannte und ihr Liebe schwor. Für ihn ist die Göttin Urania die größte Wesenheit, die er bei seinen übernatürlichen

Erfahrungen selbst erlebt und gesehen hat.

Rhythmus und Klang des Gedichts haben Hölderlin in eine Sphäre gebracht, in der alles ewig ist. Er erfährt in dieser Dimension alles als unbeschreibliche Schönheit und als eine Einheit, von der alles ausgeht und die auch ihm innewohnt. Sämtliche polaren Kräfte mit ihren tausenden Varianten fließen hier wieder zu einer Einheit zusammen und werden von ihm als reine Freude und Liebe erlebt. Hier in dieser Dimension gibt es keine Gegensätzlichkeiten und keine entsprechenden Wesenheiten, die auf ihn wirken! All die verschiedenen Kräfte werden von Hölderlin, während er in der Dimension des Einsseins ist, mit Begeisterung wahrgenommen. Warum Hölderlin Urania als einzige Göttin für sich auswählt, ihr Liebe schwört und sie als Königin der Welt bezeichnet, erklärt er uns in diesem Gedicht.

Was der Geister stolzestes Verlangen,
In den Tiefen und den Höh'n erzielt,

Es gibt verschiedene Dimensionen und nichtmaterialisierte Wesen, die in ihnen und auch auf oder in uns wirken. Hier auf der Erde in unserer alltäglichen Realität sind wir einem Wechselbad von Gefühlen und Emotionen ausgesetzt. Hölderlin sagt uns hier so ganz nebenbei, daß es nichtmaterialisierte Wesen - Geister - gibt, die geradezu fordern, daß wir hier als Mensch in unserer materialisierten Welt unterschiedliche Emotionen und Gefühle haben. Sie verursachen, daß wir uns manchmal glücklich fühlen und manchmal traurig sind. Für Hölderlin sind diese Kräfte, die unbewußt auf oder in uns wirken, real vorhanden. Es sind nichtmaterialisierte Wesen, die er uns in seinen Gedichten als Geister, Dämonen oder, die höchsten und ursprünglichen von ihnen, als Götter beschreibt. Heute gibt es nur noch sehr wenige Menschen, die sich wirklich bewußt sind, daß Geister existieren, die unbewußt auf uns wirken.

Im Folgenden ein paar Sätze von C.G. Jung zu diesem Thema: „Der Gedanke der psychischen Gegenständlichkeit ist keineswegs eine neue Entdeckung, sondern vielmehr eine der frühesten und allgemeinen Errungenschaften der Menschheit. Es ist die Überzeugung von einer konkret existierenden Geisterwelt. Die Geisterwelt war allerdings nie eine Entdeckung wie z.B. die des Feuerbohrens, sondern es war die Erfahrung oder Bewußtmachung einer Realität, welche der der materiellen Welt in nichts nachgab."[1] „Ich zweifle, ob es überhaupt Primitive gibt, welche magische Wirkung oder magische Substanz nicht kennen (magisch ist bloß ein anders Wort für psychisch). Es scheint auch, daß so ziemlich alle um die Existenz von Geistern wissen. Geist ist eine psychische Tatsache."[2] In diesem Buch erklärt uns Jung, warum wir modernen Menschen keinen Kontakt mehr zu Geistern haben und ruft uns dazu auf, diesen wieder herzustellen. So heißt es an anderer Stelle: „Die Kunst besteht nur darin, das unsichtbare Gegenüber laut werden zu lassen…"[3]

In seinem roten Buch, das erst viele Jahre nach seinem Tod veröffentlicht werden durfte, sind Gespräche wiedergegeben, die er mit nichtmaterialisierten Wesen hatte. Sein ganzes tiefenpsychologisches System beruht auf diesen Erfahrungen. Für Jung sind eigenbewußte, nichtmaterialisierte Wesen genauso wirklich wie unsere Realität. Sie wirken psychisch oder, anders gesagt, magisch auf oder in uns und sind somit eine eigenständige Wirklichkeit. Auf dem Weg unserer individuellen Individuation sollen wir die magische Fähigkeit entwickeln, die in uns wirkenden Kräfte unseres Unbewußten zu erfahren und auch real Gestalt werden zu lassen. Jung war sich bewußt, daß es sowohl nichtmaterialisierte Wesen gibt, die individuell auf uns wirken als auch Wesen, die kollektiv auf die ganze Menschheit wirken und in unserem

Unterbewußtsein als archetypische Kräfte vorhanden sind.

Hölderlin durfte die Dimension, in der all diese nichtmaterialisierten Wesen unbewußt auf uns wirken, oft überwinden. Bei seinen transzendentalen Reisen gelangt er zu unserer Seele, in die geistige Welt des Urstoffs, aus der alle anderen erschaffen wurden und werden. Seine übernatürlichen Erfahrungen finden in der Dimension der Schöpfung selbst statt. In dieser Sphäre wirken keine Kräfte in Form von Geistern oder Dämonen. Die Dimension, aus der er oft zu uns spricht, steht über unserer materialisierten Welt und über allen Zwischenwelten, die normalerweise auf uns wirken und uns in unserer Realität festhalten.

Hab ich allzumal in dir empfangen,
Sint dich ahnend meine Seele fühlt.

Alles, was Hölderlin in unserer normalen polaren Dimension über die Geister erlebt hat, war in der Dimension des Einsseins schon vorhanden. Kein irdisches Erleben kann mit der übernatürlichen Erfahrung verglichen werden, die bei einem Erleuchtungserlebnis erlebt wird. Genauso wenig kann die himmlische Göttin Urania, die für Hölderlin die Königin dieser höheren Sphäre ist, mit den Geistern oder Dämonen verglichen werden, welche in unserer Realität unbewußt auf uns wirken, so daß wir ständig wie getrieben sind.

Selbst die schönsten Momente, die wir als Mensch in unserer irdischen Welt erleben können, werden bei dieser übernatürlichen Erfahrung um ein Vielfaches übertroffen. Hölderlin ist es erlaubt, die geistige Kraft Uranias in sich aufzunehmen und zu spüren. Er fühlt, daß er mit Urania verbunden ist. Mit dem Verstand kann man Urania nicht erfassen. Wir können ihre Größe und Schöpferkraft nur erahnen und sie seelisch wahrnehmen.

> *Dir entsprossen Myriaden Leben,*
> *Als die Strahlen deines Angesichts,*
> *Wendest du dein Angesicht so beben*
> *Und vergeh'n sie, und die Welt ist Nichts.*

Für Hölderlin ist Urania die Göttin der Schöpfung. Alles was lebt, wurde aus den Strahlen ihres Angesichts erschaffen. Wenn sie ihr Angesicht abwendet, so löst sich alles wieder ins Nichts auf. Bildlich beschreibt uns Hölderlin in anderen Gedichten, daß unsere Seele der Urstoff ist, aus dem alles entsteht und aus dem alles erschaffen wurde. Er erklärt uns, daß aus unseren und aus göttlichen Gedanken unsere materialisierte polare Welt erschaffen wurde und wird. Anhand der folgenden Verse und Strophen werden wir versuchen, das Verhältnis von Urania zu unserer Seele und zu Gott selbst näher zu betrachten. Hier in diesen Versen ist Urania die schöpferische Kraft, aus der unzählige Leben entstanden sind. Sobald sie sich abwendet, erlischt die Lebenskraft und alles löst sich in ein Nichts auf.

> *Thronend auf des alten Chaos Wogen,*
> *Majestätisch lächelnd winktest du,*
> *Und die wilden Elemente flogen*
> *Liebend sich auf deine Winke zu.*

Als die gähnende Leere, Chaos, anfing sich zu bewegen, war es die Göttin Urania, die alles nach ihrem Geist geordnet hat.

All die Elemente wie Feuer, Wasser, Luft und Erde unterstehen und gehorchen ihrer geistigen Kraft. Auch hier verwendet Hölderlin wieder das Wort Liebe. Er beschreibt oft, daß alles aus einem Einssein entstanden ist und wieder dorthin zurückkehrt. Als spirituelle Erfahrung wird dieses Erleben, bei dem man selbst wieder in allem und alles in einem ist, von ihm als Liebe beschrieben. Der Urstoff ist in allem und jedem, in allen Elementen, und Urania ist für Hölderlin die Göttin, die dies leitet. Sie existierte schon bevor der gähnende Abgrund sich bewegte und so die Schöpfung ermöglichte.

> In den Himmeln, auf dem Erdenrunde
> Sahst du, Meisterin! Im Bilde dich.

Alles wurde nach ihrem Bilde erschaffen. Sterne, Bäche, Berge, also alles, was wir als Materie sehen können, ist ein Spiegel der Göttin Urania und ihrer geistigen Kraft. Sie ist sowohl himmlisch als auch irdisch.

> Aus den Hainen wallt ins Lenzgefilde
> Himmlischschön der Göttin Sohn hervor,
> den zum königlichen Ebenbilde
> Sie im Anbeginne sich erkor:
> Sanftbegrüßt von Paradiesesdüften
> Steht er wonniglichen Staunens da,
> Und der Liebe großen Bund zu stiften,
> Singt entgegen ihm Urania:

Wir Menschen wurden direkt von Urania erschaffen. Hölderlin bezeichnet uns in dieser Strophe als ihre Söhne. Wir sind himmlischen Ursprungs und über die Liebe mit allem verbunden. Die ersten Menschen waren in einem paradiesischen Zustand und auf das Innigste mit der Schöpfung vereint.

> *„Komm, o Sohn! der süßen Schöpfungsstunde*
> *Auserwählter, komm und liebe mich!"*

Hölderlin wird direkt von Urania angesprochen und sie nennt ihn ihren Sohn. Er wird von ihr auserwählt, so daß er sie sehen und erleben darf. Es gibt sicherlich Seher, die Geister, Dämonen oder irdische Götter wahrnehmen, aber wer durfte schon die Göttin der Schöpfung selbst sehen und wurde sogar von ihr angesprochen? Goethe, Rilke und viele andere beschreiben uns die nichtmaterialisierten Wesen der Zwischenwelt, jener Sphäre, die in unserem Unterbewußtsein wirkt und uns in unserer materialisierten Dimension festhält. Hölderlin war es oft vergönnt, direkt in die höhere Sphäre des Einsseins einer Erleuchtung einzureisen. In dieser höheren, ursprünglichen Dimension existiert für ihn die Göttin Urania und von ihr wird er dazu aufgerufen, daß er sie lieben soll. Hier mit ihr und bei ihr oder durch sie soll er dieses Einssein mit allem erleben. Ihr Geist ist in allem als lebensspendende Kraft, und somit soll Hölderlin nicht nur sie als Wesenheit lieben, sondern eine allumfassende Liebe zur Schöpfung selbst erfahren. Hölderlin gibt in diesem Gedicht die Worte Uranias in wörtlicher Rede wieder. Er ist das Sprachrohr des Göttlichen. Urania erklärt ihm und auch uns, daß wir Menschen von ihr erschaffen wurden und werden. Da gab es keine Evolution vom Affen zum Menschen oder vom Einzeller zu anderen Lebewesen. Schöpfung geschieht jetzt in diesem Moment und wird von der Göttin Urania ausgeführt!

> *Meine Küsse weihten dich zum Bunde,*
> *Hauchten Geist von meinem Geist in dich.*
> *Meine Welt ist deiner Seele Spiegel*

Hier erklärt Urania, daß die Sphäre unserer Seele, also des zeitlosen und ewigen Urstoffs des ganzen Universums, die Dimension ihres Geistes ist. Es sind ihre Gedanken, die zusammen mit diesem Urstoff die Materie, ja ganze Sonnensysteme, erschaffen. Urania ist so etwas wie die ausführende Kraft, der ausführende Geist oder Logos, unserer Seele. Sie ist die Göttin, die uns mit allem verbindet und wenn Hölderlin in ihre Nähe gelangt, beschreibt er dieses Erleben mit enthusiastischer Liebe. Er wurde von ihr berührt und durfte ihre geistige Welt erfahren.

Meine Welt, o Sohn! ist Harmonie,
Freue dich! Zum offenbaren Siegel
Meiner Liebe schuf ich dich und sie.

Die Göttin Urania sagt Hölderlin hier, daß wir Menschen von ihr auserwählt sind, um mit ihr vereint zu sein. Wir Menschen sind es, die von Anfang an ihren göttlichen Geist in uns hatten und immer noch haben. Bei einer Erleuchtungserfahrung haben wir wieder Zugang zu göttlichem Bewußtsein und seiner geistigen Kraft.

Die ganze Schöpfung wird hier als harmonisch beschrieben. Ständig wird etwas Neues erschaffen und etwas anderes vergeht. Sterne lösen sich auf und andere werden geboren. Es ist nicht so, daß da etwas aus Zufall erschaffen und dann sich selbst überlassen wurde, sondern die Schöpfung ist weiterhin in allem als lebensspendende Energie vorhanden und geschieht auch jetzt in diesem Augenblick. Wir haben diesen Urstoff der Schöpfung in uns und sind über ihn mit allem verbunden. Urania erklärt Hölderlin hier, daß von Natur aus alles harmonisch ist. Sowohl im Weltall als auch auf der Erde in unserer polaren Dimension.

Die Göttin Urania hat uns und die Welt zum Zeichen ihrer Liebe erschaffen. Hölderlin beschreibt uns in anderen Gedichten, daß unsere Seele der Urstoff ist, der schon immer da war und für den selbst die Zeitspanne unserer Sonne nur ein kurzer Augenblick ist. Hier erklärt ihm Urania, daß sie sozusagen die geistige Wesenheit dieses Urstoffes ist. Sie ist es, die zusammen mit diesem Urstoff alles erschafft und weiterhin allem als lebensspendende geistige Kraft innewohnt. Deshalb erlebt Hölderlin während seinen Reisen in diese übernatürliche Dimension alles als ein ursprüngliches Einssein. Urania erschuf uns Menschen und alles andere aus diesem Urstoff, vielleicht auch aus sich selbst, da sie das Spiegelbild unserer Seele ist. Es ist ihr Geist, der uns eingehaucht wurde. Wir wurden von göttlichem Bewußtsein erschaffen und haben dieses auch selbst in uns! Es fand keine Entwicklung von der Materie zum Verstand oder vom Tier zum Menschen statt, sondern wir Menschen wurden direkt vom Göttlichen erschaffen. Geist erschafft Materie und nicht umgekehrt! Hier in diesem Gedicht sieht Hölderlin die Göttin Urania und sie erklärt ihm unsere Herkunft. Den geistigen Urstoff der Schöpfung selbst und seinen Ursprung kann man nicht sehen, sondern nur seine ausführenden Kräfte.

Herrlicher mein Bild in dir zu finden,
Haucht' ich Kräfte dir und Kühnheit ein,
Meines Reichs Gesetze zu ergründen,
Schöpfer meiner Schöpfungen zu sein.

Die Göttin der Schöpfung Urania sagt hier zu Hölderlin, daß wir Menschen es sind, die nach ihrem Ebenbilde von ihr erschaffen wurden. Wir haben das Göttliche in uns und können deshalb selbst schöpferisch wirken. In dem Gedicht „Unsterblichkeit der Seele" beschreibt Hölderlin, wie aus dem

Zusammenspiel von göttlichen Gedanken und unseren Vorstellungen unsere diesseitige materielle Dimension erschaffen wird. Alles, was für uns als Materie sichtbar ist, ist ein Abbild geistiger Kräfte. Es sind unsere Gedanken, die uns in unserer Dimension einschränken und diese aufrechterhalten.

Den göttlichen Urstoff oder die Seele, die sie als ihren Geist und als ihre Welt beschreibt, haben wir seit Beginn unseres menschlichen Daseins in uns und deshalb auch die geistige Kraft, selbst schöpferisch zu sein. Unsere Seele ist in allem, in jedem Stein, jedem Felsen, in jedem Tier - aber wir Menschen sind es, die auch einen Verstand haben. Es ist die Mischung aus dieser Urkraft unserer Seele und unseren Gedanken, die Materie und, im Falle von uns heutigen Menschen, unsere diesseitige polare Welt erschafft. Die ersten Menschen hatten göttliches Bewußtsein und waren noch im paradiesischen Zustand des Einsseins mit unserer Seele. Wir waren am Anfang der Schöpfung noch in einer höheren nichtmaterialisierten Welt oder hatten zumindest noch einen bewußten Zugang zu ihr.

> *Von des Erdelebens Tand geläutert,*
> *Ahndet Götterlust der zarte Sinn,*
> *Von der Liebe Labetrunk erheitert,*
> *Naht die Seele sich der Schöpferin.*

Wie wir uns immer mehr von unserer Seele, unserem göttlichen Ursprung, getrennt haben oder, besser gesagt, wie wir uns diesen Zugang vernebelt haben, wird im Laufe dieses Buches genauer erläutert. Je freier wir von unseren irdischen Freuden werden, umso mehr können wir das Göttliche in uns wieder wahrnehmen. All unser Streben nach materiellem Besitz, Macht, Sex sowie all die anderen Wünsche, die wir hier auf der Erde haben, versperren uns den Zugang zu unserer

Seele. Je weniger Macht wir diesen irdischen Kräften geben, umso mehr können wir das Göttliche in uns wieder empfinden. Ganz tief in uns können wir die uns innewohnende Freude, Freiheit und allumfassende Liebe spüren. Wir können erahnen, wer wir am Anfang der Menschheitsgeschichte einmal waren und eigentlich immer noch sind. Urania erklärt Hölderlin, daß wir von ihr nach ihrem Bilde erschaffen wurden und nennt uns ihre Söhne. Wir sind also göttlicher Abstammung! Immer wieder ist es die allumfassende Liebe, die Hölderlin Zugang zu seiner Seele verschafft. Es ist die von innen kommende Liebe zu allem und jedem, die ihn in die Dimension unserer Seele einreisen läßt. In ihr erlebt Hölderlin, wie die Seele zu der Schöpfergöttin Urania findet. Er ist in diesem Moment in der Sphäre, in der alles wieder eins ist und er sieht und erfährt, daß es eine Wesenheit gibt, deren Geist dem Urstoff innewohnt und diesen leitet. Je mehr er allumfassende Liebe erlebt, desto näher kommt er Urania.

Geister! Brüder! unser Bund erglühe
Von der Liebe göttlicher Magie.
Unbegrenzte, reine Liebe ziehe
Freundlich uns zur hohen Harmonie.

Unsere Seele ist in allem und in jedem und er darf diese Erfahrung bewußt machen. In dieser göttlichen Sphäre ist es so, als ob er selbst in allem wäre und alles in ihm. Diesen Zustand beschreibt Hölderlin hier als reine Liebe. Diese Liebe ist so unbeschreiblich, weil sie keine Grenzen kennt und eine unerklärliche Kraft hat. Hier auf der Erde ist Liebe normalerweise begrenzt. Wir lieben unseren Partner oder unsere Familie, aber jeder hat bestimmt einen Nachbarn oder einen Mitarbeiter in der Firma, der ihm unsympathisch ist oder den er sogar haßt, von dem er aber ganz sicher sagen kann, daß er ihn nicht liebt.

Die Dimension, von der Hölderlin berichtet, ist vollständig anders. In ihr gibt es keine Materie, keine Polarität und keine Zeit. Ein Erlebnis in dieser ewigen Dimension kann man nicht wissenschaftlich erklären. Es ist ein spirituelles Erleben, bei dem man wieder eins mit allem ist, mit allem, was Leben in sich hat. Die Liebe, die man normalerweise nur zu ganz wenigen Menschen haben kann, wird allumfassend. Hölderlin beschreibt uns eine lebendige, beseelte und zyklisch verlaufende Welt, in der alles über eine geistige Kraft miteinander vernetzt ist. Wir leben in einer mehrdimensionalen Welt, in der auch nichtmaterialisierte Wesen verschiedener Art und Qualität existieren. In erleuchtetem Zustand ist Hölderlin mit der Urkraft unserer göttlichen Seele verbunden und für diese Zeitspanne verlieren all die anderen Kräfte, die normalerweise unbewußt auf ihn oder in ihm wirken, ihre Macht. Von dieser Höhe aus ruft er die nichtmaterialisierten Wesen der Zwischenwelt zu Freude und Harmonie auf.

Alle Dimensionen und somit auch alle die in ihnen existierenden Wesen, seien sie nun materialisiert oder nichtmaterialisiert, sind mit oder aus diesem Urstoff erschaffen worden. Die Kraft unserer Seele ist stärker als alle anderen Mächte. Hölderlin war oft in dieser Dimension und in diesem göttlichen Urzustand spricht er zu den Geistern und nennt sie sogar Brüder. Die allumfassende Liebe wird von Hölderlin an dieser Stelle als göttliche Magie beschrieben, die dimensionsübergreifend wieder alles in Harmonie bringt. Mit anderen Worten könnte man auch sagen, daß es in uns eine unerklärliche ewige Kraft gibt, die über allem steht und wenn wir diese Sphäre erleben dürfen, wird unser Leben von Freude, Freiheit und Liebe erfüllt.

> Das vermag die Saite nicht zu künden,
> Was Urania den Sehern ist,
> Wenn von hinnen Nacht und Wolke schwinden,
> Und in ihr die Seele sich vergißt.

Seher sind Menschen, die die magische Fähigkeit haben, etwas zu sehen, was für uns normalerweise nicht wahrnehmbar ist. Sie haben in diesen Momenten Zugang zu geistigen Welten. Hölderlin sah und erlebte die geistige Sphäre Uranias. Dank ihrer Kraft durfte er die Wolken und Nebel, die uns normalerweise in unserer Realität festhalten und uns den Zugang zu unserer Seele verwehren, durchbrechen und die himmlische Dimension der Schöpfung selbst erleben und ihre ausführenden Kräfte sehen. Dank ihr erfuhr er göttliches Bewußtsein.

Warum Hölderlin immer wieder in unsere irdische Dimension zurückkam und sich nicht im göttlichen Urstoff der Schöpfung aufgelöst hat oder in dieser Höhe geblieben ist, sagt er uns in anderen Gedichten und am ausführlichsten im Gedicht „Der Rhein". Doch warum dürfen so wenige Menschen die Erfahrung einer Erleuchtung machen? Wer oder was hindert uns daran, in die Dimension der Ewigkeit einzureisen oder sie wenigstens für einen Moment zu erleben? Warum gibt es fast keine Menschen wie Buddha, Jesus oder Laotse?

In der Tiefenpsychologie sind sich fast alle einig, daß wir aus Angst oft automatisch Gedanken, Impulse oder Erfahrungen, die wir real gemacht haben, aus unserem Bewußtsein verdrängen. Alle Psychologen sind sich darüber einig, daß das, was wir in unser Unterbewußtsein verdrängt haben, weiterhin auf uns oder in uns wirkt. Für C.G. Jung existiert diese Wirkung nicht nur auf das einzelne Individuum bezogen, sondern auch archetypisch kollektiv. Doch wer oder was wirkt unbewußt auf uns oder in uns? Menschen mit seherischen Fähigkeiten sehen diese unbewußten Kräfte wirklich und beschreiben sie als Geister und Dämonen. Es sind nichtmaterialisierte Wesen, die durchaus ein eigenes Bewußtsein haben und auf uns oder in uns wirken. Hölderlin sagt uns nicht, wie diese entstanden sind, sondern nur, daß es eine Dimension gibt, die uns verdunkelt und daß diese nichtmaterialisierten Wesen wirklich existieren. Geister und Dämonen sind sozusagen die ausführenden Kräfte der in unserem Unterbewußtsein wirkenden Psyche. In unserem früheren Sprachgebrauch waren Ausdrücke wie „vom Teufel getrieben", „dem sitzt ein Schalk im Nacken" oder „von allen guten Geistern verlassen" ja durchaus noch normal. Im neuen Testament vertreibt Jesus bei vielen Heilungen Dämonen. Die katholische Kirche bildete manche Priester zu Exorzisten aus, d.h., sie sollten Menschen, die von Dämonen besessen waren, von diesen befreien. Auf der anderen Seite töteten sie die meisten Menschen, die sich mit den übernatürlichen Kräften beschäftigten oder gar auskannten. Über Jahrhunderte wurden Schamanen, Seher und Menschen mit übernatürlichen Fähigkeiten verfolgt und viele landeten auf dem Scheiterhaufen. Vor allem Frauen mit übernatürlichen Fähigkeiten wurden als Hexen bezeichnet und öffentlich verbrannt. Im Alten Testament werden ebenfalls verschiedene Dimensionen beschrieben. Es gibt Erzengel mit all ihren Heerscharen, über die Gott auf uns wirkt. Nur in solchen Fällen wie z.B. bei Moses am Dornbusch offenbart sich Gott direkter. Bei allen Naturvölkern und allen alten Kulturen existierte ein Bewußtsein, daß es nichtmaterialisierte Wesen unterschiedlicher Art gibt. Es soll ja Menschen geben, die in sich sogar eine Lust verspüren andere zu quälen oder gar zu töten. Manche von ihnen können sich später nicht mehr an ihre Tat erinnern. Sie sind in solchen Momenten wie in einem Rausch. Wer oder was treibt sie in solchen Momenten? Was ergreift von ihnen

Besitz und gibt ihnen sogar das Gefühl der Zufriedenheit? Wen oder was füttern sie im Hintergrund mit dieser negativen Energie? Doch nun wieder zurück zum Textinhalt unseres Gedichts. Hölderlin beschreibt uns, daß, wenn wir zu unserer Seele gelangen, all die unbewußten Kräfte, die uns normalerweise verdunkeln und von himmlischen Sphären trennen, nicht mehr wirken. Während er in der Dimension des Einsseins ist, ist er frei von all den ausführenden Kräften dieser Zwischenwelten und frei von allen polar wirkenden irdischen Kräften. Jegliche Dunkelheit ist verschwunden. Urania wird in diesem Gedicht von Hölderlin als Göttin der Harmonie beschrieben. Sie hilft ihm, daß die Kräfte des Unterbewußtseins für Momente entmachtet werden, so daß göttliches Bewußtsein und Wissen in ihn einfließen können. Hölderlin ruft alle Geister, also jene nichtmaterialisierten Wesen, die unbewußt auf uns wirken, zu einem harmonischen Zusammenleben auf. Er bekämpft sie nicht, sondern versucht von einer höheren Dimension aus, alles in Einklang zu bringen. In den folgenden Versen ruft uns Hölderlin dazu auf, in die Melodie des Gedichts miteinzustimmen, so daß wir alle den Versuch wagen, in die Höhe Uranias zu gelangen. Selbst die Götter, die hier auf der Erde wirken, werden aufgefordert, ihre himmlische Höhe anzuerkennen. Für Hölderlin steht Urania über allen Geistern und irdischen Göttern.

> *Kommt den Jubelsang mit uns zu singen,*
> *Denen Liebe gab die Schöpferin!*
> *Millionen, kommt emporzuringen*
> *Im Triumphe zu der Königin!*
> *Erdengötter, werft die Kronen nieder!*
> *Jubelt, Millionen fern und nah!*
> *Und ihr Orione, hallt es wider:*
> *Heilig, heilig ist Urania!*

Hymne an die Muse

Hymne an die Muse

Schwach zu königlichem Feierliede,
Schloß ich lang genug geheim und stumm
Deine Freuden, hohe Pieride!
In des Herzens stilles Heiligtum;
Endlich, endlich soll die Saite künden,
Wie von Liebe mir die Seele glüht,
Unzertrennbarer den Bund zu binden,
Soll dir huldigen dies Feierlied.

Nachdem Hölderlin seine Erfahrungen lange für sich behielt, spricht er sie nun für alle aus. Das Wissen, das er von Urania bekam und wie er selbst diese höhere Dimension, in der sie die Herrscherin ist, erlebt hat, soll jetzt für uns zugänglich sein und erklärt werden. Er ist so stark mit der Energie des Urstoffs verbunden, daß er selbst, seine Seele, zu glühen scheint. Immer wieder beschreibt er diese Verbundenheit oder Innigkeit mit allem als Liebe. Um Urania zu ehren, widmet er ihr dieses Gedicht. Die Verbundenheit, die er zu ihr hat, soll auf immer erhalten bleiben.

Auf den Höhn, am ernsten Felsenhange,
Wo so gerne mir die Träne rann,
Säuselte die frühe Knabenwange
Schon dein zauberischer Othem an;-

Schon als er sehr jung war, er hielt es lange geheim, hat er übernatürliche Erfahrungen in einer höheren Dimension gemacht. In vielen Gedichten beschreibt Hölderlin dies bildlich anhand der Natur. Er ist auf einem Hügel oder Berg und sieht die Täler von oben. Als göttlicher Geist in der Dimension des Einsseins in ihn einfloß, hat er gerne geweint. Seine Tränen entsprangen der Freude und dem Mitgefühl zu allem und jedem. Hölderlin erklärt uns hier einen Seinszustand, in dem man mit allen Menschen innerlich so stark verbunden ist, daß man jeden liebt und mit jedem mitfühlt. Dieser übernatürliche Zustand beschränkt sich nicht auf seine Mitmenschen, sondern ist allumfassend. Er war so ergriffen von diesen Erlebnissen, daß ihm dabei oft die Tränen kamen. Es waren keine Tränen der Traurigkeit, sondern seine Empfindungen und Gefühle zu allem waren überwältigend und berührten ihn innerlich.

Bin ich, Himmlische, der Göttergnaden,
Königin der Geister, bin ich wert,
Daß mich oft, des Erdetands entladen,
Dein allmächtiges Umarmen ehrt?

Urania wird hier als himmlisch und als Königin der Geister beschrieben. Ihre Kraft ist so groß, daß sie alle nichtmaterialisierten Wesen, die normalerweise in unserer irdischen Dimension unbewußt auf und in uns wirken und uns von der höheren Sphäre trennen oder sie uns verdunkeln, beseitigen kann. Sie ist es, die es Hölderlin erlaubt, in ihre göttliche Dimension einzureisen. Hölderlin fragt hier Urania, ob er es auch wert sei, daß er diese übernatürlichen Erfahrungen machen darf. Hat er es verdient, die Erfahrung einer Erleuchtung zu machen, frei von jeder irdischen Beschränkung und frei von allen Wirkungen des Unterbewußtseins zu sein? Ist er es, der von den Göttern dazu auserwählt wurde, all dies erleben zu dürfen?

Mit welcher Demut Hölderlin hier Urania anspricht, ist fast schon unglaublich. Hölderlin bedankt sich bei Urania für die Gnade, die ihm erteilt wurde, all diese übernatürlichen Erfahrungen machen zu dürfen! Er fragt Urania und auch sich selbst, warum er unter all den tausenden Menschen auserwählt wurde, in die Dimension des Urstoffes selbst einzureisen und die Gnade erfuhr, göttliches Bewußtsein zu erlangen. Wieviele Gurus gibt es auf der Welt, die zwar ein mystisches Erlebnis hatten, aber dann mit einem riesen Ego in die Welt hinausrennen und erzählen, was wir tun und lassen sollen? Und sich sogar noch dafür bezahlen lassen! Wir selbst sollen beim Lesen und Sprechen seiner Gedichte in eine höhere Dimension mitgenommen werden. Er ist sich dessen bewußt, daß seine Erleuchtungserlebnisse nicht sein eigener Verdienst sind, sondern daß es eine Gnade des Himmels ist, diese erleben zu dürfen!

> Ha! vermöcht' ich nun, dir nachzuringen,
> Königin! in deiner Götterkraft
> Deines Reiches Grenze zu erschwingen,
> Auszusprechen, was dein Zauber schafft! –
> Siehe! die geflügelten Aeonen
> Hält gebieterisch dein Othem an,
> Deinem Zauber huldigen Dämonen,
> Staub und Aether ist dir untertan.

Hölderlin würde ihr gerne überallhin folgen, um ihre Welt kennenzulernen. Es fehlen ihm die Worte, um sie und ihre unerklärliche schöpferische Kraft und Macht zu beschreiben. Mit ihrem Atem wirkt und bestimmt sie über alle Zeitalter hinweg. Dies läßt einen Vergleich mit dem indischen Schöpfergott Brahma zu, dessen Atemhauch tausende Jahre umfaßt. Selbst Dämonen, also jene nichtmaterialisierten Wesen, die uns bewußt quälen, sehen zu Urania auf und unterstehen ihrer magischen Kraft. Sie befehlt sowohl über jegliche Materie, sei sie auch noch so klein, als auch über feinstoffliche und geistige Welten.

Hölderlin würde sich gerne so anstrengen, damit er Uranias göttliche Stärke in sich hätte, um ihre ganze Welt kennenlernen zu können. Er hat zwar Einblick in ihre himmlische Sphäre und erlebt diese für Momente, aber er ist sich auch bewußt, daß er selbst in einem erwachten Zustand diese höchste erlebbare Dimension nicht in ihrer Ganzheit sehen und erfahren kann. Selbst für das, was er sehen und erfahren darf, fehlen ihm die Worte. Die schöpferische Kraft Uranias ist so unerklärlich groß und mächtig, daß man sie nicht beschreiben kann. Hölderlin ist sich vollkommen klar darüber, daß er selbst in einem erleuchteten Zustand sehr klein ist im Vergleich zu dieser für ihn höchsten Göttin.

Ihr Atem hat die Kraft, für uns unüberschaubare Zeiträume zu beenden oder die Zeit anzuhalten. Wenn man in ihrer Dimension der Ewigkeit ist, so existiert für diese Momente die Zeit, so wie wir sie hier in unserer Dimension erleben, nicht mehr. Ihr Atem gebietet über ganze Erdzeitalter als auch über die Zeit des Universums.

Urania waltet in der geistigen Welt der Ewigkeit. Hölderlin beschreibt uns hier, wie sie von diesem zeitlosen Hintergrund aus mit ihrem Atem die einzelnen endlichen Zeitepochen und Zeitalter bestimmt. Alles was zeitlich begrenzt ist, sei es unser jetziges Leben in diesem Körper oder gar die Zeitspanne während der die Sonne existiert, fliegt an dieser geistigen für immer existierenden Welt vorbei. Urania herrscht über alle Dimensionen und über die in ihnen wirkenden Kräfte. Sie ist der ausführende Arm der Schöpfung, unserer Seele.

Hier als Mensch erhalten wir unseren Körper durch Atmen am Leben. Wenn wir mit Atmen aufhören, stirbt unser Körper. Das, was wir hier im Kleinen machen, geschieht auch im großen Weltablauf. Der ursprüngliche Geist der Schöpfung beatmet das ganze Universum und macht es lebendig. Es ist ein ständiges Kommen und Gehen. So wird die Schöpfung in den heiligen indischen Schriften der Veden als der Atem des Schöpfergottes Brahma beschrieben. Sie ist ein permanenter, nie endender Vorgang, der auch in diesem Moment stattfindet. Hölderlin sagt uns ja in dem Gedicht „Göttin der Harmonie" daß, wenn Urania ihr Gesicht abwendet, unsere Welt zu einem Nichts wird.

Alles, was wir hier sehen können, also auch alle Himmelskörper, wird von der Göttin der Schöpfung eingeatmet und löst sich in dieser geistigen Sphäre des Urstoffes wieder auf. Unsere Welt wird beendet, wenn Urania ihr Angesicht von ihr wendet, das heißt aber nicht, daß sie mit Atmen aufhören wird, sondern daß eine vollkommen andere Welt neu entstehen wird. Hölderlin beschreibt uns den Geist unserer Seele als einen ewigen Urstoff, für den selbst die Existenz unserer Erde nur ein winzig kleiner Zeitabschnitt ist.

Hier auf der Erde gehorchen ihr selbst Dämonen, also jene Wesenheiten, vor denen wir Menschen uns schon seit tausenden von Jahren fürchten. Der Äther ist eine verdichtete Form dieser geistigen Kraft, jedoch noch nicht zu Materie verdichtet. Der Geist oder die göttlichen Gedanken haben sich noch nicht zu Materie verdichtet, sind aber in Form oder Gestalt schon vorhanden. Die Sphäre des Äthers befindet sich zwischen unserer sichtbaren materialisierten Dimension und der rein geistigen der himmlischen Schöpfung. Urania unterstehen sowohl die geistige Urkraft der Schöpfung als auch deren verdichtete Form des Äthers bis hin zu allem, was materialisiert für uns sichtbar ist. Der Äther ist die Vorstufe, bevor etwas als Materie Gestalt annimmt. Urania leitet und bestimmt diese Vorgänge.

Und der Liebe schöne Quelle leitet
In der Weisheit Hain der Göttin Hand.

Urania wird von Hölderlin in mehreren Gedichten als Göttin der Schöpfung beschrieben. Sie ist ein nichtmaterialisiertes Wesen, das er bei einigen seiner transzendentalen Reisen sehen konnte. Er durfte die Erfahrung machen, wie sie auf und in verschiedenen Dimensionen wirkt. In Bildern beschreibt uns Hölderlin, daß es ihr Geist ist, der unserer Seele innewohnt und somit alles miteinander verbindet.

Hier erläutert uns Hölderlin, daß auch sie wiederum von einer Quelle geleitet wird. Schon in seinem Gedicht „die Bücher der Zeiten" wird sich Hölderlin bewußt, daß man die höchste geistige Sphäre des Göttlichen nicht mehr benennen kann. In diesem Gedicht teilt uns Hölderlin mit, daß es ein Heiligtum des Unnennbaren gibt, das weit über Uranus ist, also auch über der Göttin Urania.

Im Christentum wurde, vermutlich um die germanischen Stämme, die an viele Gottheiten glaubten, leichter zu christianisieren, das Wort Gott im Sinne eines einzigen allumfassenden Gottes eingeführt. Das Wort selbst stammt aus dem Germanischen und wurde von der Kirche zum Zwecke der Christianisierung übernommen. Für die Germanen waren die Götter aber geistige Wesen, die übernatürliche Kräfte von unterschiedlicher Qualität haben.

Für Hölderlin ist Urania die Göttin der Schöpfung und steht über allen irdischen Göttern und allen nichtmaterialisierten Wesen, die hier in unserer Dimension in und auf uns unbewußt wirken. Er ist sich aber auch bewußt, daß es noch andere himmlische Götter, wie zum Beispiel Kronos, gibt und diese auch schöpferisch sind. Urania ist viel älter als unser Sonnensystem, da ihr Geist in dem Urstoff der Schöpfung grundsätzlich vorhanden ist. Hölderlin sah Urania und wurde sich ihrer Wirkungen bewußt. Sie ist ein nichtmaterialisiertes

Wesen, das man noch, allerdings in einer viel höheren geistigen Dimension, wahrnehmen und allenfalls vage beschreiben kann.

Hölderlin war sich bewußt, daß auch Urania wiederum von der Quelle der Liebe geleitet wird. Diese Quelle der Liebe wird von Hölderlin nie beschrieben. Über den Göttern gibt es noch etwas, das man nicht mehr beschreiben und erklären kann. Hier bezeichnet er dies wunderschön als Quelle der Liebe. In anderen Gedichten nennt er es nach christlicher Tradition Gott, Gott der Götter oder „Heiligtum des Unnennbaren". Die Götter, also all jene nichtmaterialisierten höchsten Wesen, die für uns unerklärliche und übernatürliche geistige Kräfte haben, können manche Seher noch wahrnehmen und beschreiben. Sie sind die ausführenden Kräfte des Göttlichen, dessen Ursprung man selbst in erleuchtetem Zustand nicht sehen und eigentlich auch nicht benennen kann.

In fast allen Kulturen waren die Menschen sich bewußt, daß geistige Wesen mit für uns unerklärbaren Kräften existieren. Sie gaben ihnen je nach Zeit und Kultur verschiedene Namen, auch wenn oft dieselbe geistige Gottheit gemeint war. Nur wenige waren sich jedoch bewußt, daß es selbst über den höchsten Wesenheiten noch etwas gibt, das man nicht mehr sehen oder beschreiben kann. Dies erklärt uns Laotse in seinem Werk Tao Te King in folgenden Versen. [4]

I

Das DAO das benannt werden kann,

ist nicht das ewige DAO.

Der Name, der genannt werden kann,

ist nicht der ewige Name.

Das Namenlose ist des Himmels und der Erden

Urgrund;

das Benannte ist die Mutter der zehntausend Wesen

IV

*Das DAO ist ein leeres Gefäß,
weit und unausfüllbar.
Unergründlich ist die Quelle
der zehntausend Wesen.
Es glättet ihre Schärfe,
streut aus seiner Fülle,
mäßigt eitles Glänzen
und wird eins
mit ihrem Staube.
Tief verborgen ist es
und doch allgegenwärtig.
Ich weiß nicht,
woher es stammt.
Es ist schon vor
den Göttern*

In Europa waren die Schriften von Laotse und Buddha zu Lebzeiten Hölderlins noch gänzlich unbekannt. Umso erstaunlicher ist es, daß uns Hölderlin in seinen Gedichten durchaus vergleichbares Wissen und vergleichbare Weisheit vermitteln will. Immer wieder beschreibt er uns, daß es etwas gibt, aus dem alles erschaffen wurde und das immer noch in allem da ist. Hölderlin erklärt uns, wie es sich anfühlt und was er empfindet, wenn er in dieser höheren geistigen Dimension ist. Er sieht und beschreibt für uns die Kräfte, die in den verschiedenen Dimensionen wirken oder diese sogar erschaffen. Urania wird von ihm als Göttin der Schöpfung beschrieben. Man kann sie noch benennen und sie ist sozusagen die Mutter der zehntausend Wesen, aber nicht die ursprüngliche Quelle. Über sie wurden wir Menschen, Tiere, Pflanzen, unsere Erde, Sonne, Mond und Sterne erschaffen.

Hölderlin war sich jedoch bewußt, daß man die höchste himmlische Sphäre nicht mehr beschreiben und benennen kann, auch wenn er sie in seinen Texten und Gedichten nach christlichem Verständnis oft als Gott bezeichnete. Hier erklärt er uns, daß „der Liebe schöne Quelle" Urania leitet. Damit meint er, daß alles aus einem vollkommenen Einssein entsprungen ist und daß aus dieser schönen Quelle der Liebe alles erschaffen wurde.

Laotse ist sich dieses Zusammenhangs noch bewußter. Er sagt uns, daß die höchste himmlische Kraft oder des Himmels Urgrund nicht mehr benennbar ist. Sobald wir ihn benennen, sind es seine ausführenden Kräfte und nicht mehr der eigentliche Ursprung. Deshalb spricht Laotse vom DAO, das nicht benannt werden kann. Dem Urgrund von Himmel und Erde können wir keinen Namen geben und sobald wir ihn benennen, ist es nicht mehr der Urgrund selbst, sondern eine Manifestation von ihm. Den geistigen Ursprung selbst kann man nicht ergründen, sondern nur seine Abbilder. Wir können ihn weder erforschen noch erdenken. Er ist tief verborgen und dennoch immer da.

Urania ist eine ausführende geistige Kraft des höchsten Himmels und Hölderlin versucht in vielen Gedichten, ihre Wirkung zu beschreiben. Sie ist für ihn die geistige Wesenheit, die dem Urstoff der Schöpfung innewohnt und diesen führt, aber auch sie wird wiederum von einer Quelle geleitet. Urania ist zwar die Göttin der Schöpfung, aber Hölderlin war sich vollkommen bewußt, daß sie nicht der höchste Himmel ist. Das was Laotse DAO, das Unnennbare nennt, kein Name wäre zutreffend, beschreibt uns Hölderlin hier als der „Liebe schöne Quelle". Für Hölderlin ist Urania eine himmlische Göttin, aber nicht das DAO.

Laotse sagt uns, daß irgendwann alles wieder eins mit der unergründlichen Quelle des Unnennbaren DAO wird. Aus dem DAO ging alles hervor, es ist immer präsent und zu ihm führt alles wieder zurück. Hölderlin sagt uns dasselbe über unsere Seele. Aus ihr wurde alles erschaffen, sie ist weiterhin in allem vorhanden und alles löst sich wieder in ihr auf. Sowohl Hölderlin als auch Laotse sprechen an anderer Stelle von einem ewigen Kreislauf der Schöpfung.

Für Hölderlin ist unsere Seele die uns innewohnende geistige Kraft der Schöpfung. Über unsere Seele sind wir mit dem Unnennbaren und somit mit allem verbunden. Wir haben das Göttliche selbst in uns und sind so erschaffen worden, daß wir selbst wiederum schöpferische Fähigkeiten haben. Die meisten Menschen sind sich nicht bewußt, daß wir uns mit unseren Gedanken und Vorstellungen im Zusammenspiel mit der uns innewohnenden geistigen Kraft der Schöpfung eine eigene kleine Welt erschaffen haben und diese ständig aufrechterhalten. In Momenten, in denen Hölderlin unsere Seele erfahren darf, ist es ihm erlaubt, diese Welt für Momente zu verlassen und eine vollkommen andere Dimension zu erleben. Immer wieder beschreibt er uns diese Erfahrung als allumfassende Liebe. Er fühlt und empfindet, daß er selbst wieder in allem ist und alles in ihm. Es ist so, als ob er in alles zerfließen würde.

Wenn Hölderlin in der Dimension unserer Seele ist, wirken weder Dämonen noch Geister auf ihn. Laotse sagt uns dies in anderen Worten: Das DAO „glättet die Schärfe" der „zehntausend Wesen".

In der Liebe volle Lust zerflossen,
Höhnt das Herz der Zeiten trägen Lauf,
Stark und rein im Innersten genossen,
Wiegt der Augenblick Aeonen auf; -

Selbst ein Moment dieser Erfahrung ist schöner als alles, was er in unserer an Zeit gebundenen polaren Dimension erlebte.

Immer wieder versucht Hölderlin, uns in jene höhere Sphäre mitzunehmen. Wir sollen selbst erleben, was allumfassende Liebe und wirkliche Freiheit bedeutet. Nur dort ist man frei von jeglichem Ego und frei von allen Kräften, die normalerweise unbewußt auf uns wirken und uns oftmals sogar quälen.

Unsere Seele ist unser innerster Kern und unser Zugang zum Göttlichen. Wir können Gott nicht im Außen finden, sondern nur in uns selbst.

Hymne an die Freiheit

Hymne an die Freiheit

Wie den Aar im grauen Felsenhange
Wildes Sehnen zu der Sterne Bahn,
Flammt zu majestätischem Gesange
Meiner Freuden Ungestüm mich an;

Gleich zu Beginn dieses Gedichts beschreibt uns Hölderlin seinen inneren Zustand, der ihn dazu bewegt, dieses Gedicht zu schreiben. So wie der Adler, der innerlich den Drang verspürt, sich immer wieder von der Erde weg hoch in die Luft zu erheben, so hat auch Hölderlin den Drang, sich in eine höhere Dimension zu begeben und uns dorthin mitzunehmen. Er nennt seine Worte „majestätischen Gesang". Wir sollen das Gedicht im richtigen Tonfall und Rhythmus selbst sprechen, so daß es auf und in uns wirken kann. Dem Gedicht selbst wohnt die Schwingung einer höheren Sphäre inne. Es ist die innere Freude und die Energie dieser ihm und uns allen innewohnenden höheren Dimension, die ihn dieses Gedicht schreiben läßt. Hölderlin verspürt innerlich den Drang, sich selbst und auch uns Leser in eine höhere Sphäre zu befördern, so wie ein Adler Uranias, der frei und ungebunden hoch in den Himmel fliegt.

> Ha! das neue niegenoßne Leben
> Schaffet neuen glühenden Entschluß!
> Über Wahn und Stolz emporzuschweben,
> Süßer, unaussprechlicher Genuß!

Menschen, die ein Erleuchtungserlebnis erfahren dürfen, verändern sich grundlegend. Sie erleben zum ersten Mal in ihrem Leben, daß es eine uns innewohnende geistige Kraft gibt, die uns mit allem verbindet und die über allen polar wirkenden Kräften, seien sie nun hell oder dunkel, steht. Jetzt ist man zum ersten Mal frei von allem, was normalerweise auf uns wirkt und den ganzen Wahn hier auf der Erde verursacht. Hölderlin widerfuhr die Gnade, die Dimension der Schöpfung zu erleben. Nach und während eines solchen Erlebnisses fühlt er sich wie neugeboren. Hier in dieser höchsten erlebbaren Dimension gibt es keine Trennungen mehr. Alles, was ihn zuvor von seiner Seele getrennt hat, oder besser gesagt, was ihm den Zugang zu ihr vernebelt hat, hat keine Macht mehr über ihn. Jetzt kann er zum ersten Mal frei über sein Leben entscheiden und ist nicht nur Spielball von verschiedenen Kräften und Mächten, die in unserer gestaltgewordenen Realität unbewußt auf und in uns wirken und unser Schicksal bestimmen. Alles, was einen zuvor getrieben hat, ist jetzt erlöst oder kann erlöst werden. Jetzt hat man die Kraft, sich selbst zu bestimmen. Von Asiaten, die selbst ein Erleuchtungserlebnis (Samadhi, Satori) hatten, wird diese göttliche Erfahrung oft als Neugeburt bezeichnet. Das Leben fängt noch einmal von neuem an. Jetzt kann man sich selbst mit einem viel höheren Bewußtsein bestimmen. Man ist das erste Mal wirklich frei!

Mit der Kraft seiner Seele fasst Hölderlin den Entschluß, sich in eine höhere Dimension zu begeben.

Sint dem Staube mich ihr Arm entrissen,
Schlägt das Herz so kühn und selig ihr;
Angeflammt von ihren Götterküssen
Glühet noch die heiße Wange mir;

Von ganzem Herzen bedankt sich Hölderlin bei der Göttin Urania. Sie war es, die ihn in ihre Dimension mitgenommen und ihm erlaubt hat, allumfassende Liebe und Freiheit selbst zu erleben. Hier in dieser höheren Sphäre durfte er erfahren, was es heißt, wieder eins mit unserem Urstoff zu sein. Von dieser Höhe aus beschreibt und erklärt uns Hölderlin in seinen Gedichten unseren menschlichen Ursprung und was wir daraus gemacht haben.

Jeder Laut von ihrem Zaubermunde
Adelt noch den neugeschaffnen Sinn –
Hört, o Geister! meiner Göttin Kunde,
Hört, und huldiget der Herrscherin!

Während und nach seinen Erleuchtungserlebnissen wird Hölderlin sich des Sinns unseres Daseins bewußt. Nur das Erleben dieser höheren Dimension hat ihm diese Erkenntnis ermöglicht. Urania bestätigt Hölderlin mit ihren göttlichen Worten den Sinn, welchen wir unserem Leben geben sollten. Auch hier ruft er die Geister dazu auf, Urania Ergebenheit zu zeigen.

> Liebe rief die jugendlichen Triebe
> Schöpferisch zu hoher stiller Tat,
> Jeden Keim entfaltete der Liebe
> Wärm und Licht zu schwelgerischer Saat;

Oder aus folgendem Gedicht:

Hymne an die Schönheit

> Kündet sie im Muttertone –
> Hört! die Götterstimme spricht:
> »Mahnt im seligen Genieße,
> Mahnet nicht, am Innern sie
> Nachzubilden, jede süße
> Stelle meiner Paradiese,
> Jede Weltenharmonie?
> Mein ist, wem des Bildes Adel
> Zauberisch das Herz verschönt,
> Daß er niedre Gier verhöhnt,
> Und im Leben ohne Tadel
> Reine Götterlust ersehnt.

Alles, was aus innerer allumfassender Liebe heraus geschieht, ist im Einklang mit unserer Seele und somit mit dem himmlischen Willen. Wir sollen uns von unserem inneren Kern leiten lassen - nur so wird unser Wirken dauerhaft sein. Wenn wir uns wieder bewußt sind, daß wir innerlich mit allem verbunden sind und diese Innigkeit auch spüren, so werden wir sicherlich nichts tun, was anderen Menschen oder der Natur schaden könnte. Die Schöpfergöttin Urania ermahnt uns, daß wir nur das genießen sollen, was wirklich aus unserem

Innersten, aus unserer Seele, kommt. Sie sagt uns, daß wir innerlich wieder so sein sollen wie sie. Wir sollen uns innerlich so transformieren, daß wir uns wieder unseres göttlichen Ursprungs bewußt werden und diesen auch erleben dürfen. Dies soll unser einziges und höchstes Ziel im Leben sein. Nur so werden wir die Harmonie, die uns und dem ganzen Kosmos innewohnt, erfahren dürfen, jenen paradiesischen Zustand, von dem die Bibel uns berichtet.

Zu diesem ursprünglichen Zustand sollen wir wieder zurückfinden! Hölderlin versucht immer wieder, den Kontakt zu Urania herzustellen und aufrechtzuerhalten. Sie ist es, die es ihm erlaubt, in eine höhere Dimension einzureisen. Urania hilft ihm, unsere polare Dimension mit all den hier herrschenden Geistern und Dämonen hinter, oder besser gesagt, unter sich zu lassen.

Sie ist sozusagen die ausführende Kraft der Schöpfung, und auch sie wird, wie uns Hölderlin in anderen Gedichten beschreibt, von etwas Höherem geleitet. Uns Menschen wohnt die schöpferische Kraft unserer Seele inne. Mit dieser Kraft haben wir uns unsere eigene Welt mit all ihren Leiden erschaffen. Urania ruft uns dazu auf, daß wir uns selbst, unseren Ursprung, wiederfinden sollen. Nur wenn wir den Zugang zu unserer Seele finden und im Einklang mit ihr handeln, sind wir wieder ganz. Dies soll der Sinn unseres Lebens sein.

Hymne an die Schönheit

Hymne an die Schönheit

Hat vor aller Götter Ohren,
Zauberische Muse! dir
Treue bis zu Orkus Toren
Meine Seele nicht geschworen?
Lachte nicht dein Auge mir?
Ha! so wall ich ohne Beben,
Durch die Liebe froh und kühn,
Zu den ernsten Höhen hin,
Wo in ewig jungem Leben
Kränze für den Sänger blühn.

Waltend über Orionen,
Wo der Pole Klang verhallt,
Lacht, vollendeter Dämonen
Priesterlichen Dienst zu lohnen,
Schönheit in der Urgestalt;

...

Reinere Begeisterungen
Trinkt die freie Seele schon;
Meines Lebens Peinigungen
Hat die neue Lust verschlungen,
Nacht und Wolke sind entfloh'n;
Wenn im schreckenden Gerichte
Schnell der Welten Achse bricht -

Hier beschreibt uns Hölderlin die Dimension einer Erleuchtung in verschiedenen Bildern. Als Hölderlin in dieser höheren Dimension die Schöpfergöttin Urania das erste Mal von weitem sah, war ihm sofort bewußt, daß diese Göttin der Geist unserer Seele ist. Ihm war sofort klar, daß sie dem Urstoff der Schöpfung innewohnt und ihn leitet. Er hat nie an Urania gezweifelt, sondern seine Seele hat ihr sofort Treue geschworen. In diesem Moment war er eins mit seiner Seele, das heißt, er war in allem und alles in ihm: Es gibt keine Worte, mit denen Hölderlin uns diese Erfahrungen beschreiben könnte. In diesem höheren Zustand gibt es kein Ich mehr, er ist wieder alles oder auch nichts. Man könnte auch sagen, daß es in dieser für uns als Mensch wahrscheinlich höchsten erlebbaren Dimension keine Trennungen mehr gibt.

Er sagt nicht, bei seiner ganzen Seele habe er ihr geschworen, sondern seine Seele hat ihr geschworen. Es gibt keine Trennung mehr zwischen ihm und seiner Seele. Sein Ich existiert in diesem Moment nicht. Er ist in einer Sphäre, in der er alles als vollkommenes Einssein wahrnimmt. Mit der Hilfe von Urania erfährt er, was wirkliche Freiheit, Liebe, Harmonie und ursprüngliche Schönheit bedeutet. Hölderlin ist offen und ohne irdische Wünsche. Er läßt es zu, daß sie über ihn zu uns spricht und wird von ihr dafür belohnt. Urania erlaubt Hölderlin in jungen Jahren immer wieder die Einreise in die göttliche Dimension unseres Ursprungs, in jene Ewigkeit, die schon immer da war und aus der alles entstanden ist. Seine innere allumfassende Liebe gibt ihm den Mut, eine Erleuchtung geschehen zu lassen. Bei Hölderlin geht dieses Erwachen so weit, daß er wirklich in eine höhere Dimension einreist. Er beschreibt uns in vielen Gedichten, daß in dieser Höhe „der Welten Achse" im „schreckenden Gerichte" schnell bricht. Auf einen Schlag ist er in einer vollkommen anderen Dimension. Er ist frei von jeglicher Gebundenheit an Raum und Zeit. Alles, was uns an unsere Dimension bindet, wird gesprengt. Alles, was die Seele vorher unterdrückt und geplagt hat, ist für Momente oder Stunden wie beim Gedicht „Der Rhein" vollkommen verschwunden.

Dämonen, also jene dunklen geistigen Wesen, die ihn zuvor gequält haben, werden erlöst. Während dieses Erlebnisses wirken die polaren Kräfte unserer irdischen Dimension nicht mehr. Alles was er vorher als dunkel oder hell, gut oder böse, lang oder kurz, bewußt oder unbewußt, hoch oder tief usw. erlebt hat, hört auf zu existieren. Yin und Yang werden zu einer Einheit. Die elementaren Kräfte Feuer, Wasser, Luft und Erde sind in dieser Sphäre wirkungslos. Hölderlin erlebt und sieht den Ursprung, aus dem alle polaren Kräfte und jegliche Materie erschaffen wurde. Er reist in die geistige Dimension des Urstoffs wirklich ein und erlebt ihn. Für Momente ist er frei von allen Kräften, die ihn normalerweise an unsere gestaltgewordene Realität binden und diese aufrecht erhalten. Während dieses Erlebens ist jegliches Karma erlöst!

In vielen Gedichten beschreibt uns Hölderlin, was er erlebt und gesehen hat und oft ist er nur das Sprachrohr. Göttliches Bewußtsein spricht in Bildern, Rhythmen und Klängen über ihn zu uns. Viele Menschen werden beim Lesen der Gedichte Hölderlins innerlich berührt, auch wenn sie den eigentlichen Inhalt nicht verstehen. Die Gedichte sprechen direkt zu unserer Seele. Unsere Seele verbindet uns nicht nur mit allen Tieren, Pflanzen, der Natur und unserer Erde, sondern mit dem ganzen Kosmos. Wir Menschen haben sozusagen mit der uns innewohnenden Kraft dieses Urstoffs unsere Realität erschaffen. Hölderlin erklärt uns dies nicht nur in seinen Gedichten, sondern auch in philosophischen Texten. So schreibt er 1799 in einem Brief an seinen Bruder: „Den die Kunst und die Thätigkeit des Menschen, soviel sie schon gethan hat und thun kann, kann doch Lebendiges nicht hervorbringen, den Urstoff den sie umwandelt, bearbeitet, nicht selbst erschaffen, sie kann die schaffende Kraft entwikeln, aber die Kraft selbst ist ewig und nicht der Menschenhände Werk." [5]

Hölderlin beschreibt uns eine magisch mystische Welt: Er sieht Geister und Dämonen und ist sich bewußt, daß diese nichtmaterialisierten Wesen auf und in uns Menschen wirken. Sie sind es, die uns in unserer materiellen Dimension festhalten und uns den Zugang zu unserer Seele vernebeln und verdunkeln. Wir sind in unserer Dimension so gefangen, daß wir gar nicht merken, daß wir in einer Nebelwolke leben. Unser ganzes Denken findet nur noch in dieser Dimension statt und wir merken nicht, von wem oder von was wir unbewußt getrieben werden. Immer wieder versucht Hölderlin in seinen Gedichten, uns in eine höhere Dimension mitzunehmen oder wenigstens Einblicke in sie zu ermöglichen. Hölderlin hatte nicht nur innerlichen und geistigen Zugang zu seiner Seele, sondern er erfuhr die Gnade, daß er direkt in diese höhere Dimension einreisen durfte. Hier in dieser Einheit unseres Ursprungs wirken keine Geister und Dämonen. Hölderlin erlebt für Momente, in manchen Gedichten auch für viele Stunden, eine vollkommen andere, unbeschreibliche Dimension. Er erlebt den Urstoff, das eine Sein, aus dem alles erschaffen wurde und sieht, wie unsere materielle Dimension in diesem Moment erschaffen wird. Die Schöpfung ist lebendig und geschieht auch jetzt, in diesem Augenblick. Von dieser Höhe aus spricht er zu den Geistern, das heißt zu jenen nichtmaterialisierten Wesen, die in unserer irdischen Dimension auf uns wirken und umtreiben. Während der Zeitspanne dieser Erleuchtungserlebnisse stehen selbst die Sterne und Planeten still. Unser Geburtshoroskop wirkt für die Zeitdauer einer Erleuchtung nicht, da man direkt mit der geistigen Kraft der Schöpfung verbunden ist und diese stärker ist als die ausführenden Kräften unseres Schicksals. In dieser Höhe erlebt man nur noch allumfassende Liebe, Harmonie und Freiheit. Hölderlin beschreibt uns eine mehrdimensionale Welt, in der alles lebendig und selbst schöpferisch ist.

Sämtliche Dimensionen sind aus diesem einen Urstoff entstanden und er vernetzt und verwebt uns mit allen Dimensionen, sowohl geistige als auch materialisierte. Urania ist für Hölderlin die höchste nichtmaterialisierte Wesenheit, die er selbst erlebt und erfahren hat. Sie ist die Göttin der Schöpfung. Götter, Geister und Dämonen kann man noch beschreiben. Sie sind geistige Wesen mit eigenem Bewußtsein. Hölderlin war sich jedoch bewußt, daß es einen höchsten Himmel gibt, den man nicht mehr beschreiben kann. Er nennt ihn Gott, Quelle der Liebe oder das Heiligtum des Unnennbaren.

Aus den verschiedenen Gedichten Diotima

Aus: Diotima [6]

Komm und besänftige mir, die du einst Elemente versöhntest,
Wonne der himmlischen Muse, das Chaos der Zeit,
Ordne den tobenden Kampf mit Friedenstönen des Himmels,
Bis in der sterblichen Brust sich das Entzweite vereint,
Bis der Menschen alte Natur, die ruhige, große,
Aus der gärenden Zeit mächtig und heiter sich hebt.

Hölderlin bittet die Göttin Urania um Hilfe. So wie sie schon zu Beginn unseres Sonnensystems die ursprünglichen Elemente ausgeglichen und in Harmonie gebracht hat, so soll sie auch jetzt wieder für Frieden sorgen. Er wünscht sich, daß sie uns hilft zu unserer Göttlichkeit zurückzufinden, so daß unser ursprünglicher Zustand der Innigkeit in uns erwacht und wir in Frieden und Harmonie unser Zusammenleben gestalten können. Urania möge in uns so wirken, das wir alles

Spaltende wieder vereinen und die Größe unserer Seele hervortreten kann. Wenn wir wieder zu unserem ursprünglichen Zustand, in dem die ersten Menschen waren, und den wir immer noch tief verborgen in uns haben, zurückfinden, so werden wir uns selbst und auch unsere Umwelt mit Liebe, Freude und Freiheit harmonisch erleben. Ein dauerhafter Friede zwischen den Völkern oder einzelnen Menschen kann nur entstehen, wenn wir uns individuell innerlich transformieren. Die himmlische Sphäre unserer Seele soll in brodelnder Zeit all die streitenden Kräfte in uns wieder vereinen.

Kehr in die dürftigen Herzen des Volks, lebendige Schönheit!
Kehr an den gastlichen Tisch, kehr in die Tempel zurück!

Hölderlin ruft Urania dazu auf, daß sie zu uns kommt und wieder in uns wirkt. Uns fehlt ihre Kraft der allumfassenden Liebe, mit der die ersten Menschen noch auf das Innigste vereint waren.

Denn Diotima lebt, wie die zarten Blüten im Winter,
Reich an eigenem Geist, sucht sie die Sonne doch auch.
Aber die Sonne des Geists, die schönere Welt, ist hinunter
Und in frostiger Nacht zanken Orkane sich nur.

In seinem Roman „Hyperion" ist Diotima ein Mädchen, mit dem er für Momente seine für ihn höchst mögliche Liebe, hier als Mensch in unserer Dimension, verwirklichen kann. Das, was er dank Urania während seinen transzendentalen Erfahrungen auf einer höheren Ebene erfahren darf, erlebt er hier in unserer irdischen Sphäre mit Diotima im Hyperion.

In beiden Fällen kann diese Innigkeit nur über eine kurze Zeitspanne erlebt werden. Im Hyperion stirbt Diotima und er ist auch nicht wirklich mit ihr in einer Partnerschaft zusammen. Von seinen übernatürlichen Erlebnissen kommt er immer wieder in unsere alltägliche irdische Dimension zurück, die zu seiner Zeit von Krieg, Macht, Standesdenken und Moralvorstellungen bestimmt war.

Hier sagt er uns, daß er sich selbst, astrologisch gesehen seine Sonne, in seiner damaligen Zeit nicht realisieren konnte. Nur während seinen transzendentalen Erfahrungen ist er wirklich er selbst und nur in diesen Momenten kann auch Urania, in diesem Falle über ihn, sich erleben. Wir Menschen sind nach ihrem Bilde erschaffen worden, doch auch sie wird von einer unbeschreiblichen Quelle geleitet und jetzt ist es eben nicht die Zeit, in der das Himmlische gelebt werden soll und kann.

Hölderlin wird sich im Laufe seines Lebens immer bewußter, daß er in einem dunklen Zeitalter lebt und sich fast alle Menschen ihrer eigentlichen Bestimmung nicht bewußt sind. Hier in diesem Gedicht wirkt er traurig und auch ein wenig verbittert. Er erkennt, daß die Zeiten, in denen wir von unserer Seele geleitet wurden und somit mit der uns eigentlichen innewohnenden höheren Sphäre direkt verbunden waren, vorbei sind. Ihm wird immer mehr klar, daß er in seinem damaligen Leben auf materieller manifestierter Ebene das ursprüngliche goldene Zeitalter nicht mehr erleben darf. Hölderlin beschreibt uns seine Zeit als kalt und dunkel. Die Menschen handeln nur nach ihren eigenen Vorstellungen und Wünschen. Sie lassen sich nicht mehr von ihrer Seele leiten, sondern nur noch von der Logik ihres Verstandes. Für Hölderlin war es oft sehr schwer zu akzeptieren, daß er in einer dunklen Zeitepoche lebte, die von Unruhen, Kriegen und Gewalt bestimmt war und in der fast niemand mehr wußte, wer wir Menschen eigentlich sind.

Aus: Diotima, Bruchstücke älterer und mittlerer Fassung

Diotima

> Lange todt und tiefverschlossen,
> Grüßt mein Herz die schöne Welt;

Auch Hölderlin hatte oft über Monate hinweg keinen Zugang zu seiner Seele. Dies spiegelt sich auch in seinen Werken als Dichter wider. Es gibt Gedichte, in denen das Göttliche über ihn zu uns spricht und uns direkt über ihren Klang und Rhythmus in eine höhere Sphäre mitnehmen wollen. In anderen erklärt er uns zwar auch die verschiedenen Dimensionen unserer magisch mystischen Welt, aber er ist im Moment des Schreibens in keinem höheren Bewußtseinszustand. Es gab auch Phasen in seinem Leben, in denen er mit Übersetzungen aus dem Griechischen und als Hauslehrer voll und ganz beschäftigt war.

Aus: Diotima (mittlere Fassung)

Diotima

> Wie die Seeligen dort oben,
> Wo hinauf die Freude flieht,
> Wo, des Daseyns überhoben,
> Wandellose Schöne blüht,
> Wie melodisch bei des alten
> Chaos Zwist Urania,
> Steht sie, göttlich rein erhalten,
> Im Ruin der Zeiten da.

Immer wieder beschreibt uns Hölderlin eine höhere Dimension, die voll von Freude und Harmonie ist. In ihr ist man über unserem alltäglichem Dasein als Mensch. Für Hölderlin ist „Sein" ein Zustand vollkommener Bewußtheit, in dem es eigentlich kein Ich mehr gibt, sondern alles eins ist und man folglich Zugang zur Ewigkeit hat. Später werden wir uns diesen Zusammenhang anhand der Texte Hölderlins „Urtheil und Seyn" genauer anschauen. Mit „Daseyn" wird unser ursprüngliches Sein auf Ort und Zeit beschränkt. Es ist da, also an einem bestimmten Ort und zu einer bestimmten Zeit oder für eine endliche Zeitspanne. So wird das Bewußtsein bei „Daseyn" auf ein Ich beschränkt, also auf das Bewußtsein, das eine Person zu einer bestimmten Zeit und an einem bestimmten Ort hat. Mit Sein ist ein Zustand gemeint, in dem man mit allem auf das Innigste verbunden ist und es keine Trennungen gibt. Das Ich-Bewußtsein wird deshalb in ein göttliches allumfassendes Bewußtsein transformiert, weil es an kein Ich und an keinen Ort und an keine Zeit gebunden ist. Man ist in einer Sphäre, die über unserer Dimension und unseres alltäglichen „Daseyns" ist.

In vielen seiner Gedichte verbindet er diese höhere Sphäre mit der Göttin Urania. Ihr Geist ist ewig und überall vorhanden. Sie wird immer unverändert existieren, auch wenn wir hier auf der Erde Kriege führen und ganze Zeitepochen ruinieren. Für Hölderlin sind solche Momente, in denen er die Innigkeit und Schönheit des Urstoffes erleben und sehen darf, geradezu eine Flucht aus unserer irdischen Dimension. Zeitepochen kommen und gehen, aber die höhere Dimension des Göttlichen, der Urstoff, oder anders gesagt unsere Seele, sowie der ihm innewohnende Geist Uranias werden immer unveränderlich in ihrer vollkommenen Reinheit existieren. Alles, was wir hier tun und erleben, spielt sich vor einem ewigen Hintergrund ab. Den himmlischen Sphären können wir keinen Schaden zufügen, sondern nur uns selbst.

Für den jungen Hölderlin war die Französische Revolution mit ihren Ideen von Freiheit, Gleichheit und Brüderlichkeit eine große Hoffnung, die sich schon während der Schreckensherrschaft Robespierres zerschlug. In seinen Gedichten beschreibt er uns zwar manchmal die äußeren Umstände seiner Zeit, sie sind aber nie der eigentliche Inhalt.

> Hab' in allen Lebenstönen
> Mit der Holden mich vereint

Egal in welchem Seinszustand er sich gerade befand, egal ob er in diesem Moment fröhlich, traurig oder gar zornig war, als Urania auf ihn und in ihm direkt wirkte, wurde alles wieder vereint. All die Vibrationen, die unseren verschiedenen Gefühlen innewohnen, sind in der Schwingung der höheren Sphäre schon enthalten und werden dort wieder harmonisch in Einklang gebracht.

> Habe, wenn in reicher Stille,
> Wenn in einem Blick und Laut
> Seine Ruhe, seine Fülle
> Mir ihr Genius vertraut,
> Wenn der Gott, der mich begeistert,
> Mir an ihrer Stirne tagt

Urania ist die ausführende Hand von Gott. Über die Kraft ihres Geistes erfährt Hölderlin Gott selbst in all seiner Fülle und Ruhe. Er war sich bewußt, daß es über der Schöpfergöttin Urania noch etwas anderes gibt, das man nicht mehr sehen oder beschreiben kann. Hier in diesem Gedicht nennt er es, ganz nach christlicher Vorstellung - er war Theologe -, Gott.

> Dann umfängt ihr himmlisch Wesen
> Süß im Kinderspiele mich,
> Und in ihrem Zauber lösen
> Freudig meine Bande sich;
> Hin ist dann mein dürftig Streben,
> Hin des Kampfes letzte Spur,
> Und ins volle Götterleben
> Tritt die sterbliche Natur.

Urania befreit Hölderlin während seinen übernatürlichen Erlebnissen mit ihrer unerklärlichen Kraft von allem, was ihn an unsere Realität bindet. Für Momente ist er frei von all seinen inneren Kämpfen und frei von jeglicher Gebundenheit an unsere polare, zeitliche und räumliche Dimension. Urania erlaubt Hölderlin, in ihre Sphäre einzureisen, in der es keine Trennungen und keine Polarität gibt. Hölderlin durfte unseren göttlichen Ursprung selbst erleben! Für die Dauer dieser transzendentalen Erfahrungen ist er vielen Göttern wieder gleichgestellt.

> Ha! wo keine Macht auf Erden,
> Keines Gottes Wink uns trennt,
> Wo wir Eins und Alles werden,
> Das ist nur mein Element;
> Wo wir Not und Zeit vergessen,
> Und den kärglichen Gewinn
> Nimmer mit der Spanne messen,
> Da, da sag ich, daß ich bin.

Nur in diesem göttlichen Zustand, in dem Hölderlin den ganzen Kosmos als eine Einheit erlebt, fühlt er sich wirklich lebendig und sich selbst. Zum wiederholten Male weist er darauf hin, daß sich in der uns innewohnenden Sphäre unserer Seele alles vereint. Hier wirkt keine irdische Kraft mehr auf ihn. Selbst die Götter verlieren, bis auf Urania, ihre Macht. Für Momente darf Hölderlin in die geistige Dimension der Ewigkeit einreisen. Er kehrt zu seinem göttlichen Ursprung zurück und nur hier fühlt er sich wirklich zuhause. In der Dimension unserer Seele gibt es keine Zeit. Wenn wir dies selbst erleben, so gibt es in diesen Momenten nichts, über das wir uns Sorgen machen könnten. Es existiert kein Gestern und kein Morgen, sondern man ist so stark von dieser geistigen Energie des Göttlichen durchströmt, daß man sich eins mit dem ganzen Kosmos und mit sich selbst fühlt. Hier gibt es nichts, was wir nach unseren Maßstäben messen oder beurteilen könnten. Es gibt keinen Gewinn oder Verlust, keine Höhe oder Tiefe, sondern jegliche Polarität ist für die Zeitspanne dieses Erlebens wieder vereint. Man kann diese geistige Sphäre nicht abmessen oder greifen und dennoch ist sie überall und in allem vorhanden. Man fühlt sich selbst eins mit allem und jedem. Nur in diesem Zustand ist Hölderlin wirklich in seinem Sein. Nur hier ist er mit seinem ursprünglichen Kern wieder verbunden und erlebt sich in einer vollkommenen Ganzheit.

O Begeisterung! so finden
Wir in dir ein selig Grab,
Tief in deine Woge schwinden,
Stillfrohlockend wir hinab,
Bis der Hore Ruf wir hören,
Und mit neuem Stolz erwacht,
Wie die Sterne, wieder kehren
In des Lebens kurze Nacht.

Diese Verse sind mit die schönsten, die Hölderlin je geschrieben hat. Wer das Bewußtsein hat, daß uns eine ewige Seele innewohnt, kann auch seinem körperlichen Tod mit Freude entgegenblicken. Die ganze Welt verläuft in Zyklen. Alles vergeht und kommt wieder. Bäume sterben und andere werden geboren. Der Frühling kommt, vergeht, und kehrt nach einem Jahr wieder. Diese zyklischen Kreisläufe geschehen im Kleinen für uns hier als Mensch auf der Erde genauso wie in den großen kosmischen Kreisläufen. Selbst die Sonne wird es irgendwann nicht mehr geben und etwas anderes wird entstehen. Doch alles spielt sich vor dem Hintergrund einer ewigen geistigen Dimension ab. Der Urstoff, oder anders gesagt, unsere Seele, wird immer da sein. Wenn man dieses ganzheitliche Bewußtsein hat, so kann man vor dem Tod keine Angst mehr haben, sondern man wird ihn in Stille und Freude erleben.

Unser Dasein als Mensch hier auf der Erde ist im Vergleich zu der allem innewohnenden geistigen Dimension der Ewigkeit nur ein winzig kleiner Zeitabschnitt. In diesem Gedicht sagt uns Hölderlin in wunderschönen Worten, daß wir nach unserem Tod wiedergeboren werden. In der griechischen Mythologie ist Hore eine Göttin der Zeit, aber auch jene Göttin, die das Leben eines einzelnen Menschen spinnt und webt. Ihr Name überdauerte in den Bezeichnungen der Zeiteinheit Stunde: Im Spanischen verwenden wir heute noch das Wort hora und im Englischen hour. Hölderlin erklärt in seiner unglaublich schönen Sprache, daß unsere Wiedergeburt dann wieder geschieht, wenn die Zeit dafür reif ist, also wenn das erlebt werden kann, was wir vom Göttlichen aus gesehen erleben und erfahren sollen. Erst dann kommen wir nach unserem Tod wieder in die Zeit, also in einen Raum, der an Ort, Zeit und auch an Materie gebunden ist. In unserer räumlichen und zeitlichen Dimension ist es für uns unabdingbar, daß wir eine Vorstellung von Zeit haben. Um acht Uhr gehen wir arbeiten, und nächste Woche am Dienstag haben wir um drei Uhr mittags einen Termin. Ohne eine Zeiteinteilung würde unser Zusammenleben als Mensch nicht funktionieren.

Für unsere Seele existiert unsere Vorstellung von Zeit nicht. Ein Tag, tausend Jahre oder selbst Millionen von Jahren sind für sie dasselbe. Hölderlin sagt, daß auch unsere verschiedenen Wiedergeburten nicht in einer linearen zeitlichen Entwicklung stattfinden, sondern wir immer dann wiedergeboren werden, wenn wir vom Göttlichen wieder gerufen werden. Wir kehren immer wieder in unser diesseitiges Leben hier als Mensch zurück, wenn die Zeit dafür reif ist, um bestimmte Erfahrungen zu machen. Für die Ewigkeit unserer Seele ist dies so, wie wenn für uns Tag und Nacht tausende Male kommen und gehen. Mit dem Satz „in des Lebens kurze Nacht" sagt uns Hölderlin aber auch, daß wir in unserem nächsten Leben wieder in eine Dunkelheit hineingeboren werden. Damit meint er nicht, daß alles böse ist und nur dunkle Kräfte herrschen, sondern daß, solange wir als Mensch wiedergeboren werden und es unser menschliches Dasein als Erfahrung überhaupt gibt, so lange wird es auch unsere auf Raum und Zeit beschränkte Dimension geben, in der polare Kräfte wirken. Wir werden wieder mit einem Ego, mit Wünschen und unserem neuen Geburtshoroskop auf die Welt kommen. Auch in unserem neuen Leben werden wir wieder an uns arbeiten müssen, um göttliches Bewußtsein zu erlangen oder gar für Momente eine Erleuchtung erfahren zu dürfen. Unsere hier erlebte Dimension ist wie in einem Nebel, sonst könnten die verschiedenen Erfahrungen, die das Göttliche über uns machen will, nicht erlebt werden. Im Vergleich zu der ewigen Sphäre unserer Seele, in der göttliches Bewußtsein erfahren wird oder die dieses selbst ist, ist unser individuelles Leben hier auf der Erde wie eine „kurze Nacht". Bei einer Erleuchtung schwinden alle Wolken und man erlangt ein allumfassendes Bewußtsein. Normalerweise ist man jedoch als

Mensch ständig in einer umwölkten oder vernebelten Dimension, in die man notwendigerweise wieder von neuem hineingeboren wird. Selbst Buddha oder Jesus kamen nicht erleuchtet auf die Welt, sondern es kostete sie jahrelange Arbeit wieder göttliches Bewußtsein zu erlangen. Mit „Nacht" ist auch gemeint, daß wir uns an unsere früheren Leben nicht mehr erinnern werden. Wir werden wieder Erfahrungen machen und uns auf den Weg begeben. In späteren Gedichten erklärt uns Hölderlin aber auch, daß wir die Möglichkeit haben, göttliches Bewußtsein in zukünftigen Inkarnationen immer wieder von neuem zu erfahren und zu erleben.

Im tibetischen Buddhismus ist es selbst heute noch normal, daß manche Kinder als Inkarnation eines bestimmten Lamas erkannt werden. Oft können sie sich an ganze Texte erinnern, die sie im früheren Leben gelernt haben. Sie verlassen dann meist ihr Elternhaus und werden von Mönchen in Klöstern erzogen. Für fast alle Eltern ist dies eine Ehre, auch wenn die Trennung sicherlich für alle schmerzhaft ist.

Ihre Genesung

Wenn ich altre dereinst, siehe so geb ich dir,
Die mich täglich verjüngt, Allesverwandelnde,
Deiner Flamme die Schlacken,
Und ein anderes leb ich auf.

Der ewige Urstoff des Göttlichen wirkt in und auf alle Dimensionen. Alles ist lebendig, permanent in Bewegung und miteinander vernetzt. Ständig stirbt etwas und Neues wird geboren. In unserem Körper sterben täglich tausende Zellen und neue werden erschaffen. Auch wenn wir sterben, wird sich unser Körper in Staub, Erde, oder, beim Verbrennen, in eine andere Energieform transformieren. Auf materieller

Ebene ist die Energie unseres Körpers über eine unendliche Zeitspanne in transformierter Form weiterhin im Kosmos vorhanden. Hölderlin ist sich bewußt, daß das Göttliche auch in jeglicher Materie vorhanden ist. Auch hier in dieser verdichteten Sphäre wird alles ständig erneuert und transformiert. Hölderlin erklärt, daß es eine Flamme gibt, die alles umwandelt und ihn ständig verjüngt. Es ist die geistige Energie des Urstoffes, unserer Seele, aus der ständig alles neu erschaffen wird. Dies geschieht sowohl auf materieller Ebene in unserem Körper, als auch auf spiritueller geistiger Ebene. Wenn unser Körper stirbt, so geht dieser wieder in den unendlichen Kreislauf ein, in dem sich Materie ständig transformiert und auch wieder etwas Neues aus ihr erschaffen wird. Wir selbst werden dann wieder in einem anderen Körper aufleben. In späteren Gedichten erklärt uns Hölderlin, daß wir so lange immer wieder inkarniert werden, bis die Erde an sich oder die gesamte Menschheit nicht mehr existiert. Er freut sich schon in jungen Jahren auf diesen Tag, weil dann wieder alles in dem uns innewohnenden ewigen Urstoff vereint wird. Alles kehrt in den Urstoff zurück, aus ihm ist alles entstanden und wird auch weiterhin immer wieder Neues erschaffen werden. Alles kehrt zyklisch zu seinem Ursprung zurück und von dort aus werden neue Kreisläufe hervorgebracht. Unsere Seele ist der Urstoff oder das Werkzeug, über das dieser ewige Kreislauf sowohl hier auf der Erde als auch im ganzen Universum ausgeführt wird. Der Urstoff selbst ist, auch nachdem etwas aus ihm materialisiert wurde, weiterhin in allem vorhanden und über ihn ist dadurch alles wieder selbst schöpferisch oder zumindest transformierbar. Die geistige Kraft der Schöpfung ist permanent in Bewegung. Da, wo heute eine Ebene ist, gibt es vielleicht in tausenden Jahren eine riesige Schlucht, in der ganz unten ein Fluß verläuft. Ein Baum stirbt und ein anderer wächst nach. Doch der neue Baum ist nicht genau gleich wie der vorherige. Alles verändert sich ständig und ist in

Bewegung. Sterne hören auf zu existieren und andere, vielleicht vollkommen andersartige, werden geboren. Wenn wir nach unserem Tod einen neuen Körper beleben, so ist dieser nicht mit unserem vorherigen identisch und auch unsere Seele macht über uns andere Erfahrungen als in den vorausgehenden Inkarnationen.

„Es geht alles auf und unter in der Welt, und der Mensch hält mit all seiner Riesenkraft nichts fest. Ich sah einmal ein Kind die Hand ausstrecken, den Mond zu greifen, aber der Mond ging ruhig weiter seine Bahn, so sind wir, wenn das Schicksal über uns vorbeizieht. O wer ihm nur so still und sinnend, wie dem Gange der Sterne, zusehn könnte!" [7]

Diese Sätze schrieb Hölderlin als 26-jähriger in einer frühen Version seines Romans Hyperion. Hölderlin erkannte, daß wir den Lauf der Zeit nicht verändern können. Er erlebte die Französische Revolution und mußte mitansehen wie die Werte von Freiheit, Gleichheit und Brüderlichkeit nicht umsetzbar waren. Die allumfassende Liebe und Freiheit, die er bei seinen Erleuchtungserlebnissen in einer höheren Dimension erlebte, standen in einem unüberwindbaren Gegensatz zu dem, was er hier auf der Erde als normaler Mensch erleben und mitansehen mußte. All die Hoffnungen, die er und seine Freunde während der Französischen Revolution hatten, zerschlugen sich. Für ihn war es sicherlich nicht einfach, sich nach seinen transzendentalen Reisen wieder in seiner damaligen Realität zurechtzufinden und diese zu akzeptieren. Während der Schreckensherrschaft der Jakobiner wurden Menschen zu hunderten geköpft und ihr Anführer Robespierre kam später selbst unter die Guillotine. Auf spiritueller Ebene gab es ein paar Geheimbünde und die Kirche. In seinem Gedicht „Advocatus Diaboli" schreibt er über die letztgenannte: „Tief im Herzen haß ich den Troß der Despoten und Pfaffen. Aber mehr noch das Genie, macht es gemein sich damit." Hölderlin wurde nach strengen Regeln und Moralvorstellungen christlich erzogen und genau diese sind es, die uns Menschen im Laufe von Jahrtausenden immer weiter von unserem göttlichen Ursprung entfernt und ihn in uns selbst verdunkelt haben. Diesen Zusammenhang werden wir im späteren Teil des Buches näher erklären. Im Laufe seines Lebens wurde sich Hölderlin immer mehr darüber bewußt, daß das, was er in der Dimension unserer Seele erlebte, hier in diesem Leben, also in seiner damaligen Inkarnation, nicht realisiert wird. Alles wird von etwas Höherem bestimmt und die Zeit war noch nicht reif, um in Harmonie und Freiheit unser Leben zu gestalten.

Wir Menschen, die Erde sowie alle Sonnen und Planeten wurden von einem geistigen Urstoff erschaffen und in ihn führt alles wieder zurück. Dieser kosmische Kreislauf wird nie enden und kann von uns Menschen auch nicht beeinflußt werden. Während unseres Daseins als Mensch hier auf der Erde sind wir Teil dieses Kreislaufs. Auch wir gehen und kommen, das heißt, wir werden immer wieder inkarniert, so lange bis es uns als Menschen nicht mehr gibt. Hölderlin sagt uns dies in seinem Gedicht „Hymne an die Menschheit" mit dem Satz: „Und zur Vollendung geht die Menschheit ein". Für Hölderlin war es nicht das Ziel, sich in den Urstoff aufzulösen, sondern immer wieder als Mensch auf die Erde zurückzukehren und göttliches Bewußtsein zu erlangen. Wir haben den Urstoff, der alles beseelt, selbst in uns und durch ihn auch selbst wieder schöpferische Fähigkeiten. Leider haben wir uns im Lauf von tausenden Jahren den Zugang zu dieser uns innewohnenden höheren Dimension immer mehr verbaut und vernebelt. Wir haben uns selbst eine eigene Dimension erschaffen und meinen, von dieser zu Materie verdichteten Sphäre aus alles erklären zu können!

Aus: Diotima (jüngere Fassung)

Diotima

Daß zu herrlich meinem Sinne
Und zu mächtig sie erscheint.
Ach! an deine stille Schöne,
Selig holdes Angesicht!
Herz! an deine Himmelstöne
Ist gewohnt das meine nicht;
Aber deine Melodien
Heitern mählig mir den Sinn,
Daß die trüben Träume fliehen,
Und ich selbst ein andrer bin;
Bin ich dazu denn erkoren?
Ich zu deiner hohen Ruh,
So zu Licht und Lust geboren,
Göttlichglückliche! wie du?

Hölderlin wird sich bewußt, daß er in den Höhen, die er dank Urania erleben darf, nicht lange bleiben kann. Auch wenn er in dieser höheren Sphäre unbeschreibliche allumfassende Liebe erfährt und all seine irdischen Wünsche für Momente erlöst sind, so ist es aber auch so, daß er als Mensch nicht dazu geschaffen ist, länger in jener Dimension zu bleiben. Er erlebte eine Dimension, in der er mit allem und jedem verbunden war, aber die Energie und Schwingung unserer Seele und die geistige Kraft Uranias sind zu stark, als daß wir länger in jener Höhe bleiben könnten.

Es ist sehr schwierig sich vorzustellen, was Hölderlin auf seinen transzendentalen Reisen erlebt hat. Hier sagt er uns, daß sein Sinn von Uranias Melodie geläutert wird. In Bildern beschreibt er uns, was mit ihm in dieser höheren Dimension passiert.

Er ist sowohl körperlich als auch geistig von einer höheren Schwingung durchdrungen und er hat in dieser Dimension auch wieder Zugang zu ursprünglichem Wissen. Auf einmal wird er selbst vollständig verändert. In diesem Gedicht fragt er sich selbst, ob er auserwählt wurde, diese unbeschreibliche Erfahrung zu machen. Für Momente erlebt er eine Dimension, in der alles voll Licht, voller Freude und Harmonie ist. Er frägt sich und Urania, ob er so sein darf wie sie und gibt sich selbst und auch ihr in den folgenden Versen die Antwort.

>   Wie dein Vater und der meine,
>   Der in heitrer Majestät
>   Über seinem Eichenhaine
>   Dort in lichter Höhe geht,
>   Wie er in die Meereswogen,
>   Wo die kühle Tiefe blaut,
>   Steigend von des Himmels Bogen,
>   Klar und still herunterschaut:
>   So will ich aus Götterhöhen,
>   Neu geweiht in schön'rem Glück,
>   Froh zu singen und zu sehen,
>   Nun zu Sterblichen zurück.

Zunächst sagt er zu Urania, daß sowohl sie als auch er denselben Vater haben. Nach christlicher Tradition nennt er Gott seinen Vater.

Hölderlin war sich durchaus bewußt, daß es über den Göttern, ja selbst über der Göttin der Schöpfung, noch etwas gibt, das man nicht mehr sehen oder direkt beschreiben kann. Gott ist keine geistige Wesenheit mit einem Ich-Bewußtsein so wie die Götter, sondern allumfassend und eigentlich nicht benennbar. Er selbst begibt sich aus seiner Höhe nach unten, um sich alles, was in den unteren Dimensionen geschieht, anzuschauen. So sieht Gott selbst in die Tiefen des Ozeans, das heißt in jene Welt, die in unserem Unterbewußtsein in und auf uns wirkt. Hölderlin ist in der geistigen Dimension unserer Seele und will wieder zu uns Menschen zurück. In dieser geistigen Sphäre leben die Götter und ihm ist es vollkommen klar, daß er nicht in ihrer Höhe bleiben und wie sie sein kann. Die Götter sind die ausführenden Kräfte von Gott selbst oder des Unnennbaren und sind ständig mit dem Urstoff verbunden. Als Mensch darf und kann man nicht dauerhaft in dieser Höhe bleiben, da man sonst nicht mehr Mensch in einer körperlichen Gestalt wäre und es unser Schicksal ist, daß wir als Mensch geboren wurden, um in einer gestaltgewordenen Welt Erfahrungen zu machen. Im Verlauf unserer Inkarnationen erleben wir die verschiedensten Umstände und Situationen und auch unser Körper ist in jedem neuen Leben anders als in den vorigen. Es ist nicht das Ziel einer Erleuchtung, unser menschliches Dasein zu beenden, sondern man kommt danach wie „Neu geweiht in schönrem Glück" in unsere Dimension zurück. Eine Erleuchtung verändert und transformiert die Menschen. Man darf seinen göttlichen Ursprung wieder von neuem erleben, all die Freude, Harmonie, Freiheit und Liebe einer uns innewohnenden höheren Sphäre. Viele Geister und Dämonen, die einen zuvor gequält haben und von denen uns nicht bewußt war, daß sie überhaupt existieren, werden erlöst. Nachdem man die Dimension unsere Seele erleben durfte, hat man ein vollkommen anderes Bewußtsein. Jetzt weiß man, daß uns verschiedene Dimensionen umgeben und uns auch innewohnen und ist sich auch der geistigen Wesenheiten bewußt, die in ihnen wirken. Die Erleuchtungserlebnisse, die Hölderlin in mehreren Gedichten beschreibt, sind so mächtig, daß sie das Schicksal von demjenigen, der sie erleben darf, grundlegend verändern und er danach wie neugeboren ist.

4 Der große Kreislauf der Menschheitsgeschichte

Hymne an die Menschheit

Hymne an die Menschheit

Die ernste Stunde hat geschlagen;
Mein Herz gebeut; erkoren ist die Bahn!
Die Wolke fleucht, und neue Sterne tagen,
Und Hesperidenwonne lacht mich an!

In verschiedenen Bildern beschreibt uns Hölderlin mit Begeisterung, wie er sich fühlt und was er sieht, wenn er in einer Sphäre ist, die sich weit über unserer irdischen befindet. Er fühlt sich so frei und glücklich wie die himmlischen Nymphen, die Hesperiden. Alles, was ihn verdunkelt hat, lichtet sich für Momente und neue Sterne tagen. Damit will er uns sagen, daß für ihn eine neue Zeit beginnt. Sein Erleuchtungserlebnis erlaubt ihm, sein ursprüngliches Schicksal teilweise zu erlösen, so daß etwas Neues kommen kann. Dies erklärt er uns im Laufe des Gedichts noch ausführlicher.

Vertrocknet ist der Liebe stille Zähre,
Für dich geweint, mein brüderlich Geschlecht!
Ich opfre dir; bei deiner Väter Ehre!
Beim nahen Heil! das Opfer ist gerecht.

Zunächst weinte Hölderlin in einem Zustand eines vollkommenen Einsseins aus Freude und Mitgefühl für uns Menschen.

Er wird sich bewußt, daß auch er wieder zu uns Menschen zurückkommen muß und auch will, obwohl die Erlösung von all seinen Leiden als Mensch greifbar nahe war.
Er war kurz davor, ganz in jener Höhe zu bleiben, wo man wieder vollkommen eins mit dem Urstoff ist. Er erkennt sein Schicksal als Mensch an und bezeichnet seine Rückkehr in unsere menschliche Welt als ein gerechtes Opfer.

Schon wölbt zu reinerem Genusse
Dem Auge sich der Schönheit Heiligtum;
Wir kosten oft, von ihrem Mutterkusse
Geläutert und gestärkt, Elysium;

In diesen Versen beschreibt uns Hölderlin Menschen, die noch Einblick in die höhere Sphäre haben. Sie haben noch den Kontakt zu ihrer Seele sowie das Bewußtsein, daß sie von einer göttlichen Urkraft erschaffen wurden. Auch wenn sie jetzt als Mensch hier auf der Erde leben, dürfen sie noch oft die Kraft des göttlichen Geistes erfahren und für Momente erleben. Die Menschen sind in jener Zeitepoche in einem erwachten Zustand. Sie sind sich noch bewußt, daß sie göttliche Wesen sind und schöpfen immer wieder Kraft aus ihrer Seele und sie haben ein höheres Bewußtsein.

Hölderlin erklärt uns in diesem Gedicht die verschiedenen Epochen der Menschheit und wie wir uns im Laufe der Geschichte immer mehr von unserem Göttlichen Ursprung getrennt haben. Vom ursprünglichen Zustand eines vollkommenen Einsseins, in dem irgendwann die ersten Menschen, unsere Väter, waren, bis in unsere heutige Zeit, in der wir in einer kollektiven Unbewußtheit und in einer auf unsere materialisierte Dimension beschränkten Welt leben. In der ersten Strophe spricht Hölderlin noch von sich selbst und in dieser und den folgenden von uns Menschen oder der Menschheit im Allgemeinen.

> *Des Schaffens süße Lust, wie sie, zu fühlen,*
> *Belauscht sie kühn der zartgewebte Sinn,*
> *Und magisch tönt von unsern Saitenspielen*
> *Die Melodie der ernsten Meisterin.*

Alles ist beseelt und wurde aus diesem geistigen Urstoff erschaffen. Wir Menschen haben diesen Urstoff, unsere Seele, immer in uns und haben deshalb selbst die Fähigkeit, schöpferisch zu sein. Immer dann, wenn wir mit Freude und Liebe unsere Arbeit verrichten, schwingt der Geist der Schöpfung in uns mit. Das, was von Urania im Großen ausgeführt wird, führen wir hier im Kleinen weiter. So wie sie die ausführende geistige Kraft einer unnennbaren Quelle oder, anders genannt, von Gott selbst ist, sind wir Menschen hier auf der Erde diejenigen, die die Schöpfung weiterführen. Der Urstoff der Schöpfung ist in allem ständig vorhanden und belebt sämtliche Sphären sowie die in ihnen wohnenden Lebewesen, seien es nun Pflanzen, Tiere, Menschen oder nichtmaterialisierte Wesen, die Hölderlin als Geister, Dämonen und, die mächtigsten und ursprünglichsten von ihnen, als Götter bezeichnet. Alles ging von einem ewigen Urgrund aus, der noch in allem vorhanden ist und allem Leben gibt. Der Urgrund wird an dieser Stelle von Hölderlin als zartgewebter Sinn bezeichnet. Interessant ist, daß Richard Wilhelm bei seiner Übersetzung des Tao Te Kings ins Deutsche für das DAO das Wort Sinn verwendet. Hölderlin sagt uns hier, daß der ursprüngliche Geist der Schöpfung ganz fein in allem vorhanden ist und alles vernetzt, aber auch, daß wir nur dann vom Göttlichen angehört werden, wenn wir uns bei dem, was wir tun und erschaffen, wie Urania fühlen.

Wenn wir aus innerer Liebe heraus und in Harmonie mit unserer Umgebung handeln, werden wir von ihr begleitet. Unsere Handlungen bekommen eine unerklärliche Kraft.

Alles gelingt uns und wird auch von Dauer sein. In vielen Gedichten beschreibt uns Hölderlin, daß jeder Sphäre eine eigene Schwingung innewohnt. Immer wieder verwendet er hierfür die Worte „Melodie" und „Saitenspiele". Wir gebrauchen ähnliche Ausdrücke, ohne uns eigentlich bewußt zu sein, was damit gemeint ist. Wie war die Stimmung im Stadion? Wie ist die Stimmung auf dem Fest? Ich bin heute schlecht gestimmt. In diesen Sätzen sagen wir eigentlich, daß jedem Seinszustand, sei es nun kollektiv oder individuell, eine bestimmte Stimmung, ein bestimmter Tonfall oder ein bestimmter Klang innewohnt. Auf Englisch könnte man es vibration nennen.

Je näher wir unserer Seele kommen, desto glücklicher fühlen wir uns. Wir nähern uns sozusagen der Schwingung der höchsten Sphäre oder der Energie der Schöpfung. Wenn wir bei unseren Handlungen in dieser Stimmungslage sind, so handeln wir im Einklang mit dem Willen des Himmels und sicherlich nicht aus egoistischen Gründen oder falschen Vorstellungen. Unsere Handlungen bekommen eine ganz andere Qualität, weil uns eine höhere, uns innewohnende Kraft begleitet. Auf unerklärliche Art und Weise gelingt uns jetzt alles. Wir entsprechen dem Willen unserer Seele und alles fließt wie von selbst. Wir sind sozusagen auf der gleichen Wellenlänge und alles was wir tun, wird von dieser göttlichen Schwingung begleitet und durchdrungen. Wenn Hölderlin in seinen Gedichten von Empfindungen spricht, so meint er, daß man innerlich die Schwingung unserer Seele spürt und auch merkt, ob man selbst im Einklang mit ihr ist. Man handelt nicht nach dem eigenen Willen und Verstand, sondern läßt den Willen des Göttlichen in sich zu und gibt diesem Gestalt.

> Schon lernen wir das Band der Sterne,
> Der Liebe Stimme männlicher versteh'n,
> Wir reichen uns die Bruderrechte gerne,
> Mit Heereskraft der Geister Bahn zu geh'n;

Er erklärt uns die verschiedenen Seinszustände, die er selbst in seinem damaligen Leben und die auch die Menschheit kollektiv erlebt hat. In der ersten Strophe des Gedichts beschreibt er uns die höchste Stufe. Er wird von der göttlichen Urkraft unserer Seele durchströmt und fühlt sich sowohl körperlich als auch innerlich mit allem und jedem verbunden und in einer vollkommenen Innigkeit. In diesen Momenten wird sein Ich, sein Ego, ja alles, was ihn als Individuum bestimmt und von anderen Menschen abgetrennt hat, vollkommen aufgelöst. Solange diese transzendentalen Erlebnisse andauern, ist er selbst nicht aktiv, sondern empfängt etwas, das aus einer uns innewohnenden höheren Dimension kommt. Hölderlin kann es zulassen, daß dies mit ihm geschieht. Erleuchtung ist ein Geschehenlassen und kein aktiver willentlicher Wunsch. Wir Menschen haben, unabhängig von unserem biologischen Geschlecht, Weibliches und Männliches in uns. Es ist seine Weiblichkeit in ihm, die es zuläßt, sich innerlich zu öffnen, um das Höhere zu empfangen. Unsere Seele ist zwar an sich neutral, weil in ihrer Sphäre Weibliches und Männliches, oder anders ausgedrückt Yin und Yang, wieder vereint werden, aber der Seinszustand, den man selbst bei einer Erleuchtung erlebt, ist mehr weiblich als männlich. Aus unserer Seele wurde alles geboren, sie ist weiterhin in allem als lebensspendende Kraft vorhanden und sie nimmt alles wieder in sich auf. So heißt es auch im Tao Te King in der Übersetzung eines unbekannten Verfassers:

VI

Der Geist des Tales stirbt niemals,
es die Dunkle Weiblichkeit.
Das Tor der Dunklen Weiblichkeit,
dies ist die Wurzel
des Himmels und der Erde.

Oder in einer anderen Übersetzung von Richard Wilhelm:

Der Geist der Tiefe stirbt nicht
Das ist das Ewig-Weibliche.
Des Ewig-Weiblichen Ausgangspforte
Ist die Wurzel von Himmel und Erde.

Hölderlin sagt uns zwar nicht, daß unsere Seele mehr weiblich als männlich ist, aber daß, wenn man aus ihrer Welt in unsere polare irdische Dimension zurückkommt, alles männlicher wird. Wenn man voll und ganz, also sowohl geistig als auch körperlich, die Sphäre unserer Seele erlebt, so ist man während dieses Erlebens ohne Wünsche und so gut wie handlungsunfähig, weil es in diesen Momenten kein Ich mehr gibt, das handeln oder denken könnte. Manche Gedichte hat Hölderlin geschrieben, als er in dieser Höhe war, aber eigentlich könnte man sagen, daß unsere Seele über ihn zu uns gesprochen hat. Wenn wir von einer Erleuchtung wieder zurück in unsere verdichtete Welt kommen, so wirkt das Göttliche auf eine andere Art und in einer anderen Qualität. Sicherlich ist es nicht angenehm, wenn man aus einer Dimension, in der man alles als allumfassende Liebe erlebte, wieder in unsere irdische Realität einreist und alles wieder härter und rauer wird. Es ist unser Schicksal, das man an der Konstellation der Himmelskörper ablesen kann, hier als Mensch auf der Erde zu leben.

Hölderlin erlebte in seinem Leben mehrmals wie es ist, wenn man aus der Höhe eines vollkommenen Einsseins wieder in unsere Sphäre zurückkommt. In diesem Gedicht erklärt uns Hölderlin, daß das, was ihm widerfuhr, auch schon der ganzen Menschheit geschehen ist. Ab der zweiten Strophe spricht er nicht mehr von sich, sondern von uns allen. Im Laufe der Geschichte waren wir irgendwann alle in einer höheren Sphäre und sind von dort in unsere materialisierte Dimension gekommen. In der Sphäre unserer Seele waren wir frei von allen Kräften, die hier auf der Erde auf uns wirken. Wir waren in einem vollkommenen Einssein mit der Kraft des göttlichen Geistes, aus dem alles erschaffen wurde.

Doch dann kam eine Zeitepoche, in der wir alle in eine in Yin und Yang geteilte Welt kamen. Jetzt wirkten auf uns die Kräfte der Elemente Feuer, Wasser, Luft und Erde. Es gibt Tag und Nacht und auf Regen folgt Sonnenschein. Vielleicht wurden wir Zeuge einer Überschwemmung oder erlebten eine Zeit, während der fast nichts wuchs, weil es monatelang nicht geregnet hat. Wir waren jetzt individuelle Menschen, und erlebten eine Vielfalt von Emotionen. Mal waren wir glücklich und dann wieder traurig. Sowohl innerlich als auch äußerlich machten wir verschiedene Erfahrungen. Wir lernten, uns in einer Welt zurechtzufinden, in der das Göttliche in einer unglaublich vielfältigen Art auf uns wirkte. Damals wußten wir noch, daß das Göttliche in uns und in allem weiterhin vorhanden ist und ließen uns von unserer inneren Stimme leiten. Alle Menschen wurden von uns respektiert und geliebt, weil wir noch das Bewußtsein hatten, daß wir innerlich alle eins sind und dies auch in uns spürten.

Wir hatten noch das Wissen, daß alles aus unserer Seele erschaffen wurde, aber es existieren auch nichtmaterialisierte Wesen, Hölderlin nennt sie hier Geister, die auf uns wirken und derer wir uns meist nicht bewußt sind. Diese Kräfte wirken auf alle Menschen hier auf der Erde. In Bildern beschreibt uns Hölderlin hier unser kollektives Unterbewußtsein, also jenen Bereich der menschlichen Psyche, zu dem die meisten keinen Zugang haben. Es war vom Himmel bestimmt, daß wir im Laufe unserer Geschichte verschiedene Ebenen selbst erleben, sowohl ein vollkommenes Einssein in allumfassender Liebe in einer geistigen Sphäre, als auch eine Realität, in der wir meist hart für unser tägliches Brot arbeiten müssen und oft auch von Kräften bestimmt werden, die unbewußt auf uns wirken. Beides sind göttliche Erfahrungen, da der Urstoff in allem und überall vorhanden ist. Auch hier können wir das Göttliche erfahren und nach seinem Willen leben, sofern wir weiterhin aus allumfassender Liebe handeln und uns von unseren Empfindungen leiten lassen.

Für Hölderlin war es sicherlich oft sehr schwer und auch hart, sich nach seinen übernatürlichen mystischen Erfahrungen hier wieder zurechtzufinden. Er mußte als Hauslehrer arbeiten, um sich seinen Lebensunterhalt zu verdienen, da er als Dichter nicht genug verdiente. Immer wieder schickte er seine Gedichte an Herausgeber von Journalen und bekam sie zu seinem Ärger oftmals korrigiert zurück. Ihr eigentlicher Inhalt wurde von niemandem erkannt. Über Jahre versuchte er vergeblich, selbst ein Journal zu entwerfen und zu publizieren. Er mußte sich hier als Mensch mit einer Welt abfinden, in der bei fast allen Menschen ihr göttlicher Zugang verschüttet war und nur noch nach Moralvorstellungen und Gesetzen gelebt wurde. Das, was Hölderlin in seinem Leben erlebte, ist auch schon der ganzen Menschheit widerfahren. Wir sind im Laufe unserer Geschichte von einer höheren Dimension in Stufen in unsere jetzige gekommen. Hölderlin sagt uns schon in einem seiner ersten Gedichte: „Wir aber sind es, die gefallen…". Hier auf der Erde müssen wir arbeiten, danach schauen, daß wir ein Dach über dem Kopf haben und uns um unseren täglichen Alltag kümmern. Ständig sind wir aktiv und haben selten die Ruhe, um unserer Seele Gehör zu schenken.

Schon höhnen wir des Stolzes Ungebärde,
Die Scheidewand, von Flittern aufgebaut;

Hier auf der Erde wirken auf uns Menschen Kräfte dahingehend, daß wir die kosmische Urkraft als eine zu Materie verdichtete polare Welt erleben. Hölderlin war sich bewußt, daß wir Menschen als individuelle Persönlichkeiten verschiedene Erfahrungen machen sollten. In verschiedenen Zeitepochen haben wir uns immer weiter von unserem Ursprung entfernt und wurden unbewußter. Wir haben es selbst verursacht, daß wir fast keinen Zugang mehr zu unserer Seele haben. Wir Menschen haben angefangen, uns über andere Menschen zu erheben und andere zu verachten. Jeder dachte nur noch an sich selbst und versuchte, seine persönlichen Wünsche zu verwirklichen. Hölderlin beschreibt uns hier eine Epoche, die vor tausenden Jahren anfing und bis in seine Zeit andauerte. Sie war von Egoismus geprägt, Menschen wurden unterdrückt und versklavt. Dies geschah im Individuellen genauso wie im Kollektiv. Innerhalb eines Volkes versuchten viele, besser und mächtiger zu sein als ihre Mitmenschen. In manchen Kulturen wurden Frauen als minderwertig betrachtet und entsprechend behandelt. Viele gingen mit anderen Menschen ohne jegliches Mitgefühl um. Ganze Völker dachten, sie wären von Natur aus besser oder höher gestellt und begründen damit, daß sie andere unterwerfen und bekriegen konnten. Selbst heilige Schriften wie die Bibel wurden nach eigenen Vorstellungen so ausgelegt, daß daraus Kriege und Haß entstanden. Auch hier dachte man, daß der eigene Glaube besser ist als der von andern. Viele Menschen fingen an, sich selbst höher zu stellen als ihre Mitmenschen.

Die Menschen wurden so überheblich, daß sie nicht mehr wußten, daß es eine geistige Urkraft gibt, aus der alles erschaffen wurde und die uns alle miteinander verbindet. Heute haben wir unser Ich-Bewußtsein so aufgebläht, daß wir oft nicht mehr merken, wenn ein anderer leidet oder Hilfe braucht. In der vorhergehenden Zeitepoche wußten wir noch, daß wir alle Brüder sind und daß außer uns noch nichtmaterialisierte Wesen existieren. Wir waren uns noch bewußt, daß uns eine höhere geistige Kraft innewohnt, auch wenn wir selten Zugang zu ihr hatten.

Es existiert eine Scheidewand, die von Flittern aufgebaut wurde. Mit Flittern meint Hölderlin, daß wir im Laufe unserer Menschheitsgeschichte mehr und mehr damit anfingen, auf Äußerlichkeiten Wert zu legen. Unser ganzes Denken konzentrierte sich auf materiellen Besitz und oberflächliche Freuden. Jeder Herrscher wollte den schönsten Palast, die hübscheste Frau und die größte Macht haben. All unser Denken und unsere Wünsche beschränkten sich auf unsere materialisierte Dimension und finden nur noch innerhalb dieser statt. Hölderlin wußte, daß unsere Umnachtung lange andauern und sich sogar noch verstärken wird. Unsere Sichtweise ist so beschränkt, daß wir nichts mehr sehen können, was nicht zu Materie verdichtet ist. Uns sind nur noch Dinge wichtig, die wir materiell besitzen können. Jeder will das schönste Haus, die prächtigsten Kleider oder den teuersten Schmuck für sich beanspruchen. Selbst Gebirge, Täler und Flüsse haben einen Besitzer. In unserer heutigen Zeit findet selbst um Wasserrechte ein Wettlauf statt, obwohl Wasser ein heiliges Gut der Erde ist, das jedem zugänglich sein sollte. Wir Menschen wurden im Lauf von tausenden Jahren auf spiritueller Ebene immer unbewußter. Laut Hölderlin haben wir dies selbst verursacht. Unsere ganze Entwicklung ging in eine einseitige Richtung. Für ihn war Aristoteles und seine Philosophie ein großer Einschnitt in unserer Menschheitsgeschichte. Dies werden wir in dem Gedicht „Die heilige Bahn" im Verlaufe dieses Buches noch näher anschauen.

In mehreren Gedichten erklärt uns Hölderlin, daß wir direkt aus dem Urstoff von der Göttin der Schöpfung, Urania, erschaffen wurden und wir, weil dieser Urstoff oder unsere Seele immer in uns vorhanden ist, selbst die Kraft und Macht haben, schöpferisch zu sein. In diesen Versen sagt er uns, daß wir selbst eine Mauer erschaffen haben, die uns den Zugang zu unserer Seele verwehrt. Wir haben uns so sehr auf unsere materialisierte Dimension fixiert, daß wir geistige Welten und was aus ihnen auf uns wirkt, weder sehen noch wahrnehmen können. Während seinen transzendentalen Erfahrungen ist Hölderlin in der Dimension unserer Seele über den Wolken oder alle Wolken sind für ihn in diesen Momenten verschwunden. Die Wolken werden hier als eine feste Wand beschrieben. So wie wir Wände bauen, um unsere Häuser in verschiedene Zimmer aufzuteilen, genauso haben wir uns selbst eine Wand erschaffen, die uns von den geistigen Welten trennt. Wir haben uns sozusagen selbst unser Gefängnis gebaut und denken sogar, daß dies die ganze Welt wäre. Klar, in diesem Gefängnis können wir schöne Häuser bauen, wissenschaftliche Untersuchungen machen oder gar philosophische Systeme entwickeln und zu hohem Ansehen gelangen, aber alles spielt sich nur noch in diesem Raum ab, in einer zur Materie verdichteten Welt. Unser ganzes Denken und Handeln beschränken sich auf das, was für uns sichtbar Gestalt geworden ist und sich zu Materie verdichtet hat. Unser Ego ist so groß geworden, daß wir es nicht zulassen können, daß es einen göttlichen Geist geben könnte, der viel mehr weiß als wir und aus dessen geistiger Kraft ganze Universen entstehen. In diesen Versen beschreibt uns Hölderlin eine Zeitepoche, die schon vor tausenden von Jahren anfing und seit Aristoteles noch einseitiger wurde. Wir verbauen uns aus eigener Schuld in vielen Jahren den Zugang zu unserer Seele. Er ist sich bewußt, daß er in einer dunklen Zeitepoche lebt, in der fast niemand mehr Zugang zu einer höheren Sphäre hat und die Menschen kollektiv unbewußt sind. Sie wissen nicht mehr, daß sie eigentlich göttliche Wesen sind und in Harmonie und Liebe leben könnten.

Und an des Pflügers unentweihtem Herde
Wird sich die Menschheit wieder angetraut.

Alles ist göttlich. Unsere ganze Natur ist beseelt und lebendig. Wir Menschen sowie Tiere, Pflanzen, Berge und Flüsse sind aus demselben geistigen Urstoff erschaffen worden. Der Urstoff selbst hat das Erschaffene nicht sich selbst überlassen, sondern ist ständig in allem vorhanden. Wir können einen Baum zerstören, einen Fluß verschmutzen oder anderen Menschen Schaden zufügen. Dies wird zwar für uns hier in unserer Realität Konsequenzen haben, aber den geistigen Urstoff selbst können wir nicht schädigen. Er wird selbst noch dann existieren, wenn es uns Menschen und unsere Erde längst nicht mehr gibt.

Auch wenn wir uns über die Jahrhunderte immer weiter von unserer Seele entfernt haben und uns den Zugang zu ihr selbst vernebelt haben, werden wir immer wieder die Möglichkeit bekommen, von neuem anzufangen. Das Göttliche ist auch jetzt noch überall vorhanden. In uns selbst, in der Natur und in allen Pflanzen und Tieren. Jeder hat die Möglichkeit, etwas in seinem persönlichen Leben zu ändern und sich anders zu verhalten. Unsere Seele wird immer für uns da sein. Sie ist die lebensspendende kosmische Urkraft, aus der wir alles erschaffen oder auch zerstören. Sie ist das Feuer, auf dem wir uns selbst das Essen kochen. Wir können es versalzen oder für alle Anwesenden zu einem Fest werden lassen. Wir können in uns etwas säen, das uns wieder in Einklang mit unserer Seele bringt, uns den Zugang zu höheren Sphären wieder öffnet und allen zugutekommt oder weiterhin aus Egoismus und Überheblichkeit in einer verdunkelten undurchlässigen Realität leben. Hölderlin beschreibt uns in Bildern, daß wir Menschen hier auf der Erde eigentlich alles haben. Wir leben in einer göttlichen beseelten Welt. Es gibt tausende Pflanzen, Berge, Täler, Flüsse und Seen. Wir Menschen sind es, die hier alles zu unserer Verfügung haben und auf uns kommt es an, was wir daraus machen. Die Feuerstelle brennt immer, wir haben tausenderlei Zutaten und können immer wieder von neuem unser Essen kochen.

Schon fühlen an der Freiheit Fahnen
Sich Jünglinge, wie Götter, gut und groß

Wir sind vom Göttlichen so erschaffen worden, daß wir selbst wieder schöpferisch sind. Es liegt an uns, aus welchen Motiven und wozu wir die uns innewohnende schöpferische Kraft unserer Seele nützen. Hier schildert uns Hölderlin unsere Zeit, in der sich die Menschen selbst in einer kollektiven Freiheit wahrnehmen. Fühlen ist ein äußerliches Spüren und Erkunden, so wie Insekten mit ihren Fühlern ihre Umgebung ertasten. Wir haben uns das Wort Freiheit auf unsere Fahne geschrieben und verhalten uns, als ob wir unabhängig von allen kosmischen Kräften existieren könnten und verhalten uns, als ob wir Götter auf Erden wären. Die Mauer, die wir in vielen Jahren zwischen uns und der himmlischen Welt unserer Seele gebaut haben, ist heute so groß und mächtig, daß wir gar nichts mehr von ihr wissen. Wir haben unsere Realität so verdichtet, daß jetzt fast niemand Zugang zu geistigen Sphären hat. Wir spüren und sehen nur noch, was gegenständlich materialisiert existiert. Unser ganzes Leben spielt sich nur noch in dieser Realität ab. Die Kräfte, die unbewußt auf uns wirken, sind so stark, daß wir sie schon gar nicht mehr bemerken. Die Nebelwolke, die uns umgibt, ist zu groß, um von uns wahrgenommen zu werden. Unsere Wahrnehmung beschränkt sich auf unsere äußere Welt und auf alles, was wir aus Materie erschaffen können. Wir wissen nichts mehr von

Geistern und Dämonen, die auf uns wirken, und nichts von einer geistigen kosmischen Urkraft, aus der alles erschaffen wurde und die noch immer in uns vorhanden ist. Unser Ego ist so groß geworden, daß wir denken, wir könnten uns über die Natur stellen und uns selbst bestimmen. Wir handeln nicht mehr im Sinne unserer Seele, sondern es ist jetzt schon so weit, daß wir gar nichts mehr von ihrer Existenz wissen. Es gibt noch Menschen, die an so etwas glauben, aber auch bei diesen wird die geistige Kraft der Schöpfung von fast niemandem selbst erlebt. Selbst Menschen, die öfters empfinden, was eigentlich richtig wäre oder wenn etwas nicht stimmt, also die Schwingung ihrer Seele noch wahrnehmen, versuchen normalerweise sofort mit ihrem Verstand diesen aus einer höheren Dimension kommenden Hinweis zu erklären und in ihr erlerntes Weltbild einzuordnen. Meist handeln sie dann nicht nach ihrem ersten intuitiven Impuls, sondern nach ihrem Verstand.

Hölderlin sieht hier eine Zeitepoche voraus, in der wir Menschen uns so frei fühlen, daß wir uns einbilden, wir könnten hier auf der Erde unabhängig einer kosmischen Ordnung denken und handeln. Wir haben uns sozusagen ein winzig kleines Universum erschaffen und führen uns hier so auf, als ob wir die alleinigen Herrscher auf Erden wären. Er beschreibt uns hier Menschen, die sich zwar äußerlich frei fühlen, sich jedoch in Wirklichkeit so weit von ihrer Seele entfernt haben wie nie zuvor in der Geschichte der Menschheit. Heute versuchen wir immer mehr, mit erlerntem Wissen und Technik unsere eigene Welt zu erschaffen. Wir sind jetzt in einer Epoche, in der wir uns wie Götter verhalten. Hölderlin hat damals schon vorausgesehen, daß wir noch überheblicher und unbewußter werden als wir es zu seiner damaligen Zeit waren. Heute bauen wir Roboter mit künstlicher Intelligenz, manipulieren die Gene von Pflanzen und entwickeln Computerspiele, bei denen man sich monatelang in virtuellen

Welten aufhalten kann. Unsere ganze technische Entwicklung hat sich so verselbständigt, daß die Folgen für uns und die Natur von niemandem mehr überblickt werden. Unsere gefühlte Freiheit, die wir in unserer Welt haben, beruht darauf, daß wir gar nicht mehr merken, daß wir uns selbst in unserer kleinen Dimension eingesperrt haben. Wir fühlen uns äußerlich vielleicht frei, sind aber innerlich in einem Nebel, der kollektiv und unbewußt auf uns wirkt. Wir bauen die kompliziertesten Maschinen, um die Entstehung von Materie wissenschaftlich zu erklären und wissen nicht mehr, daß uns eine geistige kosmische Kraft innewohnt, aus der ganze Welten erschaffen wurden!

Schon als Siebzehnjähriger erklärt Hölderlin, wie aus dem Zusammenspiel unserer Vorstellungen und der geistigen Kraft unserer Seele Materie erschaffen wird. Er erklärt uns, daß dies auch jetzt noch, in diesem Moment, stattfindet. Heute versuchen wir, alles mit unserem angelernten, auf rationalem logischem Denken basierenden Wissen zu erklären anstatt nach innen zu gehen und diese Erfahrungen seelisch zu machen! Es soll heute sogar Wissenschaftler geben, die uns weis machen wollen, daß unser Verstand sich im Laufe von tausenden Jahren aus Materie Schritt für Schritt entwickelt hätte. Im Laufe unserer Geschichte sind wir immer unbewußter geworden. Hier in diesen Versen ist der Höhepunkt erreicht. Wir Menschen verhalten uns wie junge überhebliche Männer. Uns fehlen jegliche Weisheit und Erfahrung und wir benehmen und fühlen uns so, als ob wir selbst das Zentrum des Universums wären. Die Menschheit hat sich über die kosmischen Urkräfte gestellt und sich auf alles, was eine materialisierte Gestalt hat, fixiert, so daß jegliche Harmonie verloren ging. Wir haben einen solchen Raubbau an der Natur betrieben und sind uns nicht wirklich bewußt, daß dies für uns sowie für alle Pflanzen, Tiere und die gesamte Umwelt katastrophale Folgen haben wird.

Aus Engstirnigkeit und Überheblichkeit spüren wir innerlich nicht mehr, daß wir mit der Natur sowie mit allen Pflanzen und Lebewesen seelisch verbunden sind. Wir würden uns nie und nimmer so verhalten, wenn wir uns noch im Einklang mit der kosmischen Urkraft und somit auch uns selbst befänden. Seit der industriellen Revolution waren wir so von unseren technischen Fortschritten und Neuerfindungen fasziniert, daß wir nicht gemerkt haben, daß wir uns nur in eine Richtung entwickeln und geradezu davon besessen wurden, ständig etwas Neues zu erfinden. Anstatt das Leben zu erleichtern, hat sich unser ganzes System verselbständigt und wir wissen heute nicht mehr, wie wir aus dieser Sackgasse wieder herauskommen.

Und, ha! die stolzen Wüstlinge zu mahnen,
Bricht jede Kraft von Bann und Kette los;

Wir sind so von uns selbst überzeugt, daß wir uns über alles andere stellen. Viele von uns streben nur nach äußerlichen Freuden und lassen sich von ihrer sexuellen Lust leiten, innerlich sind sie einsam und unfruchtbar. Von uns als nicht existierend betrachtete Kräfte werden sich zeigen, um uns auf unser Fehlverhalten aufmerksam zu machen. In vielen Gedichten erklärt uns Hölderlin die verschiedenen Dimensionen und ihre Wirkungen auf uns Menschen hier auf der Erde. Alle sind miteinander vernetzt und auch in uns Menschen vorhanden. In uns ist die Kraft der grundlegenden Elemente Feuer, Wasser, Luft und Erde. Wir erleben sie als Lebensenergie, Emotionen, Gedanken und als unseren Körper. In der Natur gibt es Sonne, Wasser, Land und Wind. Alles hat Energie, die wir ja in unserem industriellen Zeitalter, bis hin zur Atomenergie, tagtäglich nutzen.

Hölderlin sagt uns in seinen Gedichten auch, daß nicht nur

wir Menschen existieren, sondern auch Geister, Dämonen und Götter, also nichtmaterialisierte Wesen, die heute von fast niemandem mehr wahrgenommen werden. Immer wieder beschreibt er uns, wie die Göttin der Schöpfung, Urania, ihm hilft, die Geister und Dämonen zu beruhigen um so die geistige Kraft der Schöpfung, unseren Ursprung, selbst zu erleben. In uns existiert diese höchste Dimension des Urstoffs genauso wie die Irdische mit ihren vier Elementen. Es gibt aber auch eine Dimension, die sich zwischen der himmlischen und unserer irdischen befindet. Hölderlin nennt sie eine Scheidewand und bezeichnet sie oft als Wolken. Sie trennt uns von der uns innewohnenden himmlischen Sphäre und verdunkelt unser ursprüngliches göttliches Bewußtsein. In dieser Dimension leben und wirken Geister und Dämonen. Hölderlin sieht eine Zeit voraus, in der wir Warnungen bekommen werden von all jenen Kräften, derer wir uns nicht mehr bewußt sind. Mit all unserer Technik können wir kein Erdbeben und keinen Tsunami verhindern. Überschwemmungen und Dürrekatastrophen sind wir auch heute noch hilflos ausgeliefert. Krebs und Depression behandeln wir meist oberflächlich mit Medikamenten anstatt ihre eigentliche innere Ursache zu heilen. Selbst Psychotherapeuten wissen nichts über Geister und Dämonen, die uns innerlich antreiben und bestimmen. Auf allen Ebenen werden wir ermahnt werden, daß wir nicht im Sinne unserer Seele gehandelt haben und handeln, sondern uns selbst als so groß wahrgenommen haben, daß wir die ganzheitlichen großen kosmischen Zusammenhänge mißachteten.

Heute bekommen wir die ersten großen Hinweise, daß wir uns und unser Verhalten ändern müssen. Die von uns verursachte globale Erderwärmung mit ihren katastrophalen Folgen für unsere Umwelt zwingt uns immer mehr zu einem Umdenken. Die neuen Coronaviren erlahmten unsere ganze Wirtschaft und zeigten uns unsere Grenzen auf. Hunderttausende erkrankten und starben. In ärmeren Ländern wurde die Hungersnot noch größer und Millionen werden wahrscheinlich durch Hunger und dessen Folgen sterben. Viele Menschen erleiden Depressionen, andere werden aggressiv und gewalttätig. Es gibt jedoch auch Menschen, die in sich gehen und sich wieder verstärkt auf eine spirituelle Suche begeben. Vielleicht sind die Erderwärmung und das neue Virus schon die ersten Folgen, von denen Hölderlin sprach. Niemand weiß, was in den nächsten Jahren noch alles geschehen wird.

Schon schwingt er kühn und zürnend das Gefieder,
Der Wahrheit unbesiegter Genius,
Schon trägt der Aar des Rächers Blitze nieder,
Und donnert laut, und kündet Siegsgenuß.

Hier sagt uns Hölderlin etwas voraus, das auch für uns heute noch in der Zukunft liegt. In Bildern beschreibt er uns, wie der ursprüngliche Geist der Schöpfung mit Rage und Wut zu uns auf die Erde kommt. So wie ein Vogel beim Fliegen all seine Federn bewegt, so wird auch der Geist unserer Seele all seine ausführenden Kräfte benützen und alles beseitigen, was uns verdunkelt. Dies wird keine langjährige Entwicklung sein, sondern wie im Flug oder schnell wie der Blitz von oben zu uns kommen.

Für Hölderlin ist der Geist unserer Seele die einzige Wahrheit. Unserer Seele ist die geistige Kraft, die immer, für alle Ewigkeit, da sein wird. Alles, was wir Menschen hier auf der Erde als Wahrheiten bezeichnen, seien es nun Meinungen, Moralvorstellungen oder physikalische Gesetze, sind an Raum und Zeit gebunden. Alles in unserer polaren Dimension steht in Relation zu etwas anderem und deshalb kann in unserer Realität keine absolute oder ewigliche Wahrheit geboren werden. Der Geist der Schöpfung und all sein Wissen ist das einzige, was ewig existieren wird. Er ist nicht in Raum und Zeit geboren und entspringt keinem Ich und ist deshalb allumfassend. Während seiner Erleuchtungserfahrungen hatte Hölderlin für Momente Einblick in den Geist der Schöpfung. Er wurde sich bewußt, daß all unser angelerntes Wissen, all unsere Philosophien und alles, was wir selbst erschaffen haben, nur für kurze Zeit existieren wird und keine ewigliche Wahrheit ist.

Wir waren trotz aller Mahnungen nicht fähig, auf unsere innere Stimme zu hören und haben die uns innewohnende schöpferische Kraft unserer Seele weiterhin dazu benutzt, uns eine noch kompliziertere Scheinwelt zu erschaffen. Die Menschheit hat sich in tausenden Jahren so verirrt, daß sie den Weg nach Hause nicht mehr mit erlerntem Wissen und logischem Denken finden wird. Aus eigener Kraft werden wir es nicht schaffen zu unserem Ursprung zurückzufinden, sondern es braucht die Hilfe des Himmels. Alles, was nicht im Einklang mit ihm ist, wird auf einen Schlag niedergerungen. Der schöpferische Geist wird sich mit all seiner Macht gegen alles richten, was sich ihm entgegenstellt. Göttliches Bewußtsein wird von oben wieder zu uns Menschen kommen und alles beseitigen, was uns vernebelt und verdunkelt. Ob sich die Rache des Göttlichen auch gegen Menschen richten wird, deren Handlungen nicht dem Willen des Himmels entsprochen haben, oder nur gegen nichtmaterialisierte Wesen, die uns den Zugang zu unserer Seele verwehren, sagt uns Hölderlin nicht. Er erklärt uns in den folgenden Versen die Wirkung auf uns Menschen und auf die folgenden Generationen. Wir werden wieder Zugang zu unserer Seele haben und so ein viel höheres Bewußtsein erlangen.

> Was unsre Lieb und Siegeskraft begonnen,
> Gedeiht zu üppiger Vollkommenheit;
> Der Enkel Heer geneußt der Ernte Wonnen;
> Uns lohnt die Palme der Unsterblichkeit.

Hölderlin war sich bewußt, daß das, was er uns in diesen und in den folgenden Versen beschreibt, nicht mehr selbst erleben wird. Es liegt, auch von unserer heutige Zeit aus gesehen, in der Zukunft. Er sah sich selbst als Wegbereiter für die Zukunft und erklärt uns dies auch in mehreren Texten. Seine Gedichte vermitteln uns göttliches Bewußtsein und irgendwann wird es Menschen geben, die aufnahmebereit sind und sie verstehen. Doch nun zum Verständnis dieser Verse. Alles, was wir aus innerer Liebe heraus erschaffen, entspricht der Ganzheit des Kosmos und somit des göttlichen Geistes unserer Seele. Wenn wir ein großes Projekt beginnen, sei es nun ein Geschäft, einen Ortswechsel oder eine Partnerschaft, sollten wir innerlich spüren, ob es im Einklang mit unserer Seele ist. Wenn wir nur nach unserem Verstand handeln, so mißachten wir unseren innersten Kern, die uns innewohnende geistige Kraft der Schöpfung, die uns mit dem ganzen Kosmos verbindet.

Hölderlin beschreibt uns in vielen Gedichten die Liebe als höchste Kraft, die es gibt. Wenn wir wirklich innere Liebe empfinden, sind wir unserer Seele am nächsten. Nur wenn wir von Anfang an bei unseren Handlungen aus innerer Liebe heraus gehandelt haben und uns von ihr leiten lassen, werden unsere Handlungen von der Kraft der Schöpfung begleitet. Sie werden dimensionsübergreifend und bekommen somit eine ganz andere Qualität. Wenn man aus innerer Liebe heraus handelt, verfolgt man keine Ziele, sondern man agiert spontan und läßt sich von seiner inneren Stimme leiten. Es wird allen zugutekommen und unsere Zeit überdauern.

Menschen wie Buddha, Jesus oder auch Laotse sind immer noch, selbst nach tausenden von Jahren, lebendig und helfen uns auch noch heute.

Sie waren zwar Menschen wie wir, aber auch gleichzeitig in der Dimension unserer Seele oder hatten immer wieder Einblick in diese himmlische Sphäre. Ihr Wirken war und ist stärker als das der weltlichen Herrscher. Sie handelten im Einklang mit dem himmlischen Willen und nicht aus Machtgier oder weltlichem Ansehen. Sie berühren innerlich auch heute noch Millionen von Menschen. Was ist im Gegensatz dazu von all den römischen Herrschern, von all den Hitlers und Stalins übriggeblieben? Ein paar Ruinen, traumatische Erinnerungen und die Erkenntnis, daß so etwas nicht noch einmal geschehen darf. Von den frühen Herrschern der Mongolen oder der Römer wissen wir heute kaum mehr ihre Namen und auch Stalin und Hitler werden bald in Vergessenheit geraten.

Nur was wir mit innerer Liebe erschaffen, wird die Zeit überdauern und zum Wohle aller Menschen, auch künftiger Generationen, sein. Nur so handeln wir ganzheitlich und sind im Fluß mit dem kosmischen Urgeist unserer Seele. Wenn wir aus innerer Liebe handeln, verbinden wir unsere materialisierte irdische Dimension mit der geistigen und zeitlosen unserer Seele und unsere Handlungen werden von dieser höchsten Kraft begleitet und unterstützt. Hölderlin erlebte oft für Momente und manchmal auch für Stunden die geistige Welt unserer Seele. Er wußte deshalb, daß dieser Urstoff für alle Ewigkeit existieren wird und erklärt uns in diesem Gedicht die verschiedenen Epochen, die wir als Menschen hier auf der Erde durchliefen und wohin es wieder führen wird. Nur was wir mit der ganzen Kraft unserer Seele begonnen haben, wird dauerhaft Bestand haben. Es wird über Generationen hinweg allen zugutekommen. Wir werden so unseren Teil dazu beitragen, daß es auch künftig wieder Menschen gibt, die sich der Unsterblichkeit ihrer Seele bewußt sind und Zugang zu ihr haben.

Hinunter dann mit deinen Taten,
Mit deinen Hoffnungen, o Gegenwart!
Von Schweiß betaut, entkeimten unsre Saaten!
Hinunter dann, wo Ruh' der Kämpfer harrt!

Ständig sind wir am Machen und am Tun und glauben, daß wir dadurch sofortige Resultate erzielen. Wir können die Welt nicht mit Kampf und durch ständiges Handeln verändern. Alles braucht seine Zeit. Wenn ein Landmann ein Feld bestellt, muß er zunächst hart arbeiten. Er pflügt und hackt den Acker und befreit ihn von Unkraut. Dann sät er die Pflanzensamen. Ab jetzt ist alles der Natur überlassen. Die Samen müssen keimen und wachsen. Zu einer guten Ernte braucht es Regen und das richtige Wetter. Ein Sturm könnte die Ernte komplett vernichten. Hölderlin sagt uns immer wieder, daß wir die Verhältnisse hier auf der Erde nur verändern können, wenn wir uns innerlich transformieren. Dies werden wir nur erreichen, wenn wir in uns in die Ruhe kommen. Das Göttliche muß wieder langsam in uns keimen. Wir dürfen nicht glauben, daß wir morgen ein paar gute Taten vollbringen und dann übermorgen wieder den Zugang zu unserer Seele haben. So wie der Sämann nach getaner Arbeit darauf wartet, daß die ausgesäten Samen wachsen und reifen, so müssen auch wir geduldig sein.

Nachdem Buddha den Palast seines Vaters verließ, war er jahrelang als Asket unterwegs. Über Monate und Jahre war er auf spiritueller Suche und probierte alle möglichen Methoden aus. Monatelang fastete er und als er einsah, daß ihn das auch nicht weiterbrachte, fing er an, verschiedene Meditationstechniken zu erlernen und zu praktizieren. Jahrelang war er als mittelloser Wanderer unterwegs und probierte alles aus, um sich von seinem menschlichen Dasein zu befreien. Als er sich unter einen Baum legte und dort zu vollkommener Ruhe und Stille fand, erlangte er sein Erwachen. Er war nicht mehr im Tun, sondern saß einfach nur da. Wahrscheinlich hatte er in diesem Moment jegliche Hoffnung auf Erleuchtung aufgegeben. Hölderlin sagt uns in diesen Versen, daß wir weder uns selbst noch unsere Umwelt durch ständiges Handeln und mit Gewalt verändern können. Nur wenn wir nach harter innerer Arbeit auch wieder stille halten, kann das Göttliche in uns keimen und zur Wirkung kommen. Die Ewigkeit unserer Seele wird immer für uns da sein und auf uns warten. Für sie gibt es keine Hast und Eile.

Schon geh't verherrlichter aus unsern Grüften
Die Glorie der Endlichkeit hervor;
Auf Gräbern hier Elysium zu stiften,
Ringt neue Kraft zu Göttlichem empor.

Unser Leben hier als Mensch ist auf Raum und Zeit begrenzt. Doch auch hier ist unsere Seele permanent in allem vorhanden. Es wird wieder eine Zeit kommen, in der die Menschheit göttliches Bewußtsein erlangen wird. Jeder, der Zugang zu seiner Seele hat und sich von ihr leiten läßt, erschafft schon hier auf der Erde sein himmlisches Paradies. Er weiß, daß sein Leben hier in diesem Körper nur eine zeitlich begrenzte Erfahrung seiner ewigen Seele ist und er weiß auch, daß irgendwann wieder alles in den Urstoff zurückkehren wird. Menschen, die sich in ihrem Leben so führen lassen, verbinden bereits hier auf der Erde das Göttliche mit dem Irdischen. Sie sind wieder zu einer Ganzheit geworden, auch wenn sie noch in einer materialisierten polaren Realität leben und Erfahrungen machen. Wenn wir schon hier allumfassende

Liebe und die Innigkeit des Kosmos erleben durften, so wird auch unser körperlicher Tod zu einem wunderschönen Erlebnis und Ereignis. Wir haben bereits hier auf der Erde in unserer auf Raum und Zeit begrenzten Dimension den Glanz und die Schönheit des Göttlichen erlebt, aus dem unsere Realität erschaffen wurde. Schon hier war die Einheit, aus der alles hervorging und zu der es irgendwann wieder führen wird, vorhanden. Wenn wir so sterben, wird die Liebe und die Schönheit, die wir hier erfahren durften, auch nach unserem körperlichen Tod noch vorhanden sein. Unsere diesseitige Erfahrung auf der Erde wurde zu einer wunderschönen Erfahrung für die Ewigkeit unserer Seele und wird auch diese bereichern und stärken. Wir werden den Nährboden vorbereiten für eine künftige Generation, die alles übertreffen wird.

Gestärkt von hoher Lieb' ermüden
Im Fluge nun die jungen Aare nie

Es wird eine Generation kommen, die schon im jungen Alter ein göttliches Bewußtsein hat und dies ihr ganzes Leben lang nicht mehr verlieren wird. Sie werden frei wie die Adler in den Lüften fliegen können. Hölderlin beschreibt uns hier symbolisch und auch bildlich, daß es irgendwann wieder Menschen geben wird, die vollkommen sind. Sie leben zwar noch in unserer polaren Dimension, haben aber auch freien Zugang zu ihrer Seele und werden so von allumfassender Liebe geleitet. Beide Dimensionen sind in ihnen wieder zu einer Ganzheit geworden und sie können sich in ihnen frei bewegen. Der Adler wird als König der Lüfte bezeichnet und steht symbolisch für göttliches Bewußtsein. Das Element Luft steht für Gedanken und der König von ihnen ist der Geist Gottes. Also kann man durchaus den Ausdruck „König der Lüfte" als göttliches Bewußtsein betrachten.

Zum Himmel führt die neuen Tyndariden
Der Freundschaft allgewaltige Magie;

Unter Tyndariden sind Halbbrüder oder Zwillinge gemeint. Diese neue junge Generation wird so stark miteinander verbunden sein wie Zwillinge es sind. Sie werden eine so starke, unerklärliche und enge Beziehung zueinander haben, daß sie schon fast eins miteinander sind. Der Weg dieser Generation wird in den Himmel führen, das heißt zu einem vollkommenen Einssein mit unserer Seele. Solange sie hier als Menschen leben, sind sie noch individuelle Personen, jedoch schon mit allen anderen so eng verbunden und vereint, wie es viele Zwillinge sind. Sie empfinden zu allen Mitmenschen eine für uns unerklärliche überirdische Freundschaft. Es sind Menschen, die wieder zu sich selbst gefunden haben. Sie haben wieder Zugang zu der geistigen Kraft der Schöpfung, zu unserer Seele.

Er hat sein Element gefunden,
Das Götterglück, sich eig'ner Kraft zu freu'n

Diese neue Generation wird den ursprünglichen Göttern wieder gleichgestellt sein. Hier ein Auszug aus dem Gedicht: „Hymne an die Freiheit":

Deine Flügel, hohe Liebe! trugen
Lächeln nieder die Olympier;
Jubeltöne klungen – Herzen schlugen
An der Götter Busen göttlicher.

Sowohl wir als auch die olympischen Götter wurden aus einem Urstoff von der Schöpfergöttin Urania erschaffen. Die ersten Menschen lebten mit jenen nichtmaterialisierten höchsten Wesen noch zusammen. Sie waren auf gleicher Höhe mit ihnen, hatten göttliches Bewußtsein und waren eigentlich selbst Götter. Die hier beschriebenen Menschen sind wieder auf dieser Höhe. Jeder einzelne von ihnen hat wieder die vollkommene Kraft unserer Seele. Es gibt keine höhere Macht im Universum als der uns innewohnende Geist der Schöpfung. Vielleicht sind sie noch an einen Körper gebunden, aber selbst dann sind sie bewußte, freie und göttliche Wesen. Sie fühlen sich so frei und glücklich wie die Götter. Die ursprüngliche Kraft der Elemente Wasser, Feuer, Luft und Erde wirken vielleicht noch auf ihren Körper, geistig jedoch werden sie nur noch von der Kraft ihrer Seele bestimmt.

Den Räubern ist das Vaterland entwunden,
Ist ewig nun, wie seine Seele, sein!

Hölderlin beschreibt hier Menschen, die in der höchsten Entwicklungsstufe sind, die man als Mensch überhaupt erreichen kann. Das, was er bei seinen transzendentalen Erleuchtungserfahrungen für Momente oder wenige Stunden erleben und sehen durfte, hat diese Generation von Geburt an. Er erlebte immer wieder, daß er von einer himmlischen Sphäre in unsere umnachtete Dimension zurückkam. In vielen Gedichten erklärt er uns, daß es hier Geister und Dämonen gibt, die unbewußt auf uns wirken und uns umnachten. Diese nichtmaterialisierten Wesen meint Hölderlin mit „Räubern". Sie sind es, die uns über Jahrtausende bestimmt und uns den Zugang zu unserer Heimat, zu unserer Seele, versperrt haben. Ohne daß wir uns dessen bewußt waren, haben sie immer mehr von uns Besitz ergriffen und wir haben sie im Laufe unserer Geschichte sogar oft noch angebetet. Sie hatten sich etwas angeeignet, was ihnen nicht gehört.

Diese zukünftige Generation, wird von all diesen Kräften befreit sein. Auf sie wirken keine Dämonen und Geister.

Sie werden dank der vorigen Generationen von Geburt an göttliches Bewußtsein haben. Selbst die größten und mächtigsten der nichtmaterialisierten Wesen, wie die olympischen Götter, werden keine Macht über sie haben, sondern ihnen gleichgestellt sein. Auf diese Generation werden keine Kräfte unbewußt wirken können, da bei ihnen kein Unterbewußtsein existiert. Sie sind in einem dauerhaft erwachten Bewußtsein und haben die himmlische Sphäre unserer Seele wieder integriert. Es ist eine Zeit, in der es die Zwischenwelt nicht mehr geben wird. Für diese Generation wird keine Scheidewand mehr existieren und alle Geister und Dämonen werden erlöst sein. So heißt es in dem Gedicht „An die Vollendung:"

Vollendung! Vollendung!
O du der Geister heiliges Ziel!

Zum besseren Verständnis eine kurze Zusammenfassung der letzten Strophen, in denen Hölderlin auch unsere Zukunft beschreibt. Der Geist der Schöpfung wird mit all seiner Kraft von oben zu uns Menschen auf die Erde kommen und alles beseitigen, was nicht im Einklang mit ihm ist. Danach wird es eine Zeit geben, in der wir wieder Zugang zu dieser höchsten Sphäre haben. Wir werden uns bewußt werden, daß uns eine göttliche, geistige Kraft innewohnt, die uns mit allem verbindet. Uns wird auf einen Schlag klar werden, daß wir komplett vernebelt waren und wahrscheinlich auch, daß wir dies selbst verursacht haben. Nun wird eine Zeit kommen, in der wir wieder aus innerer allumfassender Liebe handeln und die himmlische Sphäre hier auf der Erde bewußt erleben. Wir festigen sozusagen das Himmlische auf Erden für zukünftige Generationen. In dieser Zeitspanne erlösen wir in uns die letzten Reste von unserem irdischen Schicksal, also von allem, was noch unbewußt in oder auf uns wirkt. Wir leben für einige Zeit in vollkommener Harmonie mit der Natur und anderen Menschen. Doch dann wird eine Generation kommen, die absolut frei und ohne jegliches Karma geboren werden wird.

Kein eitel Ziel entstellt die Göttertriebe,
Ihm winkt umsonst der Wollust Zauberhand,-

So wie aus der Blüte eine Frucht wird und sich den Gesetzen der Natur fügt, werden die Menschen das Göttliche hervorbringen. Sie werden die Harmonie der Schöpfung nicht aus Selbstgefälligkeit oder Selbstverliebtheit verunstalten. Sie werden mit der höheren Dimension unserer Seele verbunden sein. Menschen, die sich selbst in allem und jedem empfinden und fühlen. Alle sind mit ihrer ganzen Umwelt auf das Innigste verbunden und können so gar keine Ich-bezogenen Wünsche und Ziele haben. Jeder wird wieder göttliches Bewußtsein erlangen und somit Zugang zu einem Wissen, das wir uns aus heutiger Sicht nicht vorstellen können. All ihr Tun wird nur noch von der geistigen Kraft unserer Seele bestimmt und sie sind sich vollkommen bewußt, daß sie selbst hier auf der Erde die verkörperte Form des Urstoffes sind. Niemand muß sie zwingen, im Sinne des Göttlichen zu handeln, weil sie ja selbst in einem vollkommenen Einssein sind und somit keine individuellen Wünsche und Vorstellungen verfolgen. Selbst die unerklärliche Macht der Sexualität wirkt auf diese Generation nicht mehr. Interessant ist, daß Hölderlin bei sexueller Begierde nicht von einem Trieb spricht, sondern daß sie von einer „Zauberhand" ausgeführt wird. Schon Platon erklärt uns in seinem Dialog „Symposium" wie Sokrates von der weisen Frau Diotima erklärt bekommt, daß Eros ein Dämon ist. Diotima erklärt Sokrates in diesem Text die Transformation der Liebe in verschiedenen Stufen, bei denen Eros den Menschen durchaus behilflich ist. Er ist Vermittler zwischen uns Menschen und den weisen Göttern. Die zunächst auf körperliche Schönheit beschränkte Liebe wird Schritt für Schritt zu einer geistigen, allumfassenden Liebe, so daß man die Schönheit der Schöpfung in allem sehen kann. Hölderlin sieht voraus, daß eine Generation kommen wird, die alles in sich erlöst hat. Sie haben sozusagen Eros in Liebe transformiert. Er sagt uns auch, daß das, was wir als Sexualität bezeichnen, kein ursprünglicher Trieb in uns ist, sondern von jemandem, in diesem Falle von Eros, ausgeführt wird. Wenn wir wieder in der Sphäre unseres Ursprungs angelangt sind oder besser gesagt, permanenten Zugang zu ihr haben, können keine unerklärlichen Mächte magisch und für uns unbewußt auf uns wirken, sondern nur noch der einzige von Anfang an in uns angelegte Trieb unserer Seele. Sie ist es, aus der wir hervorgingen und von der wir uns eigentlich treiben lassen sollten, um in Harmonie, Liebe und Schönheit unser Leben zu gestalten. Die hier beschriebenen Menschen fühlen keine sexuelle Anziehung zu anderen Personen. Sie empfinden zu allem und jedem eine allumfassende innere Liebe und lassen sich von dieser höchsten Kraft leiten. Der schöpferische Geist ist stärker als alle Mächte, die hier auf der Erde unbewußt auf uns wirken, selbst stärker als die gewaltige Macht sexueller Begierden.

Sein höchster Stolz und seine wärmste Liebe,
Sein Tod, sein Himmel ist das Vaterland.

Wenn wir stolz auf uns selbst sind, so meinen wir damit fast immer, daß wir etwas erreicht oder geleistet haben, was wir uns zuvor gewünscht oder vorgenommen haben. Wir haben bei einer Prüfung eine gute Note geschrieben und sie bestanden oder ein Vater ist stolz auf seinen Sohn, weil dieser in einem Fußballspiel das entscheidende Tor geschossen hat.

Stolz ist hier in unserer Sphäre immer mit dem Bewußtsein von einem eigenen Ich verbunden. Wir haben einen durchaus irdischen Wunsch oder eine bestimmte Vorstellung von etwas, oft auch von uns selbst, und wenn wir uns diesen Wunsch oder diese Vorstellung erfüllen, werden wir uns bewußt, daß wir etwas Besonderes geleistet haben. Oft vergleichen wir uns mit anderen und sind nicht nur stolz, weil wir die Prüfung bestanden haben, sondern weil wir sie besser als andere bestanden haben und sogar viele durchgefallen sind. Der Vater ist sicherlich nicht so stolz auf den Torschützen, wenn das Fußballspiel zehn zu null ausging und fast alle Spieler ein Tor geschossen haben, wie wenn seinem Sohn das entscheidende Siegtor zum eins zu null gelang. Es ist sein Sohn und nicht der seines Nachbarn, dem dieser Erfolg zu verdanken ist. Wenn wir das Wort „Stolz" verwenden, so ist fast immer unsere Ich-Persönlichkeit oder die einer anderen Person damit verbunden. Wir sind stolz auf uns selbst, das heißt, wir unterscheiden uns in dem, auf was wir stolz sind, von vielen anderen. In fast allen Gedichten benützt Hölderlin das Wort „Stolz" für Menschen, die sich über andere überheben wollen. Sie bilden sich so viel auf sich selbst, also ihre eigene Ich-Persönlichkeit, ein, daß sie denken, sie wären etwas Besseres. Ihr Handeln wird von dieser egoistischen Vorstellung bestimmt und macht ihr Ich noch größer. Selbst wenn sie anderen helfen, geschieht dies nicht aus allumfassender Liebe, sondern um sich selbst gut zu fühlen. Hier in diesem Vers jedoch meint Hölderlin eine vollkommen andere Art von Stolz. Die Menschen sind sich bewußt, daß sie das höchste Ziel erreicht haben. Der uns allen innewohnende ursprüngliche Wunsch nach vollkommener Innigkeit und Einheit wurde erfüllt. Sie sind sich bewußt, daß sie es nach zigtausend Jahren wieder geschafft haben, zu ihrem Ursprung zurückzukehren. Jeder einzelne dieser zukünftigen Generationen weiß, daß er nach seinem körperlichen Tod wieder in den Urstoff eingehen wird. Seit ihrer Geburt dürfen sie in einer Union Mystika leben und werden die Fähigkeit haben, ihr göttliches Bewußtsein bis zu ihrem körperlichen Tod nicht wieder durch eigene Wünsche und Vorstellungen zu zerstören. Für Hölderlin ist der höchste Stolz genauso wie die wärmste Liebe keine individuelle Erfahrung, sondern eine Einkehr in die himmlische Sphäre unserer Seele. Er beschreibt uns diese letzte Generation als erleuchtete Menschen. Sie werden, so wie die ersten Menschen, ein Leben voller Harmonie und Liebe führen. Wir Menschen werden wieder in unser ursprüngliches Seyn einkehren und uns voll und ganz von der geistigen Kraft unserer Seele leiten lassen. So wie unser Ich-Bewußtsein irgendwann entstanden ist und uns schrittweise den Zugang zu unserer Seele vernebelt hat, bis hin zu unserer fast vollkommenen Dunkelheit in einer von uns erschaffenen künstlichen Realität, so wird es sich auch wieder auflösen. Die letzten Menschen werden wissen, woher sie gekommen sind oder aus was sie erschaffen wurden und sie werden sich vollkommen bewußt sein, daß sie nach ihrem körperlichen Tod dorthin zurückkehren. Sie werden sich auf ihren Tod freuen und ihn sogar lieben, weil sie wissen, daß sie zu ihrem Ursprung zurückkehren, in die geistige Urkraft unserer Seele, aus der alles erschaffen wurde und die ewig existieren wird. Die letzte Generation wird stolz auf ihren Tod sein, weil wir es nach hunderttausenden Jahren wieder geschafft haben, in die geistige Sphäre der Schöpfung selbst zurückzukehren.

> So jubelt, Siegsbegeisterungen!
> Die keine Lipp in keiner Wonne sang;
> Wir ahndeten – und endlich ist gelungen,
> Was in Aeonen keiner Kraft gelang –
> Vom Grab ersteh'n der alten Väter Heere,
> Der königlichen Enkel sich zu freun;
> Die Himmel kündigen des Staubes Ehre,
> Und zur Vollendung geht die Menschheit ein.

Der große zyklische Kreislauf unserer Menschheitsgeschichte hat sich geschlossen, sämtliche Erfahrungen, die wir im Laufe der Menschheitsgeschichte machten, gehen nun in den Geist der Schöpfung ein. Die erleuchteten ersten Menschen, bzw. deren göttliches Bewußtsein, jubeln angesichts dessen, dass die Nachfahren wieder zu ihrem Ursprung zurückkehren. Aus der geistigen Kraft der Schöpfung wurden wir erschaffen und in sie kehren wir zurück.

5 Paradiesfall und wie wir uns selbst eine vorgestellte Realität erschaffen haben

Paradiesfall

Hölderlin erlebte jenen paradiesischen Zustand, in dem man wieder eins mit allem und jedem ist und beschreibt diesen in vielen Gedichten. Ihm wurde bewußt, daß wir Menschen aus der geistigen Kraft unserer Seele, aus der die ganze Schöpfung hervorging, erschaffen wurden, und daß die ersten Menschen noch vollkommen eins mit diesem Urstoff waren. Anhand der nun folgenden Texte und Gedichte Hölderlins, sowie anderer Schriften wie der Bibel oder dem Tao Te King, werden wir die ursprünglichen Gründe für unser Herausfallen aus dieser Einheit aufzeigen.

Seyn
Seyn – drükt die Verbindung des Subjects und Objects aus.
Wo Subject und Object schlechthin, nicht nur zum Theil vereiniget ist, mithin so vereiniget, daß gar keine Theilung vorgenommen werden kan, ohne das Wesen desjenigen, was getrennt werden soll, zu verlezen, da und sonst nirgends kann von einem Seyn schlechthin die Rede seyn, wie es bei der intellectualen Anschauung der Fall ist. [8]

Hölderlin analysiert das Wort „Seyn" und erkennt, daß man nur dann von „Seyn" sprechen kann, wenn Subjekt und Objekt vollkommen miteinander verschmolzen oder verbunden sind. „Seyn" ist eine Ganzheit, die man nicht teilen kann, ohne sie in ihrem Inhalt oder essentiellem Ursprung zu schädigen.

Hier in unserer Dimension haben wir immer ein Subjekt und ein Objekt. Wenn wir uns zum Beispiel eine schöne Landschaft anschauen, sind wir selbst das Subjekt und die Landschaft ist das Objekt, das angeschaut wird. Es existiert etwas, das man betrachten kann, und jemand, der es betrachtet.

Bei allem, was wir tun oder sehen, muß etwas existieren, das wir tun oder betrachten können. Selbst wenn wir denken, muß es etwas geben, an das wir denken können. Die Basis für all unsere Handlungen, all unser Denken und für alles was wir sehen, ist, daß Subjekt und Objekt existieren. Dies gilt nicht nur für uns Menschen, sondern auch für viele Vorgänge in der Natur. „Ein Baum trägt Früchte" oder „die Sonne scheint auf den See" sind typische Beispiele dafür, daß auch hier Subjekt und Objekt notwendig sind.

Aber dieses Seyn muß nicht mit der Identität verwechselt werden. Wenn ich sage: Ich bin Ich, so ist das Subject (Ich) und das Object (Ich) nicht so vereiniget, daß gar keine Trennung vorgenommen werden kann, ohne, das Wesen desjenigen, was getrennt werden soll, zu verlezen; im Gegenteil das Ich ist nur durch diese Trennung des Ichs vom Ich möglich. Wie kann ich sagen: Ich! ohne Selbstbewußtseyn? Wie ist aber Selbstbewußtseyn möglich? Dadurch daß ich mich mir selbst entgegenseze, mich von mir selbst trenne, aber ungeachtet dieser Trennung mich im entgegengesezten als dasselbe erkenne. Aber in wieferne als dasselbe? Ich kann, ich muß so fragen; denn in einer andern Rüksicht ist es sich entgegengesezt. Also ist die Identität keine Vereinigung des Objects und Subjects, die schlechthin stattfände, also ist die Identität nicht = dem absoluten Seyn.[9]

Sobald wir uns bewußt sind, daß wir als Individuum existieren, geschieht eine Trennung vom absoluten Seyn. Wenn wir uns selbst betrachten oder über uns nachdenken, so muß es notwendigerweise jemanden geben, der angeschaut oder über den nachgedacht wird und jemanden, der anschaut oder nachdenkt. Sobald wir uns über unsere Existenz als individuelle Person bewußt sind oder anders gesagt, die Fähigkeit haben, unser eigenes Ich zu beobachten, sind wir nicht mehr in unserem eigentlichen Seyn. Wir werden zum Beobachter und gleichzeitig zum Objekt, das beobachtet wird. Trennung und Gegenüberstellung finden statt und das ursprüngliche oder absolute Seyn wird in Subjekt und Objekt geteilt. Heute verwenden wir das Wort Seyn, ohne uns über seine eigentliche Bedeutung bewußt zu sein. Wenn wir z.B. sagen „ich bin groß" so beobachten wir uns selbst und werden im Sinne Hölderlins gleichzeitig zu Subjekt und Objekt, teilen uns also in unserem Sein und vergleichen uns zusätzlich mit anderen Menschen. Dadurch, daß wir unser Ich erkennen und benennen, teilen wir uns in unserer ursprünglichen Ganzheit unseres Seins. Wir teilen uns nicht nur in uns selbst, sondern vergleichen uns in diesem Beispiel auch mit anderen Menschen und sondern uns von ihnen ab. Wir können uns ja nur als groß ansehen, weil es Menschen gibt, die kleiner sind als wir. Wenn ich sage: „ich bin glücklich", so kann ich diesen Satz nur sagen, weil ich auch schon traurig oder verzweifelt war. Normalerweise verbinden wir dieses „ich bin" mit einer bestimmten Vorstellung von uns selbst. Wir sehen uns selbst als großzügig, glücklich, intelligent, reich oder als einen guten Arzt oder Lehrer. Es gibt auch Menschen, die ein sehr schlechtes Bild von sich selbst haben. Sie sehen sich als eine Person, die nie Glück haben wird und bei der alles schief geht oder sie denken, daß sie weniger wert sind als andere. Auch wenn wir ein unterschiedliches Bewußtsein von uns selbst haben, so ist dieses dennoch bei fast allen Menschen auf unsere irdische Existenz als Mensch beschränkt. Das Bild, das wir von uns selbst haben, ist eine Vielfalt von Eigenschaften, die uns von anderen Personen unterscheidet. Über die Vorstellung, die wir von uns selbst haben, trennen wir uns von anderen Menschen. Wir teilen die Ganzheit des Seyns in kleinere Teile. Hölderlin beschreibt uns in diesem Text den ursprünglichen Beginn dieser Teilung. Schon dadurch, daß wir uns selbst betrachten können, wird das göttliche Seyn geteilt. Selbst Menschen, die spirituell so weit sind, daß sie keine Vorstellungen von sich selbst haben und sich von ihrer allumfassenden Liebe leiten lassen, sind in unserer polaren Dimension nicht in der vollkommenen Ganzheit des eigentlichen Seyns. Sie haben sich zwar, soweit es für uns Menschen möglich ist, an dieses Seyn angenähert, aber es gibt immer noch jemanden, der sich selbst betrachten oder die Schönheit der Natur bewundern kann.

Bei seinen Erleuchtungserlebnissen, die Hölderlin in der geistigen Sphäre unserer Seele macht, löst sich sein Ich-Bewußtsein für Momente vollständig auf, so daß Subjekt und Objekt nicht mehr getrennt sind. Er fühlt sich in allem und jedem und alles ist auch in ihm. Doch er wird sich bewußt, daß er nicht in jener Dimension des ursprünglichen Seyns bleiben kann, sondern daß es sein Schicksal ist, wieder in unsere polare Dimension und somit auch zu uns Menschen zurückzukehren.

Aus Hyperion:
Denn am Anfang war der Mensch und seine Götter Eins,
da sich selber unbekannt, die ewige Schönheit war.

Für Hölderlin hatten die ersten Menschen noch kein Ich-Bewußtsein, sondern waren voll und ganz in der Dimension unserer Seele. In ihrem Geist fand kein individuelles Denken statt, sondern sie waren eins mit dem göttlichen Geist der Schöpfung. Die Menschen lebten in einer vollkommenen Einheit mit den ursprünglichen Göttern und ließen sich ganz von ihrer Seele leiten. Sie hatten nicht nur für Momente oder ein paar Stunden göttliches Bewußtsein, sondern sie waren selbst dieses Bewußtsein und somit auch die ganze Kraft des schöpferischen Geistes, weil sie auf das Innigste mit ihm vereint waren. Trotzdem benutzten sie diese für uns heute unvorstellbare Kraft nicht für eigene Zwecke. Es existierte noch gar kein Ich, das einen individuellen Wunsch und egoistische Ziele haben konnte. Sie waren in einem noch höheren Seins-Zustand als dem, den Hölderlin in seinen Erleuchtungserlebnissen erfahren durfte. In dieser göttlichen Sphäre ist er so stark von der Energie, um es mit heutigen Worten zu beschreiben, der geistigen Sphäre unserer Seele durchdrungen, daß er sowohl geistig wie körperlich eine vollständige Innigkeit oder ein Einssein zu allem verspürt. Auch innerlich ist er voll und ganz mit jedem und allem verbunden, weil er in diesen Momenten seinen innersten Kern selbst erlebt. Die ersten Menschen konnten nicht, so wie Hölderlin, in eine untere unbewußte verdunkelte Sphäre einreisen, da diese Sphäre zu Beginn der Menschheitsgeschichte noch gar nicht existierte. Ob die ersten Menschen einen materialisierten Körper hatten, so wie wir ihn heute kennen oder rein geistiger Natur waren, also nichtmaterialisierte Wesen so wie die Götter, erklärt uns Hölderlin in seinen Gedichten nicht. Sie waren selbst wie die ewige Schönheit… und genauso sah Hölderlin unsere Seele! Während seinen Erleuchtungserlebnissen hat Hölderlin Zugang zu seiner Seele und ist auf gleicher Höhe wie die Götter. Hier sagt er uns, daß die ersten Menschen noch eins mit ihren Göttern waren. Diesen Zusammenhang wird in diesem Buch anhand des Gedichts „Friedensfeier" noch näher erklärt. Die ersten Menschen waren noch in sich als auch mit allem anderen in einer vollkommenen Einheit.

Es existierte noch kein Ich, das mit einem anderen Ich hätte streiten können. Sie lebten in vollkommener Harmonie und Freiheit und befanden sich in einem paradiesischen Zustand.

Aus Hyperion:
Das erste Kind der menschlichen, der göttlichen Schönheit ist die Kunst. In ihr verjüngt und wiederholt der göttliche Mensch sich selbst. Er will sich selber fühlen, darum stellt er seine Schönheit gegenüber sich.

Mit der schöpferischen Kraft ihrer Seele fingen die Menschen selbst an, geistige oder gegenständliche Werke herzustellen. Alles wurde aus einer geistigen Urkraft erschaffen, die weiterhin allem innewohnt und somit ist alles Erschaffene auch wieder selbst schöpferisch. Die ersten Menschen hatten noch direkten Zugang zu der geistigen Kraft der Schöpfung und ließen sich von ihr bei ihren künstlerischen Werken leiten. Für Hölderlin war dies ein natürlicher Vorgang, so wie eine Mutter ein Kind gebiert. Die Menschen erschufen etwas Neues, in dem sie sich selbst wiedererkennen konnten. Sie stellten sich selbst etwas gegenüber und konnten es nun betrachten. Hölderlin beschreibt uns hier, daß die ursprüngliche Entstehung unseres Ich-Bewußtseins über die Kunst geschah. Diese erste Trennung von einem vollkommenen Seyn in Subjekt und Objekt geschah im Einklang mit unserer Seele und somit dem himmlischen Willen. Die geistige Kraft unserer Seele wollte, daß wir ein Ich haben und schöpferisch sind. Nun konnten die Menschen sich selbst sowie das von ihnen Erschaffene betrachten. Sie konnten sich jetzt in ihren eigenen individuellen Zuständen wahrnehmen und selbst etwas spüren, wenn sie etwas in die Hand nahmen oder berührten. Jetzt war es ihnen möglich, sich an den von ihnen individuell selbst erschaffenen Werken zu erfreuen. Es gab nun jemanden, der von sich sagen konnte „das habe ich erschaffen" und der über das von ihm Erschaffene sich seiner selbst bewußt werden konnte. Wenn ein großer Künstler etwas erschafft, so sagen wir auch heute noch, daß etwas aus ihm spricht. Oft wissen Künstler nicht, woher sie die Idee hatten oder wie es dazu kam, daß sie dieses Bild gemalt oder jene Musik komponiert haben. Es gibt hierfür genügend Beispiele. Sie ließen sich von ihrer inneren Intuition leiten oder waren vielleicht nur das Werkzeug der göttlichen Schöpfung. Hörten Mozart oder Beethoven die Musik und schrieben sie dann nieder? Auch wenn über die Kunst die erste Trennung geschah, ist sie für Hölderlin dennoch etwas, wodurch Göttliches und Menschliches geboren wird. Göttliche Schönheit wird über künstlerisch begabte Menschen offenbart. Der Künstler hört oder sieht seine innere Stimme und gibt sie für uns hör- oder sichtbar wieder. Es gibt Kunstwerke, die fast alle Menschen, selbst nach Jahrhunderten, innerlich ansprechen und bewegen. Über die Kunst wird die Schönheit der geistigen göttlichen Sphäre in unserer Dimension real Gestalt.

Aus Hyperion:
Ich spreche Mysterien, aber sie sind.

Für Hölderlin waren die ersten Menschen erleuchtet und noch so innig mit der geistigen Kraft der Schöpfung verbunden, daß sie noch kein Bewußtsein von einem eigenen Ich hatten. Das heißt aber nicht, daß sie kein Bewußtsein hatten, im Gegenteil, ihr Bewußtsein war umfassender und viel höher als unseres in der heutigen Zeit. Sie waren in ihrem ursprünglichen Seyn, oder, anders gesagt in der reinen geistigen Dimension unserer Seele. Es existierte noch keine Trennung von Subjekt und Objekt und somit kein individuelles Bewußtsein, sondern ein allumfassendes. Vor allem in seinen jungen Jahren wurde Hölderlin des Öfteren Einblick in diese höhere Dimension erlaubt und er weiß deshalb, daß er die Wahrheit spricht, auch wenn sie für uns noch so verwunderlich klingen mag. Das, was Hölderlin in seinen Gedichten und Texten mitteilt, können wir mit unserem logischen Verstand nicht erfassen. Er sieht eine zyklische, mystische Welt, in der alles selbst lebendig und miteinander verwebt ist. Unsere materialisierte Dimension ist ein momentanes Abbild der geistigen Welten und keine lineare Entwicklung über Evolution. Für ihn existiert eine ewige geistige Kraft der Schöpfung, von der alles ausgeht und die allem innewohnt. Hölderlin war sich vollkommen bewußt, daß seine Textinhalte für die meisten Menschen unbegreiflich sind.

Deshalb will er uns in seinen Gedichten innerlich ansprechen und auf eine Reise mitnehmen. Wir sollen beim Lesen und Sprechen seiner Gedichte den ihnen innewohnenden Klang der höheren Sphäre in uns spüren, so daß wir vielleicht für Momente die Dimension unserer Seele selbst erleben. Wir können den Inhalt seiner Gedichte nicht wissenschaftlich beweisen, da wissenschaftliche Erkenntnisse sich auf eine Dimension beschränken, in der alles zu Materie verdichtet und an Raum und Zeit gebunden ist. Unsere angelernten wissenschaftlichen Erkenntnisse erklären uns nur die unterste Stufe des Universums, also diejenige, in der alles zu Materie verdichtet ist.

Aus Hyperion:
Der Schönheit zweite Tochter ist Religion. Religion ist Liebe der Schönheit. Der Weise liebt sie selbst, die Unendliche, die Allumfassende; das Volk liebt ihre Kinder, die Götter, die in mannigfaltigen Gestalten ihm erscheinen.

Im Laufe der Zeit hatten immer weniger Menschen Zugang zu dem Wissen der ersten Menschen. Nur Weise wissen noch, daß alles aus einem ursprünglichen schöpferischen Geist erschaffen wurde und spüren in sich die ursprüngliche Schöpferkraft, die allem innewohnt, und lieben diese und nicht, was aus ihr hervorgegangen ist. Menschen, die dieses intuitive und ursprüngliche Wissen noch haben, bezeichnet Hölderlin als Weise. Sie sehen die Schönheit der Schöpfung an sich und lieben sie. Die große Mehrheit der Menschen verlor im Laufe der Zeit das Bewußtsein, daß ihnen selbst die unermeßliche Kraft der Schöpfung innewohnt. Sie waren nun nicht mehr eins mit ihren Göttern, sondern die Götter existierten als eigenständige Wesenheiten, denen die Menschen übernatürliche Kräfte zuschrieben. Sie wurden von fast allen Menschen geliebt und auch verehrt. Hier beschreibt uns Hölderlin die Götter als Kinder des Allumfassenden. Sie gingen genauso wie wir aus der geistigen Sphäre der Schöpfung hervor und sind weiterhin mit dieser verbunden. Diese geistigen ursprünglichen Wesen sind so etwas wie der ausführende Arm des Urgeistes der Schöpfung oder anders gesagt, unserer Seele. Sie erscheinen dem normalen Volk in vielfältiger Gestalt. Was uns Hölderlin hiermit sagen will, ist sehr schwer zu verstehen. So wie wir haben auch rein geistige Wesen ihre Launen und verschiedene Gesichter.

Die Menschen fingen z.B. im alten Griechenland damit an, Zeus, Apollon, Dionysos, Athene, Aphrodite oder die anderen olympischen Götter anzubeten und zu verehren. Oft war dies auch mit verschiedenen Wünschen verbunden, für deren Erfüllung die Menschen ihnen im Gegenzug Opfer darboten. Je nach Wunsch oder Situation konnte dieselbe Gottheit mit einem anderen Gesicht erscheinen. Die Menschen assoziierten mit jedem der zwölf olympischen Götter ein bestimmtes Thema oder eine bestimmte überirdische Kraft. Wenn es um das Thema Liebe ging, riefen sie Aphrodite an und opferten ihr etwas. So wie es unzählbare Varianten von Liebe gibt, so hat auch Aphrodite, hier ist nicht Aphrodite Urania gemeint, unzählbare verschiedene Gesichter. Sie repräsentiert all die Aspekte von irdischer Liebe, die wir Menschen grundsätzlich in uns haben. Den Menschen erschienen also nicht nur je nach Themenbereich die zwölf olympischen Götter, sondern auch diese wiederum in verschiedener Gestalt.

Nachdem über die Kunst unser Ich-Bewußtsein entstanden ist und dadurch unser ursprüngliches Seyn in Subjekt und Objekt, bzw. in Ich und alles was nicht Ich ist, geteilt wurde, fand über die Religion eine weitere Trennung von unserem Seyn statt. Die Entstehung unseres Ichs ist die Basis dafür, daß wir uns überhaupt im Laufe von tausenden Jahren immer weiter von unserem Ursprung entfernen konnten.

Die zweite Trennung, die wir selbst bewirkten, geschah über die Religion. Die Menschen führten die Schönheit der Schöpfung und die Liebe, die sie zu ihr hatten, auf die Götter zurück. Sie glaubten an die Götter und liebten sie. Bis auf wenige weise Menschen vergaßen wir, daß alles aus der Einheit eines schöpferischen Geistes entstanden ist. Die Weisen sehen die Anmut und Größe der Schöpfung selbst. Sie erkennen in der Natur die Ewigkeit des schöpferischen Geistes. Sie wissen, daß uns diese allumfassende Kraft innewohnt und wir selbst göttlich sind. Die meisten Menschen jedoch lieben und verehren die übernatürlichen Wesenheiten, die als ausführende Kräfte wirken, und nicht mehr die Schöpfung an sich. Es gab noch keine Glaubensgemeinschaften mit all ihren Regeln und Vorschriften, sondern die Menschen suchten den direkten Kontakt zu den Göttern. Sie waren sich noch bewußt, daß diese geistigen Wesen existieren und hier auf der Erde wirken.

Für Hölderlin geschahen diese beiden ersten Trennungen von unserem ursprünglichen Seyn natürlich und in Harmonie. Wir Menschen haben angefangen, selbst etwas zu erschaffen und an die vielfältigen Kräfte der Schöpfung zu glauben. Beides geschah aus Liebe und beide Trennungen werden von Hölderlin als Kinder der Schönheit bezeichnet. Damit will er uns sagen, daß die von uns erschaffene Kunst und der entstandene Glaube an die Götter noch im Einklang mit dem Willen des Himmels waren. Die Menschen waren nun zwar nicht mehr in einer vollkommenen Einheit, aber dafür gab es jetzt jemanden, der die Schönheit der gestaltgewordenen Schöpfung betrachten konnte und dem es ermöglicht wurde, sie in unserer materialisierten Dimension weiterzuführen. Auch wenn jetzt fast alle Menschen „nur" Zugang zu den ausführenden Kräften des ursprünglichen Geistes der Schöpfung hatten, also nicht mehr zu ihrer Seele selbst, handelten sie dennoch aus Liebe und erkannten die Schönheit der Schöpfung. Sie erschufen den Göttern wunderschöne Gebäude und Skulpturen. Hölderlin beschreibt uns den Paradiesfall in einzelnen Stufen und die zwei ersten Stufen dieses Herunterkommens könnte man noch als ein friedvolles Hinabsteigen bezeichnen, das von uns vollzogen wurde. Er definiert Religion als „Liebe der Schönheit." Wenn wir uns auf diese wunderschöne Definition beschränkt hätten, so hätte es sicherlich keine Glaubenskriege gegeben.

Urtheil
Urtheil ist im höchsten und strengsten Sinne die ursprüngliche Trennung des in der intellectualen Anschauung innigst vereinigten Objects und Subjects, diejenige Trennung, wodurch erst Object und Subject möglich wird, die Ur=Theilung. In den Begriffen der Theilung liegt schon der Begriff der gegenseitigen Beziehung des Objects und Subjects aufeinander, und die nothwendige Voraussezung eines Ganzen wovon Object und Subject die Theile sind. „Ich bin Ich" ist das

passendste Beispiel zu diesem Begriffe der Urtheilung, als Theoretischer Urtheilung, denn in der praktischen Urtheilung sezt es sich dem Nichtich, nicht sich selbst entgegen. [10]

Hölderlin erklärt uns in diesem Text, daß die Entstehung des Ich-Bewußtseins zugleich eine ursprüngliche Theilung war. Wenn jemand „ich bin ich" sagt, so ist er sich notwendigerweise bewußt, daß er als eine individuelle Person existiert. Er betrachtet sich selbst und ist somit das betrachtete Objekt und gleichzeitig das Subjekt, das die Betrachtung ausführt. So teilen wir eigentlich unsere ursprüngliche Ganzheit unseres Seyns in Subjekt und Objekt. In der alltäglichen Anwendung sind wir uns dieses Vorgangs nicht bewußt. Wenn wir „ich bin ich" sagen, so meinen wir damit nicht, daß wir nicht mehr eins mit dem Urstoff sind, sondern, daß wir uns von anderen Personen unterscheiden. Wir beurtheilen uns selbst und auch andere Personen. Wenn wir „Ich sehe meine Mutter" sagen, so teilen wir die ursprüngliche Ganzheit mehrfach. Zum einen in uns selbst, weil es unser Ich ist, das die Mutter sieht und zum andern trennen wir uns von unserer Mutter. Auch sie existiert als eine eigenständige Person. Allein dadurch, daß es jemanden gibt der sieht, und jemanden der gesehen wird, also daß zwei voneinander getrennte Personen existieren, muß davor notwendigerweise ein Ganzes existiert haben. Die Person sieht sich von ihrer Mutter getrennt und diese wiederum von ihrem ursprünglichen Seyn. Man kann ja nichts voneinander trennen, was vorher nicht zusammen war.

Wenn jemand z.B. sagt: „Ich bin zu dem Urtheil gelangt, daß ich heute zuhause bleibe und mir einen Film anschaue", dann trennt er sich zum einen von Personen, die vielleicht tanzen gehen und ihn dazu eingeladen habe, und zum andern entscheidet er sich dafür, einen Film anzuschauen.

Auch hier urtheilt er über verschiedene Möglichkeiten und entschließt sich, einen Film anzuschauen und kein Fußballspiel. Immer, wenn man zu einem Urtheil gelangt, teilt man etwas. Wir analysieren und bilden uns dann eine Meinung zu dem, über das wir nachgedacht haben. Bleiben wir bei unserem Beispiel. Eine Person frägt sich, wie sie den heutigen Abend verbringen soll. Zunächst existiert nur der Abend an sich. Er enthält unzählige Möglichkeiten. Dann fängt der Verstand an, die verschiedenen Optionen in Erwägung zu ziehen. Die Person sieht sich beim Tanzen, beim Italiener eine Pizza essen, oder zuhause einen Film anschauen. Der Abend wird gedanklich in verschiedene Möglichkeiten aufgeteilt, bevor derjenige oder diejenige einen Entschluß fasst.

An diesem alltäglichen Beispiel sieht man, daß wir mit unserem Verstand ständig etwas teilen oder voneinander trennen. Wenn wir ein Urtheil fällen, so trennen wir das, für das wir uns letztendlich entscheiden, von allen anderen Möglichkeiten. In unserem täglichen Leben urtheilen wir sehr oft ohne uns dessen bewußt zu sein. Wir haben Hunger und spielen in Gedanken die verschiedenen Möglichkeiten durch, was wir kochen könnten. Mit unserem Verstand erschaffen wir uns zunächst einmal vielfältige Optionen, um uns dann für eine zu entscheiden. Wenn wir auf unsere innere Stimme hören würden, meist ist dies unser erster innerer Impuls, so würden die verschiedenen Möglichkeiten gedanklich gar nicht aufkommen und wir müssten somit auch nicht über sie urtheilen.

In seinen Schriften über Urtheil und Seyn erklärt uns Hölderlin, daß nur dadurch, daß sich das Ganze geteilt hat, also eine Ur-Theilung geschah, wir überhaupt als individuelle Menschen mit einem Ich existieren konnten und können. Immer dann, wenn wir über etwas urtheilen oder zu einem Urtheil gelangen, trennen wir uns von unserem eigentlichen Seyn, also von der Dimension unserer Seele, in der wir noch eins mit allem und jedem waren und innerlich auch immer noch sind. In den nun folgenden Texten und Versen erklärt Hölderlin unseren eigentlichen Paradiesfall, den wir selbst verschuldet haben.

Hymne an die Freiheit

Keck erhub sich des Gesetzes Rute,
Nachzubilden, was die Liebe schuf;
Ach! gegeißelt von dem Übermute
Fühlte keiner göttlichen Beruf;

Anstatt sich von der ihnen innewohnenden geistigen Kraft, unserer Seele, leiten zu lassen, haben die Menschen angefangen eigene Gesetze zu machen. Sie ließen sich nicht mehr von ihren intuitiven Empfindungen leiten, über die sie weiterhin Zugang zu dieser höheren Sphäre gehabt hätten, sondern begannen nach Regeln und Vorschriften zu leben und verloren so ihre ursprüngliche Freiheit. Die Menschen hatten jetzt nicht nur ein Bewußtsein von einem eigenen Ich und urtheilten über alltägliche Dinge, sondern stellten Richtlinien auf, die von nun an bestimmten, was richtig ist und was falsch ist. Moralische und religiöse Gebote mußten eingehalten werden. Wer sie nicht befolgte, wurde bestraft und oftmals sogar getötet.

Jedes Urtheil, das wir mit unserem Ich-Bewußtsein fällen, trennt uns, so erklärt es uns Hölderlin in seinem Text „Urtheil," von unserem eigentlichen Seyn. Seit es Gesetze und Vorschriften gibt, können wir über vieles nicht mehr selbst urtheilen und noch viel weniger aus innerlicher Intuition und somit im Einklang mit dem himmlischen Willen handeln. Die Menschen fingen an, unabhängig von der kosmischen Ordnung, unzählige Regeln zu erlassen.

Sie wollten selbst bestimmen, was richtig oder falsch und was gut oder böse ist. Jetzt hatten wir nicht einmal die Möglichkeit, selbst ein Urtheil zu fällen und den Fehler zu begehen, nicht auf unsere innere Stimme zu hören, sondern es wurde uns gesagt, wie wir zu urtheilen hätten. Hölderlin sagt uns hier, daß wir Menschen so stolz auf unser eigenes Bewußtsein, auf unsere eigene Stärke waren, daß wir uns damit selbst bestraften. Sitten, Gebräuche und Traditionen wurden starr und verpflichtend. Heilige Rituale verkamen zu künstlichen geregelten Abläufen, die man einhalten mußte, um nicht bestraft oder ausgeschlossen zu werden.

Vieles wird von den meisten Philosophen und Geschichtsschreibern mißverstanden. Viele denken, daß wir uns nur dadurch, daß wir uns von den höheren Kräften und somit von einem scheinbaren Aberglauben an die Götter oder an Gott befreit haben, selbst bestimmen konnten. Das Gegenteil ist der Fall. Unsere Seele ist die höchste kosmische Kraft, aus der wir selbst sowie auch die Götter erschaffen wurden. Sie ist es, aus der die ganze kosmische Ordnung und Harmonie erschaffen wurde und aus der ständig neues im Sinne dieser erschaffen wird. Wir haben den Urstoff selbst in uns und fingen trotzdem vor tausenden Jahren damit an, uns selbst Vorschriften und Gesetze aufzuerlegen, anstatt einfach auf unsere innere Stimme zu hören. Hölderlin beschreibt uns keine Götter, die uns Vorschriften machen, sondern erklärt uns, daß wir die unermeßliche Kraft des schöpferischen Geistes selbst in uns haben und den Zugang zu dieser geistigen Dimension wieder finden müssen, um so ein freies Leben in Harmonie führen zu können. Die Götter sind die höchsten ausführenden Gehilfen der Schöpfung und deshalb wirken sie auf und in uns als archetypische Kräfte. Mit all den von uns erfundenen Gesetzen und Moralvorschriften haben wir uns nicht emanzipiert, sondern uns von uns selbst entfremdet und uns versklavt. Wir haben sowohl die Götter als auch unsere Seele in unser Unterbewußtsein verdrängt und uns so in unserer ursprünglichen Ganzheit geteilt.

Jedem Gesetz geht ein Urtheil voraus. Es wird festgelegt, was man tun darf und was verboten ist. Wir legen nach selbstgemachten Vorstellungen selbst fest, was gut und was böse ist. Jedes Volk denkt, daß es die richtige Vorstellung davon hat, wie unser Zusammenleben als Mensch auszusehen hat und urtheilt über andere Völker oder andere Kulturen. Bei jedem verpflichtenden Gesetz, das wir erfanden, sind wir in uns geteilt worden. Wir haben sozusagen eine Ur-Theilung ausgesprochen! Und dann noch andere dazu gezwungen, daß sie auch ihre Ganzheit aufgeben und ihre Seele verdrängen. Heute haben wir so viele Gesetze und Regeln, daß wir oft gar nicht die Möglichkeit haben, aus unserem Empfinden zu handeln und dieses zu üben, um so unsere eigentliche göttliche Berufung zu finden.

Hymne an die Freiheit

Als die Liebe noch im Schäferkleide
Mit der Unschuld unter Blumen ging,
Und der Erdensohn in Ruh' und Freude
Der Natur am Mutterbusen hing,
Nicht der Übermut auf Richterstühlen
Blind und fürchterlich das Band zerriß;
Tauscht' ich gerne mit der Götter Spielen
Meiner Kinder stilles Paradies.

In den ersten Versen beschreibt uns Hölderlin unseren ursprünglichen Zustand. Er unterscheidet hier nicht, ob die Menschen ein eigenes Bewußtsein von sich selbst hatten oder in einer vollkommenen Einheit mit unserer Seele waren und somit göttliches Bewußtsein hatten. Sie lebten in Harmonie und Frieden mit der kosmischen Ordnung und spürten die allumfassende Kraft unserer Seele in sich selbst und die innige Verbindung, die sie zu allem und jedem hatten. Hölderlin beschreibt uns hier eine Zeit, in der die Menschen sich noch vollständig von der Kraft des schöpferischen Geistes leiten ließen. Für sie war die Natur mit all den ihr innewohnenden Kräften und Gesetzen wie eine Mutter, von der sie ernährt und beschützt wurden. Für die ersten Menschen gab es noch kein gut oder böse, sondern nur unterschiedliche Kräfte, die ursprünglich hier auf der Erde wirken. Sie hatten noch nichts getan, was ihnen den Zugang zu ihrer Seele verwehrt hätte. Viele waren vielleicht noch in einem erleuchteten Zustand und somit dauerhaft mit der geistigen Kraft der Schöpfung verbunden und andere wahrscheinlich mehr in ihrem Ich-Bewußtsein, also selbst nicht mehr in dieser höchsten Dimension. Aber auch sie hatten noch Zugang zu ihrer Seele und ließen sich von ihr leiten.

Wenn Hölderlin die Wahl hätte, ob er in der Welt der ersten Menschen leben könnte oder in der Welt der Götter, so würde er den paradiesischen Zustand der ersten Menschen bevorzugen. In dem Gedicht „Hymne an die Freiheit" sagt uns Hölderlin in der ersten Strophe, daß er in der höheren Sphäre unserer Seele ist. „Über Wahn und Stolz emporzuschweben, süßer unaussprechlicher Genuß". In dieser höheren Dimension erklärt ihm die Schöpfergöttin Urania, wie wir Menschen selbst die Verbindung zu unserer Seele zerstört oder getrennt haben. Aus Übermut, das heißt aus Leichtsinn, aus Überschwänglichkeit und aus Überheblichkeit haben wir selbst angefangen zu ur-theilen. Die Menschen dachten von sich, daß sie selbst entscheiden könnten, was richtig oder falsch ist. Hölderlin erklärt uns, daß Mut aus allumfassender Liebe geboren wird. Die göttliche Kraft unserer Seele hilft uns, die schlimmsten Gefahren zu überleben. Wenn man aber zu mutig ist, so überschätzt man sich oft in seinen Handlungen und wird überheblich. Die Menschen fühlten sich so groß und mächtig, daß sie ihre eigenen Spielregeln schufen. Sie fingen damit an, andere zu bestrafen, wenn sie diese nicht einhielten. Die Überheblichkeit führte dazu, daß sie sich nicht mehr an die kosmischen, von Natur aus gegebenen Regeln hielten, sondern sich mit hunderten erfundenen Vorschriften und Gesetzen ihre eigene Welt erschufen. Das Problem ist nur, daß die ewige Dimension unserer Seele unser innerster Kern ist und uns somit auch eine kosmische Ordnung innewohnt. Mit all unseren Moralvorschriften und Gesetzen von Staat und Ordnung haben wir uns nicht nur über andere Menschen erhoben, sondern auch über uns selbst. Wir haben den Verstand unseres Ich-Bewußtseins über das uns innewohnende göttliche Bewußtsein gestellt und dieses unterdrückt und verdrängt. Die ursprüngliche Kraft allumfassender Liebe, von der die ersten Menschen geleitet wurden und die ihr Zugang zu einer höheren geistigen Dimension war, wurde durch eigenes Denken und Werten ersetzt. Ganz am Anfang gab es nur die allumfassende, schöpferische und geistige Kraft unserer Seele. Immer wieder beschreibt uns Hölderlin diese Dimension als allumfassende Liebe. Wenn er in dieser Dimension ist, so ist er eins mit allem und jedem und erlangt göttliches Bewußtsein. Nur hier fühlt er sich ganz und in seinem ursprünglichen vollkommenen Seyn.

Dadurch, daß wir angefangen haben zu richten und zu urtheilen, haben wir die ursprüngliche allumfassende Liebe in uns und somit auch für die von uns erschaffene Welt geteilt. In der höheren Dimension gibt es keine andere Kraft als diejenige, die alles in sich vereint und aus der alles wieder geboren wird. Hölderlin nennt sie Liebe, Schönheit und Freiheit. Wir mussten notwendigerweise aus dieser Dimension herunterfallen, als wir damit anfingen, Gut und Böse zu definieren. In jener Dimension gibt es kein Gut und Böse und kein Richtig oder Falsch, sondern alles was lebt, ist in einem Zustand eines vollkommenen Eins-Seyns.

In der himmlischen Sphäre sind hell und dunkel sowie die von uns erschaffenen spaltenden Gegensätze von Gut und Böse wieder vereint. Hölderlin erklärt uns in mehreren Gedichten, daß in dieser geistigen Sphäre der Ewigkeit selbst die Sterne stillstehen. Für Momente ist er frei von allen polaren Kräften, die hier in unserer irdischen Dimension auf uns wirken. Alles, was auf uns wirkt, ist an Zeit und Ort gebunden und er durfte schon in jungen Jahren einen Blick in eine Dimension werfen, in der es weder Zeit noch Ort gibt und diese für Momente erleben.

So schreibt Hölderlin in seinem Roman Hyperion:

Aus: Hyperion
Das große Wort, das ενδιαφερονεαυτω (das Eine in sich selber unterschiedne) des Heraklit, das konnte nur ein Grieche finden, denn es ist das Wesen der Schönheit, und ehe das gefunden war, gabs keine Philosophie. Nun konnte man bestimmen, das Ganze war da. Die Blume war gereift; man konnte nun zergliedern. Der Moment der Schönheit war nun kund geworden unter den Menschen, war da im Leben und Geiste, das Unendlicheinige war. Man konnt es aus einander setzen, zerteilen im Geiste, konnte das Geteilte neu zusammendenken, konnte so das Wesen des Höchsten und Besten mehr und mehr erkennen und das Erkannte zum Gesetze geben in den Geist mannigfaltiger Gebieten.

Aufgrund der uns innewohnenden schöpferischen Kraft fingen wir über die Kunst an, selbst etwas zu gestalten und zu kreieren. Dadurch haben wir uns in unserem ursprünglichen Eins-Seyn geteilt und unser Bewußtsein von unserem eigenen Ich selbst erschaffen. Dieser natürliche Vorgang fand auch in der Natur statt. Der Urstoff hat sich auch in sich selbst geteilt, so daß aus ihm Sonnen, Planeten und auch die Erde erschaffen wurden. Hölderlin erklärt uns in vielen Texten und Gedichten, daß die geistige Urkraft der Schöpfung weiterhin in allem vorhanden ist, so daß alles Erschaffene von Natur aus wiederum selbst schöpferisch ist. Unserer Erde wohnt der schöpferische Geist inne und deshalb kann sie wiederum Berge, Flüsse, Pflanzen oder, wie in diesem Fall, eine Blume erschaffen. Der geistige Urstoff hat sich so weit in sich selbst geteilt, daß daraus irgendwann eine Blume wurde. So wie wir uns Kunstwerke gegenüberstellten, um unsere innere Schönheit, die uns innewohnende ursprüngliche, schöpferische, himmlische Sphäre in unserer Dimension Gestalt werden zu lassen, so hat auch der göttliche Urstoff sich selbst eine Form gegeben. Deshalb ist die ganze Natur göttlich und in vielen Gedichten meint Hölderlin das Göttliche an sich, wenn er von Natur spricht. Wie wir im Kleinen in unserer materialisierten Dimension etwas erschaffen, erschafft der ursprüngliche Geist der Schöpfung ganze Universen, die selbst wiederum lebendig und schöpferisch sind. Es liegt in unserer Natur, ständig etwas zu erschaffen und aus uns herauszugehen, weil unser innerster Kern die Schöpfung selbst ist. Diesen Zusammenhang werden wir anhand einer theoretischen Schrift Hölderlins, in der er die Phänomenologie des Geistes der Dichter (Verfahrensweise des poetischen Geistes) beschreibt, noch näher erklären. Nur dadurch, daß wir uns in uns selbst geteilt haben und somit unser Ich-Bewußtsein entstand, und dadurch, daß sich auch der geistige Urstoff in sich geteilt hat und für uns in unserer Dimension eine materialisierte Form annahm, wurde es uns ermöglicht, über uns und die Schöpfung nachzudenken und zu philosophieren. Jetzt erst konnten wir die Blume selbst sehen. Woraus ist sie entstanden? Wer oder was gibt ihr die Kraft zu wachsen? Warum stirbt sie im Winter und im Frühling wachsen neue Blumen? Die vier Jahreszeiten wechseln sich ständig ab und kommen immer wieder, aber es gibt am Äquator auch eine Zone, in der Sommer und Winter sich nicht durch Kälte und Wärme unterscheiden, sondern durch Regen und Trockenheit. Der Äquator liegt in der Mitte unserer Erde, also da, wo die Nord- und die Südhalbkugel aufeinandertreffen. Da er in der Mitte liegt, können die polaren Kräfte von Wärme und Kälte nicht mehr auf ihn wirken, sondern es ist fast immer gleichbleibend warm und oft existiert auf diesem Breitengrad, je nach Höhe verschiedenartig gestaltet, ein immergrüner Regenwald.

Alle kosmischen Kreisläufe und Gesetze spiegeln sich in der Natur wider. Selbst in einer einfachen Blume können wir sie, wenn wir genau hinschauen, erkennen und auf den ganzen Kosmos übertragen. An der Natur können wir zum Beispiel erkennen, daß wenn wir unsere Mitte finden, die polaren Kräfte weniger stark auf uns wirken können. Wenn wir dann noch die entsprechende Höhe finden, wird diese Ausgeglichenheit uns die höhere Sphäre unserer Seele wieder erschließen, so daß wir unseren göttlichen Ursprung erkennen, aber auch, daß wir hier als Mensch geboren wurden, um verschiedene irdische Erfahrungen zu machen. In der Natur können wir die ewige Kraft der Schöpfung erkennen und aus ihr die Gesetze für all unsere Lebensbereiche ableiten. Doch genau das haben wir im Laufe der Zeit nicht mehr getan. Wir Menschen fingen damit an, über die gestaltgewordene Schöpfung sowie die ihr innewohnenden Kräfte als auch über uns selbst zu ur-theilen. Wir erkannten nicht mehr, daß es für eine zarte weiche Blume eben auch einen stachligen harten Kaktus braucht, um hier auf der Erde eine harmonische und ausgeglichene Pflanzenwelt zu haben. Viele fingen vielleicht an, den Kaktus als häßlich und unbrauchbar zu bezeichnen, anstatt auch in ihm die Vollkommenheit und Ausgeglichenheit der Natur zu erkennen. Von Natur aus gibt es Winter und Sommer, mal regnet es und daraufhin ist es vielleicht monatelang trocken. Manchmal sind wir glücklich und dann passiert etwas, das uns zutiefst traurig macht. Hier auf der Erde erleben wir die Polarität in all ihrer Vielfalt. An manchen Tagen wachen wir schon morgens fröhlich auf, trinken gut gelaunt unseren Kaffee und alles, was wir machen, gelingt uns. Aber es gibt auch Tage, an denen alles mißlingt. Schon morgens sind wir trübselig oder innerlich aufgewühlt. Die Kaffeemaschine funktioniert nicht, auf dem Weg zur Arbeit fällt uns ein, daß wir den Hausschlüssel vergessen haben und unterwegs hat es so viel Verkehr, daß wir zu spät zu einem wichtigen Termin kommen. Alles läuft schief, was auch nur schieflaufen kann, so daß wir im Laufe des Tages nach und nach immer unruhiger und sogar wütend werden. An verschiedenen Tagen oder in verschiedenen Momenten wirken auf uns unterschiedliche kosmische Kräfte, oft von Ort zu Ort andersartig, so daß wir eine Vielfalt von Erfahrungen machen können. Von Natur aus waren sie ursprünglich nicht böse oder gut, sondern nur von unterschiedlicher Qualität. Wir sind es, die über sie ur-theilten und die einen als gut und die anderen als böse bezeichneten und die wechselseitigen und eigentlich harmonischen Töne des Kosmos nicht mehr erkannten. Zu jeder Harmonie gehören sowohl tiefe als auch hohe Töne, genauso wie wir in unserem Leben Tage haben, an denen uns alles gelingt und wir in einer guten Stimmung sind und danach braucht es aber auch wieder Tage, an denen wir nicht froh gestimmt sind, sonst wäre unser Leben immer gleich und sicherlich auch sehr langweilig. Doch die Höhen und Tiefen sind an sich weder gut noch böse, sondern einfach Höhen und Tiefen, die wir auf der Erde erleben sollen.

Hölderlin erklärt uns in diesen Versen des Gedichts „Hymne an die Freiheit", daß wir aus eigener Schuld, ja aus Blindheit, unsere Verbindung zu der uns innewohnenden Sphäre getrennt haben. Wir fingen an, mit unserem Verstand über die unterschiedlichen Erscheinungsformen der höheren Sphäre zu werten und über sie zu ur-theilen. Kräfte, die uns innerlich umtrieben oder uns nachts über einen Alptraum etwas mitteilen wollten, bezeichneten wir als böse und andere als gut.

Die Menschheit fing an, selbst alles besser wissen zu wollen und stellte ihren eigenen Verstand über alles andere. Wir sahen die ursprüngliche Harmonie der polaren Kräfte nicht mehr, sondern bewerteten diese und teilten sie in gut oder böse und in häßlich oder schön. Damit wurden wir auch in der Ganzheit unseres Seyns immer mehr geteilt. Wir fingen an, nach unseren eigenen Gesetzen zu leben, anstatt auf unsere innere Stimme zu hören und stellten unseren Verstand über die Gesetze der kosmischen Ordnung. Wir selbst haben uns aus dem Paradies geworfen und somit die Verbindung zu unserem innersten Kern, unserer Seele, getrennt. Aus Blindheit und Übermut haben wir eine Welt mit tausenden Gesetzen erschaffen und somit über alles geurtheilt. Es ist unser Verstand, der permanent wertet und ur-theilt. Er steht fast nie still und läßt es somit nicht zu, daß wir wieder den Zugang zu unserer Seele und somit zu göttlichem Bewußtsein finden. Unsere Gedanken finden nicht nur in unserer polaren Dimension statt, sondern halten diese aufrecht und erschaffen sie immerfort von neuem. So sagt uns Hölderlin im Hyperion: „Das ist der Gewinn, den uns die Erfahrung gibt, daß wir nichts treffliches uns denken ohne sein ungestaltes Gegenteil". Wenn wir zum Beispiel sagen: „dieser Baum ist groß", so gehen wir gedanklich automatisch davon aus, daß es kleinere Bäume gibt, auch wenn diese im Moment nicht neben dem großen Baum stehen. Bei all unserem Denken findet immer eine Teilung statt. Es ist immer unser Ich, das denkt, und nicht unser Seyn. Immer, wenn wir in Gedanken etwas als positiv, richtig oder besonders gut betrachten, Hölderlin nennt es hier trefflich, gehen wir davon aus, daß auch seine gegenteilige Entsprechung existiert. Man bewertet etwas für sich selbst und erschafft dadurch etwas, das diesem gegenübersteht. Wenn man also etwas als positiv bezeichnet, so entsteht dadurch etwas von gegenteiliger Qualität, auch wenn es oft zunächst noch keine konkrete materialisierte Form hat, sondern nur eine geistige. Was uns Hölderlin hier sagt, geht sehr tief und ist sehr schwierig zu verstehen.

Aus: Laotse, Tao Te King [11]

Wenn alle das Schöne als schön ansehen
Entsteht die Häßlichkeit

Wenn alle das Gute als gut erkennen
Entsteht das Böse.

Denn Sein und Nichtsein hängen
voneinander ab im Wachstum.

Schwer und leicht hängen
voneinander ab in der Ausführung.

Lang und kurz hängen
Voneinander ab in ihrer Abhebung.

Hoch und tief hängen
Voneinander ab in ihrer Position.

Die Töne und die Stimme hängen
Voneinander ab in der Harmonie.

Der ursprüngliche schöpferische Geist hat sich so in sich geteilt, daß er für uns unterscheidbar und sichtbar geworden ist. Es existieren große und kleine Bäume, hohe und niedrige Berge. Ein Baum steht vor einem Fluß oder hinter einem Fluß, je nachdem, wo wir selbst gerade stehen und den Baum und den Fluß betrachten. Eine Arbeit fällt uns leicht oder schwer, je nachdem, wie wir sie ausführen. Liegt sie uns und sind wir gerade gutgelaunt, so geht sie uns wie von selbst von der Hand und wir müssen uns kaum anstrengen. Machen wir etwas, wozu wir überhaupt kein Talent haben und nur, weil es von uns erwartet wird, so fällt sie uns schwer und nichts ist im Fluß. In Wirklichkeit existierten hier in unserer polaren materialisierten Dimension keine Gegensätze, sondern alles vervollständigt sich und ist voneinander abhängig. In der Musik braucht es hohe und tiefe Töne, damit sie harmonisch klingt. Von Natur aus sprechen wir in verschiedenen Tönen und verwenden sowohl hohe als auch tiefe Töne, ohne darüber nachzudenken. Der Tonfall unserer Stimme ändert sich oft, je nachdem, mit wem wir sprechen und was wir ausdrücken oder erreichen wollen. Wenn wir unserem Hund einen Befehl erteilen, hat unsere Stimme einen anderen Klang, als wenn wir uns mit jemandem gut stellen wollen und sie hat wiederum einen anderen Klang, wenn wir jemandem eine Liebeserklärung machen. Von Natur aus verwenden wir hohe und tiefe Töne und geben ihnen mit unserer Stimme eine bestimmte Harmonie. Bei der Planung unseres Hauses überlegen wir uns, welche Wände dicker und welche dünner sein sollen. Manche Zimmer sind länger und andere kürzer. Wir überlegen uns, wo die Nordseite und wo die Südseite ist, so daß wir es im Sommer nicht zu heiß und im Winter nicht zu kalt haben. Die Sonne soll zwar in unser Haus scheinen, aber so, daß wir es im Sommer auch noch kühl haben. Laotse sagt uns, daß es von Natur aus keine Gegensätze gibt, die sich bekämpfen, sondern sie ergänzen sich und sind voneinander abhängig. Ein hoher Berg braucht ein tiefes Tal, sonst wäre er kein hoher Berg, und umgekehrt. Wenn das Tal und der Berg gleich hoch oder gleich tief wären, so hätten wir weder Berg noch Tal, sondern alles wäre eine Ebene.

Laotse erklärt uns in seinem Werk Tao Te King, daß alles aus etwas entstanden ist, was wir nicht mehr benennen können - dem DAO. Das DAO hat sich in die polaren Kräfte Yin (weiblich) und Yang (männlich) geteilt, und ist dennoch selbst weiterhin in allem vorhanden. In seiner verdichtetsten Form, also zu Materie materialisiert, nehmen wir die Teilung räumlich wahr. Der See ist vor einem Hügel, dahinter ist ein hoher Berg und dann kommt ein tiefes Tal. Davor und dahinter, hoch und tief, kurz und lang ergänzen sich zu einem harmonischen Bild und das eine könnte ohne das andere nicht existieren, so wie es für unser körperliches Dasein auch Vater und Mutter gebraucht hat.

Wenn alle das Schöne als schön erkennen
Entsteht das Häßliche

Von Natur aus gibt es nichts, was schön oder häßlich ist, sondern es gibt nur unterschiedliche Erscheinungsformen. Manches ist weich und anderes hart. In der Natur gibt es ebene oder flache Landschaften und hügelige oder unebene. Es gibt weiche und glatte Pflanzen, aber auch harte und raue. Eine Blume und ein Kaktus sind an sich weder häßlich noch schön. Anstatt die Schönheit der Schöpfung, oder mit Laotses Worten, das Unnennbare DAO in beiden Pflanzen zu sehen, fingen wir Menschen an, sie zu bewerten. Für viele war die Blume schöner, aber es gab bestimmt auch einige, die den Kaktus schöner fanden. Kakteen sind wunderschöne Pflanzen. Auf manchen wachsen sogar riesengroße Blüten. Ein Naturereignis, das man bei vielen Kakteenarten nur für ein paar Stunden, oft nur in der Nacht und nur einmal im Jahr beobachten kann. Es gibt Kakteen, die nur ein einziges Mal in ihrem Leben blühen und danach sterben sie. Es ist also unmöglich, daß alle nur die Blume als schön ansehen, genauso wie es unmöglich ist, daß alle nur den Kaktus als schön betrachten. Von Natur aus wird es immer Menschen geben, denen die Blume besser gefällt als der Kaktus und umgekehrt.

Manchen Menschen gefällt es am Strand und andere zieht es in die Berge. Es ist unmöglich, daß alle Menschen den Strand als schöner betrachten als die Berge. Laotse sagt uns hier jedoch, wenn alle das Schöne als schön erkennen, entsteht das Häßliche. Solange die einen also noch die Blume als schön ansehen und die anderen den Kaktus, entsteht die Häßlichkeit noch nicht. Was meint also Laotse mit diesem Satz? Wir haben doch eigentlich die individuelle Freiheit, etwas als schön zu betrachten und solange wir diese Freiheit haben, wird es immer Menschen geben, die über Schönheit eine andere Meinung haben. Was ist aber, wenn man uns diese Freiheit nimmt und uns vorschreibt, was wir als schön anzusehen haben? Genau das meint Laotse mit diesem Satz! Zum einen erklärt er uns, daß immer dann, wenn wir werten, also etwas als schön bezeichnen, notwendigerweise auch das Gegenteil geboren wird. Dies ist einfach so, weil in unserer Dimension eine polare Kraft oder deren Erscheinung nicht ohne ihre wechselseitige Ergänzung existieren kann. Es gibt keine Schönheit ohne die Häßlichkeit. Solange die einen etwas als schön betrachten und andere wiederum etwas anderes und jeder die Freiheit hat, dieses Ur-theil selbst zu fällen, so lange bleibt das Ganze noch im Gleichgewicht. Jeder erschafft für sich selbst das Häßliche und trennt sich dadurch, daß er ur-theilt, in seinem Seyn.

Wenn wir aber über ein allgemeingültiges Gesetz vorgeschrieben bekommen, was wir als schön anzusehen haben, so geschieht diese Trennung nicht nur in jedem selbst, sondern kollektiv in allen Menschen und in dieselbe Richtung. Die Menschen haben dann nicht mehr die Freiheit, selbst zu entscheiden, ob der Kaktus für sie schöner ist als eine Blume, sondern sie müssen sich dafür entscheiden, daß die Blume schöner ist. Schon als Kind wird ihnen gesagt, daß nur die Blume schön ist und nichts anders. Spätestens nach ein paar Generationen wird es dann so weit kommen, daß manche vor

Kakteen Angst bekommen und damit anfangen, sie niederzumachen oder sie zu verbrennen.

Laotse erklärt uns, daß nur dadurch, daß wir das Schöne als schön identifizierten, das Häßliche entstanden ist. Es waren unserer Ur-theile, die alle Häßlichkeit erschufen, weil wir uns der Ganzheit des DAOs und seiner polaren Gesetze hier in unserer Dimension nicht mehr bewußt waren und auch heute nicht bewußt sind. Wenn wir alle nur schlanke Menschen als schön betrachten, so machen wir beleibte oder dicke notwendigerweise zu häßlichen oder unschönen Menschen. Es ist nicht nötig, daß wir letzteres ausdrücken, sondern es reicht, wenn wir alle Schlankheit mit Schönheit verbinden. Wie von selbst werden Menschen mit einer größeren Körperfülle als unschön oder gar häßlich betrachtet. Von Natur aus gibt es keine Häßlichkeit, sondern sie entsteht, weil wir über unser Ur-theil etwas als schön definiert haben und somit etwas entstanden ist, was diesem als gegensätzliche Entsprechung gegenübersteht. Hölderlin wußte, daß wir uns in unserer inneren Ganzheit teilen, sobald wir über etwas ur-theilen. Die Erfahrung hatte ihn gelehrt, daß, sobald wir etwas als trefflich bezeichnen, ja sogar wenn wir es nur denken, also sobald wir etwas als positiv bewerten, auch etwas entsteht, was diesem Trefflichen oder Positiven entgegengesetzt ist. Es entsteht zunächst in uns selbst, da wir durch unser Ur-theil unsere innere Ganzheit geteilt haben, und wird dann als Abbild in unserer Realität Gestalt.

Wenn alle das Gute als gut erkennen
Entsteht das Böse

Zunächst bestimmt jeder für sich selbst, was für ihn gut ist, wie er gerne sein möchte oder in welche Richtung er sich entwickeln will. Wir legen für uns selbst fest, welche ethischen und moralischen Werte für uns richtig und welche falsch sind. Manche finden es gut, kein Fleisch zu essen und werden Vegetarier. Sie fällen ihr Ur-theil, wägen also ab, ob das Essen von Fleisch für sie richtig oder falsch ist, und machen dies zu einer Richtlinie in ihrem Leben. Andere finden es gut, jeden Tag Joggen zu gehen oder sich sonst sportlich zu betätigen. Sie treiben täglich Sport und zwingen sich vielleicht oft dazu, weil sie diese körperliche Betätigung zu einem für sie, wenn auch ungeschriebenen, Gesetz machen. Es gibt Menschen, die es für sich selbst als gut ansehen, möglichst viel Geld zu verdienen. Sie legen dieses Ziel für sich selbst fest und verfolgen es ihr Leben lang. Für viele Wikinger war es wahrscheinlich gut, möglichst viele Raubzüge zu machen und vielleicht sogar eine Ehre, wenn man dabei viele Menschen erschlagen hatte. An diesen Beispielen sehen wir, daß das, was für den einen gut ist, für einen anderen durchaus das Gegenteil bedeuten kann, zumindest in diesem Fall für den vom Wikinger Erschlagenen. Es gibt Menschen, die jeden Tag Fleisch essen, Menschen, die gar keinen Sport machen, die jeglichen materiellen Wohlstand verneinen und die meisten erschlagen auch keine anderen Menschen.

Laotse sagt uns hier, daß das Böse nur dadurch entstanden ist, weil wir selbst bestimmt haben, was gut ist. Gehen wir davon aus, daß mit „gut" positive Werte wie Freundlichkeit, Brüderlichkeit, Herzlichkeit oder Barmherzigkeit gemeint sind. Wenn wir diese Werte als allgemeingültig zu einem verpflichtenden Gesetz machen, und nur so werden wir diese im Kollektiv alle anerkennen, „entsteht das Böse", also das, was dem entgegensteht, was wir als gut betrachten. Wir haben geurtheilt und somit etwas Ganzes in zwei Hälften gespalten, die sich hier auf der Erde in unserer polaren Dimension entgegenstehen und nicht natürlich ergänzen. Wir haben selbst alles Böse erschaffen! Hölderlin erklärt uns, daß unser „Übermuth auf Richterstühlen blind und fürchterlich das Band zerriß".

Irgendwann fing die Menschheit an, nach eigenen vorgestellten und allgemeingültigen Gesetzen zu leben. Sie wollten selber entscheiden, was gut oder richtig ist und haben sich dadurch selbst von der ihnen innewohnenden himmlischen Sphäre getrennt. Seit wir nach eigenen Gesetzen leben, also selber entscheiden, was gut oder richtig ist, haben wir uns selbst die Möglichkeit genommen, spontan gemäß unseren Empfindungen zu handeln oder zu entscheiden. Wir handeln nicht mehr im Sinne des himmlischen Willens, sondern nach Gesetzen und Vorschriften. Der „Richtstuhl" und „die Rute der Gesetze" sind für Hölderlin der eigentliche Grund, warum wir nicht mehr in unserem ursprünglichen paradiesischen Zustand sind. Sowohl Laotse als auch Hölderlin waren sich bewußt, daß wir immer dann, wenn wir über etwas ur-theilen, also etwas als gut oder trefflich bezeichnen oder dies auch nur denken, wir etwas erschaffen, was dem entgegengesetzt ist. Sobald wir dies als allgemeingültig anerkennen oder zu einem verpflichtenden Gesetz erklären, entsteht das ihm Entgegengesetzte nicht nur in jedem einzelnen, sondern in allen und bekommt somit eine immense Kraft.

Von Natur aus gibt es weder gut noch böse und auch nicht die Gegensätzlichkeiten von schön oder häßlich, sondern wir Menschen haben diese spaltenden Gegensätze selbst erschaffen. Laotse und Hölderlin beschreiben und erklären uns in verschiedenen Worten, daß wir eigentlich nie ur-theilen und noch viel weniger diese Ur-theile als allgemeingültige Gesetze betrachten sollten. Wenn wir alle Gott als gut ansehen, so entsteht in unserer polaren Dimension notwendigerweise eine Kraft, die böse ist. Durch unsere spaltenden Wertungen haben wir so selbst unsere Teufel erschaffen. Wir haben sowohl individuell als auch kollektiv die Ganzheit unserer Seele verdrängt und in gegensätzlich wirkende Kräfte gespalten. Wir erschufen so das Böse in uns selbst als unsere andere Hälfte und dann im Kollektiv.

Laotse erklärt uns, daß alles aus dem Einen Unnennbaren entstanden ist. Hier auf der Erde ist es Gestalt geworden und für uns sichtbar in hoch oder niedrig, lang oder kurz, und in all den anderen sich ergänzenden, gegenseitig bedingenden und voneinander abhängigen scheinbaren Gegensätzen und polaren Kräften. Von Natur aus gibt es keine bösen oder guten Kräfte, sondern sie sind nur von unterschiedlicher Qualität. An anderer Stelle heißt es im Tao Te King [12]

II

Die zehntausend Wesen kommen
Und gehen ohne Unterlaß',
und er entzieht sich keinem.

In seinem Werk Tao Te King beschreibt uns Laotse das DAO. Man kann es weder direkt erklären noch benennen. Wenn man es benennt, so ist es nicht das ewige DAO selbst, sondern nur eine Manifestation des DAOs. In mystischen Versen beschreibt Laotse die Wirkungen des Unnennbaren, aus dem alles erschaffen wurde. Er erklärt uns, wie sich ein weiser, erleuchteter Mensch verhält, der das DAO vollkommen in sich verwirklicht hat. Er ist zwar Mensch in unserer irdischen Dimension, und dennoch wirkt die himmlische Sphäre oder, wie er es nennt, das DAO ständig in ihm.
Hölderlin hatte Einblick in diese Dimension des Unnennbaren und erlebte sie für Momente oder, wie beim Gedicht „Der Rein", für fast einen Tag. Danach kam er wieder in unsere Dimension zurück, wo all die irdischen Kräfte wieder auf ihn wirkten. Laotse erklärt uns hier, daß das Unnennbare sich hier in unserer Dimension ständig und unaufhörlich in unterschiedlicher Gestalt zeigt. Auf uns wirken unterschiedliche Kräfte und diese wiederum in unzähligen Varianten. Hölderlin erklärt uns, daß den Menschen vor dem Paradiesfall die Götter in „mannigfaltiger" Gestalt erschienen sind und das

normale Volk anfing, diese mit übernatürlichen Kräften versehenen Wesen zu lieben. Er sagt uns, daß nur die Weisen noch das Allumfassende selbst liebten. Die ersten Götter werden von ihm als Kinder des Allumfassenden bezeichnet.

Laotse beschreibt uns in diesen Versen einen erleuchteten Weisen, der nicht in der himmlischen Sphäre schwebt und in dieser Höhe als Eremit sein Dasein führt, sondern der sich hier als Mensch allen wirkenden Kräften stellt. Er urteilt nicht über sie und stellt sich ihnen nicht entgegen. Da er sich nicht für eine Seite entscheidet, also alles in sich zulässt, so kann die andere Seite auch nicht gegen ihn ankämpfen. Er verdrängt nichts in sich und so gibt es auch keine unbewußten Kräfte, die auf ihn wirken können. Dadurch, daß er für sich nicht entschieden hat, was gut ist, sondern alles als unterschiedlich wirkende Kräfte des Unnennbaren ansieht und auch annimmt, ist er in sich nicht geteilt und hat das Böse in sich somit nicht als zweite Hälfte der ansonsten dem Guten gegenüberstehenden wirkenden Kraft erschaffen. Der Weise entscheidet nicht mit seinem Verstand, sondern mit der Ganzheit des DAOs, das in ihm und durch ihn wirkt. Die Polarität von Helligkeit und Dunkelheit werden wir uns später näher anschauen. Doch nun zum biblischen Paradies- oder Sündenfall.

Da sprach die Frau zu der Schlange: Wir essen von den Früchten der Bäume im Garten; aber von den Früchten des Baumes mitten im Garten hat Gott gesagt: Esset nicht davon, rühret sie auch nicht an, dass ihr nicht sterbet! Da sprach die Schlange zur Frau: Ihr werdet keineswegs des Todes sterben, sondern Gott weiß: an dem Tage, da ihr davon esst, werden eure Augen aufgetan, und ihr werdet sein wie Gott und wissen, was gut und böse ist. Und die Frau sah, dass von dem Baum gut zu essen wäre und dass er eine Lust für die Augen wäre und verlockend, weil er klug machte. Und sie nahm von seiner Frucht und aß und gab ihrem Mann, der bei ihr war, auch davon und er aß. Da wurden ihnen beiden die Augen aufgetan und sie wurden gewahr, dass sie nackt waren, und flochten Feigenblätter zusammen und machten sich Schürze. [13]

Die Bibel beschreibt uns die ersten Menschen, Adam und Eva, als nackt. Sie waren in einem paradiesischen Zustand und lebten in Einheit mit Gott und der Natur. Adam und Eva hatten noch keine Vorstellung von sich selbst, da sie noch nicht vom Baum, in der Mitte des Garten Edens gegessen hatten. Von allen Bäumen durften sie essen, nur vom Baum, der in der Mitte stand, war es ihnen verboten, selbst seine Früchte zu berühren, da sie sonst sterben könnten. Hölderlin beschreibt uns, daß die ersten Menschen noch vollkommen eins mit ihrer Seele waren. Sie waren in einem Zustand allumfassender Liebe, das heißt alles war in ihnen und sie in allem. In dieser Dimension sieht man die Welt nicht von einem zentralen Ich aus, sondern erlebt eine ewige geistige Kraft, die in einem selbst als auch in allem anderen ist. Die ersten Menschen hatten noch nicht vom Baum, der sich in der Mitte des Gartens befand, gegessen, das heißt, sie erlebten und sahen die Welt noch nicht von einem zentralen Punkt aus. Sie hatten noch kein Ich, von dem aus sie alles andere betrachteten. Für uns heute ist unser Ich-Bewußtsein ein normaler Zustand. Wenn wir einen Kompass in der Hand halten, sehen wir die Himmelsrichtungen Norden, Süden, Westen oder Osten von unserem Standort aus. Ein Haus steht, von uns aus gesehen, vor uns und ein Baum neben uns. Auch zeitlich teilen wir die Welt in Vergangenheit und Zukunft ein. Von hier und jetzt betrachtet, liegt die Römerzeit in der Vergangenheit und alles, was wir morgen machen werden, in der Zukunft.

Sobald die ersten Menschen ein Ich-Bewußtsein hatten, sahen oder erlebten sie die Welt von sich selbst aus. Sie waren sozusagen der Baum in der Mitte. Gott warnte den ersten Menschen, Eva gab es noch nicht, sie wurde aus einer Rippe

des ersten Mannes erschaffen, indem er zu ihm sprach:
"Von allen Bäumen des Gartens darfst du essen; nur von dem Baum der Erkenntnis des Guten und des Bösen, von dem darfst du nicht essen; denn sobald du davon issest, musst du sterben." [14]

Er erklärt dem ersten Menschen nicht, warum das so ist, sondern verbietet es ihm einfach. Die Schlange ist da schon etwas genauer. Sie wird als das listigste aller Tiere bezeichnet und erklärt Eva die Bedeutung der Frucht dieses Baumes. Symbolisch steht die Schlange hier für eine ursprüngliche irdische Kraft, die durchaus ein eigenes Bewußtsein hat. Sie wird als klug, aber auch als verführerisch beschrieben. Als sie Eva verleitete, hatte sie gewiss ihre Hintergedanken. Die Schlange ist sicherlich eines der ältesten und vielfältigsten Symbole in der Geschichte der Menschheit. So ist der von einer Schlange umwundene Stab des Asklepios, Sohn des Apollo und selbst Halbgott, heute noch als Äskulapstab das Symbol von Ärzten und Apothekern. Asklepios hatte die Gabe, Menschen zu heilen und war in die Pflanzenkunde eingeweiht. Die Schlange steht symbolisch also auch für Wissen und Heilung. Im Gilgamesch-Epos ißt sie das Kraut der Verjüngung oder des ewigen Lebens, das Gilgamesch nach langer Suche endlich gefunden hatte, und danach häutet sie sich. Die Schlange steht symbolisch auch für Transformation und Erneuerung. In manchen Kulturen steht sie für die Kraft der Sexualität sowie deren Transformation. Beim Kundalini-Yoga ist die Schlange die sexuelle Kraft, die in transformierter Form den Rücken hoch alle Chakren durchläuft und bis in das Kopf-Chakra gelangt und so der Sexualität eine vollkommen andere Qualität gibt. Hier erklärt die Schlange Eva, was passiert, wenn wir Menschen von der Frucht des verbotenen Baumes essen. Die Schlange sagt Eva zwar die Wahrheit, aber sie sagt ihr nicht alles. Sie sagt zu ihr: Ihr werdet selbst jemand sein! Selbst mit euren eigenen Augen die Welt betrachten können und ihr werdet ein eigenes Wissen und Bewußtsein bekommen. Eure Kenntnisse und euer Verstand werden so groß sein, daß ihr selbst entscheiden könnt, was gut und was böse ist. Ihr werdet nicht sterben, sondern selbst so groß sein wie Gott. Klingt zunächst einmal alles sehr verführerisch. Sie sagt Eva nicht, daß Gott uns bestrafen wird, wenn wir von dem Baum essen - Eva glaubte der Schlange mehr als Gott- und aß die Frucht von dem Baum und gab sie ihrem Mann.

In der Bibel wird die Entstehung unseres Ich-Bewußtseins und unserer eigenen Urteile über gut und böse als etwas bezeichnet, was wir selbst verschuldet haben. Gott hatte es uns verboten, von dem Baum der Erkenntnis des Guten und Bösen zu essen. In manchen Bibeln heißt es, je nach Übersetzung, daß Gott dem ersten Menschen oder dem ersten Manne gesagt hat, daß wir sterben müssen, sobald wir von diesem Baume essen. Nachdem Eva und Adam von der verbotenen Frucht gegessen hatten, sahen sie sich zum ersten Mal selbst. Jetzt hatten sie, um es mit Hölderlins Worten zu beschreiben, ein eigenes Ich-Bewußtsein und konnten sich sich selbst gegenüberstellen. Ihr ursprüngliches Eins-Seyn war in zwei Hälften geteilt. Sie sahen sich selbst und erkannten, daß sie nackt waren. Daraufhin bedeckten sie sich ihre Sexualorgane… Gott bestrafte Adam und Eva und verfluchte die Schlange. *Da sprach Gott der Herr zur Schlange: Weil du das getan bist du verflucht vor allem Vieh und vor allen Tieren des Feldes. Auf dem Bauche sollst du kriechen und Staub fressen dein Leben lang. Und ich will Feindschaft setzen zwischen dir und dem Weibe und ihrem Nachwuchs: er wird dir nach dem Kopfe treten und er wird dir nach der Ferse schnappen."* [15]

Und Gott der Herr sprach:" siehe, der Mensch, der Mensch ist geworden, wie unsereiner, daß er weiß, was gut und böse ist. Nun aber, dass er nur nicht seine Hand ausstrecke und auch von dem Baume des Lebens breche und ewig lebe! So schickte ihn Gott der Herr fort aus dem Garten Eden ... und ließ östlich vom Garten Eden die Cherube lagern und die Flamme des zuckenden Schwertes, den Weg zum Baume des Lebens bewachen.[16] Gott vertrieb die Menschen zur Strafe aus dem Paradies. Der Baum, der uns ewiges Leben geben konnte, wurde von Gott in Sicherheit gebracht und der Weg zu ihm streng bewacht. Die Schlange wurde von Gott dazu verdammt, unser Feind zu sein. Es werden also irdische Kräfte existieren, die in einem ständigen Kampf mit uns sein werden.

Hölderlin beschreibt, daß uns die höhere Dimension der Ewigkeit immer noch innewohnt, auch wenn uns ihr Zugang verdunkelt ist. Der Baum, der ewiges Leben gibt, ist TIEF IN UNS SELBST VON GOTT VERSTECKT WORDEN! Wenn wir wieder Zugang zu unserer Seele haben, so sind wir wieder in diesem paradiesischen Zustand der ersten Menschen und mit der geistigen Kraft der Schöpfung verbunden. In der Dimension, die Hölderlin bei seinen Erleuchtungserlebnissen erlebt, gibt es kein gut und böse, sondern alles ist in einem vollkommenen Eins-Seyn. In der Bibel wird die Entstehung unseres Ich-Bewußtseins und unsere eigene Ur-theilung in gut und böse mit all ihren katastrophalen Folgen als ein einziger Schritt beschrieben. Gott verbot uns etwas, wir haben es trotzdem getan und wurden dafür bestraft.

Hölderlin hingegen erklärt, daß uns die himmlische Kraft, der Urstoff der Schöpfung selbst, inne ist und daß wir von Natur aus deshalb selbst schöpferisch sind. Über die Kunst haben wir selbst etwas erschaffen, in dem wir uns selbst erkennen und fühlen konnten. Wir haben uns selbst etwas gegenübergestellt, das unserer inneren natürlichen Schönheit hier in unserer materialisierten Dimension Gestalt geben sollte. Das so entstandene Bewußtsein von unserem eigenen Ich geschah in vollkommener Harmonie und im Einklang mit unserer Seele und somit auch mit Gott oder dem Unnennbaren.

Erst viel später haben wir uns über unsere eigenen Urteile über gut und böse in uns selbst geteilt und somit sich bekämpfende Kräfte erschaffen. Dies ist für Hölderlin der eigentliche Paradiesfall. Wir fingen damit an, alles mit unserem Verstand zu entscheiden, anstatt auf unsere innere göttliche Stimme zu hören. Hölderlin beschreibt und erklärt uns die einzelnen Schritte, wie wir uns selbst den Zugang zu unserer Seele immer mehr verbaut haben. Er sagt uns, daß es eine „Scheidewand" gibt zwischen unserer materialisierten polaren Dimension und der uns innewohnenden Dimension der Schöpfung. Weder Hölderlin noch Laotse beschreiben einen strafenden Gott, sondern die Ursachen und deren Wirkungen.

Die Heilige Bahn

In dem nun folgenden Gedicht will uns Hölderlin auf eine Reise mitnehmen. Rhythmus und Klang des Gedichts sollen in uns wirken. Hölderlin begibt sich selbst in eine höhere Dimension und versucht, uns in diese Höhe mitzureißen. In diesem Sinne wäre es angebracht, daß jeder zunächst dieses Gedicht für sich liest und hörbar spricht, bevor wir uns den Gedichtsinhalt näher anschauen.

Die heilige Bahn

Ist also dies die heilige Bahn?
Herrlicher Blick – o trüge mich nicht!
Diese geh' ich?? schwebend auf des Liedes
Hoher fliegender Morgenwolke?
Und welch' ist jene? künstlich gebaut
Eben hinaus mit Marmor beschränkt

Prächtig gerad, gleich den Sonnenstrahlen –
An der Pforte ein hoher Richtstuhl?
Ha! wie den Richtstuhl Purpur umfließt
Und der Smaragd, wie blendend er glänzt
Und auf dem Stuhl, mit dem großen Szepter
Aristoteles hinwärts blickend
Mit hellem scharfem Aug' auf des Lieds
Feurigen Lauf – und jenes Gebirg'
Eilt sie hinweg – mutig in die Täler
Stürzt sie, ungestüm, und ihr Boden
Ist wie des Nordens Flammengewölk,
Wallend vom Tritt des rennenden Gangs –
Waffengeräusch rauschen seine Tritte
Über alternde Wolkenfelsen.
Ha! sie ist heiß, die heilige Bahn –
Ach wie geübt der Große dort rennt
Um ihn herum – wie da Staunen wimmelt
Freunde – Vaterland – fernes Ausland.
Und ich um ihn mit Mückengesums
Niedrig – im Staub – Nein Großer, das nicht.
Mutig hinan! – ! – Wanns nun da ist, voll ist

Im heutigen Sprachgebrauch verwenden wir das Wort „Bahn" für verschiedene Fortbewegungsmittel wie zum Beispiel Straßenbahn oder Zug. Wir fahren im Auto auf der Autobahn, bahnen uns einen Weg durch den Schnee oder durch ein Dickicht. Wir benützen das Wort auch für den Weg, den die Sterne beschreiten. Hölderlin frägt sich in den ersten Versen, ob er gerade auf dem Weg in eine göttliche Höhe ist. Wir Leser sollen selbst mit Hilfe von Klang, Rhythmus und der entsprechenden Schwingung, die dem Gedicht innewohnen, langsam in die Höhe fliegen. Das Gedicht endet mit dem Satz: „Wanns nun da ist, voll ist." Wir sollen innerlich erfüllt werden und unsere Dimension von einer höheren Sphäre aus betrachten können. Der feurige „Lauf" und „rennende Gang" des Gedichts wollen uns in die Höhe mitnehmen und unsere auf unseren Vorstellungen aufgebaute diesseitige Dimension sprengen. Man könnte das Gedicht mit einem galoppierenden Pferd vergleichen, auf das wir aufsteigen können um alle Zäune und Mauern, die wir zwischen uns und unserer Seele aufgebaut haben, für einen Moment zu überwinden, um von außen den kleinen Raum zu betrachten, in den wir uns selbst eingesperrt haben.

Hölderlin beschreibt uns in diesem Gedicht, daß es zwei Wege gibt. Denjenigen, auf dem er sich gerade befindet und der ihn langsam in Richtung Himmel fliegen läßt, wo man die eigentliche Schönheit der Schöpfung sehen und erleben kann und denjenigen, den wir Menschen beschritten haben. Hölderlin sieht von einer höheren Dimension aus eine künstlich erschaffene Welt. Unsere Dimension ist nicht natürlich und die eigentliche Wirklichkeit, sondern wir haben uns mit unserer Sichtweise eine eigene Realität erschaffen und sogar die Natur mit unserer Technik nachgebildet. Alles ist gerade, flach und auf die Ebene unserer materialisierten Dimension beschränkt. Am Eingang unserer unechten Welt sitzt Aristoteles auf einem Richtstuhl. Hölderlin will uns damit sagen, daß wir die Welt und uns selbst mit der Denkweise von Aristoteles betrachten und beurteilen.

Aristoteles ist der Vater unseres logischen, deduktiven Denkens. Er untersuchte das Denken nicht nur nach dem Inhalt, sondern auch in seiner Form. Von ihm als wahr betrachtete Grundsätze, oder anders gesagt Axiome, werden festgelegt und von ihnen aus etwas abgeleitet. So kann S nicht P sein und gleichzeitig nicht P sein. Oder man kommt bei den Sätzen „alle Menschen sind sterblich" und „Sokrates ist ein

Mensch" zu der logischen Schlussfolgerung, daß Sokrates auch sterblich ist. Mit dieser Herangehensweise untersuchte Aristoteles auch die Lehren Platons und der Vorsokratiker. Es ließ sich seiner Meinung nach nicht beweisen, daß so etwas wie eine Seele für sich allein existieren kann. Also folgerte er, daß es zuerst einen organischen Körper gibt und die Seele erst dann dessen Belebung realisiert. Die Seele kann nur in einem organischen Körper, sei es nun in uns Menschen, Tieren oder Pflanzen, existieren und ist ohne diesen nicht beweisbar. Er war sich zwar bewußt, daß es in uns etwas gibt, das uns Leben gibt und uns eine Kraft innewohnt, die es uns erlaubt, Veränderungen bezüglich uns selbst und auch unserer Umwelt herbeizuführen, aber dieses Etwas kann nicht unabhängig von unserem Körper existieren. Die Seele ist für Aristoteles nicht von einem Körper trennbar. Sie ist diejenige Entität, die bewirkt, daß ein organischer Körper lebendig ist und sich dadurch von allem Nicht-Lebendigen unterscheidet. Aristoteles legt Axiome fest, die er als wahr betrachtet und baut auf diesen sein ganzes Gedankenkonstrukt auf. Alles muß man beweisen und schlussfolgern können. So wie man aus lauter gleich großen rechteckigen Ziegelsteinen ein Haus baut. Alle Wände sind gerade und überall gibt es rechte Winkel. Wenn man heute Aristoteles' Bücher über die Logik liest, so kommen uns diese wie die Mengenlehre in der Grundschule vor. Wenn S gleich A und A gleich B ist, so muß auch S gleich B sein. Man kann grüne Äpfel den grünen Trauben zuordnen oder grüne Äpfel den gelben Äpfeln, je nachdem, wie man sortiert. Es gab zwar auch schon vor Aristoteles eine beweisende Mathematik, aber er war es, der diese beweisführende Logik auch auf theologische und philosophische Fragen anwandte. Nach ihm wurde auch die Philosophie zu einer Wissenschaft. Vor Aristoteles gab es noch ein ganzheitliches Denken. Philosophen wie Heraklit, Platon oder auch Pythagoras waren sich noch bewußt, daß wir in einem mehrdimensionalem Kosmos leben. Heraklit erkannte, wahrscheinlich aufgrund eigener mystischen Erfahrungen, daß alles aus dem Einen entstanden ist und dieses sich in sich selbst geteilt hat. Für Platon war der Mensch eine verkörperte Seele und für ihn waren Menschen mit seherischen Fähigkeiten diejenigen, die den Philosophen die tieferen Wahrheiten und Zusammenhänge erklärten. Pythagoras ging jahrelang bei ägyptischen Hohepriestern in die Schule und ließ sich von ihnen in ihre Geheimnisse einweihen. Heraklit hatte sicherlich noch Zugang zu höheren Dimensionen und versuchte, uns die Welt in Bildern zu beschreiben. Die Naturwissenschaftler vor Aristoteles waren sich bewußt, daß es eine himmlische Ordnung gibt, die sich auch hier auf der Erde in unserer materialisierten Dimension widerspiegelt. Sie versuchten, anhand der Natur die größeren kosmischen Zusammenhänge zu verstehen.

Hölderlin beschreibt uns eine mehrdimensionale Welt, die immer in Bewegung ist. Alles ist aus einem geistigen Urstoff entstanden und alles vergeht und kommt wieder. Die uns innewohnende höhere Dimension ist die eigentliche Wirklichkeit und nicht irgendwelche scheinbaren Grundprämissen eines Aristoteles mit all ihren logischen Schlußfolgerungen. So antwortete Hölderlin im Hyperion auf die Frage, was Dichtung mit der erhabenen Wissenschaft der Philosophie zu tun hat: *Die Dichtung, sagt' ich, meiner Sache gewiß, ist der Anfang und das Ende dieser Wissenschaft. Wie Minerva aus Jupiters Haupt, entspringt sie aus der Dichtung eines unendlichen göttlichen Seins. Und so läuft am End' auch wieder in ihr das Unvereinbare in der geheimnisvollen Quelle der Dichtung zusammen.* An anderer Stelle schreibt er im Hyperion: *Aber aus bloßem Verstand ist nie verständiges, aus bloßer Vernunft, ist nie vernünftiges gekommen.* Und einige Sätze danach: *Aus bloßem Verstande kömmt keine Philosophie, denn Philosophie ist mehr, denn nur die beschränkte*

Erkenntnis des Vorhandenen. Aus bloßer Vernunft kömmt keine Philosophie, denn Philosophie ist mehr, denn die blinde Forderung eines nie zu endigenden Fortschritts in Vereinigung und Unterscheidung eines möglichen Stoffs. Leuchtet aber das göttliche ενδιαφερονεαυτω *(das Eine in sich selber unterschiedne), das Ideal der Schönheit der strebenden Vernunft, so fordert sie nicht blind, und weiß, warum, wozu sie fordert.* [17]

Hölderlin glaubt nicht nur an eine höhere geistige Sphäre, aus der alles hervorging, sondern er durfte diese höhere Dimension selbst erfahren. Er weiß, daß unser Verstand viel zu klein ist, um diese höhere geistige Sphäre zu erfassen und zu erklären. Er ist sich vollständig bewußt, daß in seiner Dichtung die uns allen innewohnende höhere Dimension zu ihm selbst als auch zu allen anderen, die seine Gedichte lesen, spricht. Das Göttliche spricht zu uns über die Dichtung, über die Kunst oder auch die Musik und nicht über logische Schlußfolgerungen. Nur derjenige, der erkannt hat, daß alles aus diesem einen Urstoff entstanden ist und dieser sich in sich geteilt hat, so daß wir überhaupt die Möglichkeit bekamen, über die verschiedenartigsten gestaltgewordenen Erscheinungen, für uns nun in unserer Dimension zu Materie verdichtet und sichtbar, seien es Pflanzen, Berge, Tiere oder auch Menschen, darf sich einen Philosophen nennen.

Nur weil wir uns in uns selbst geteilt haben, ist unser Ich-Bewußtsein entstanden und nur so können wir uns selbst und auch alles andere betrachten und darüber nachdenken. Aristoteles fehlte dieses grundlegende Bewußtsein. Er hatte keinen Zugang zu seiner Seele, sondern wollte alles mit seinem Verstand bestimmen und erklären. Für Hölderlin war er kein Philosoph, sondern ein Mensch, der sich in seinen eigenen Denkstrukturen verrannte. Er erschuf sich seine eigene kleine Welt und ur-theilte alles nach seinen eigenen erfundenen Gesetzen. Für Aristoteles war etwas klein oder groß, kurz oder lang und alles ließ sich aus eigenem deduktiven, auf sogenannten wahrheitlichen Grundsätzen beruhendem Denken erschließen. Für Hölderlin waren Aristoteles und seine Philosophie der Logik ein Scheidepunkt in unserer Menschheitsgeschichte. Seit ihm wurde unsere Entwicklung nur noch von unserem Verstand bestimmt. Unser Denken wurde dualistischer und beschränkte sich auf unsere materialisierte Dimension. Wir erkannten nicht mehr, daß alles aus einer Einheit entstanden ist und daß die scheinbaren Gegensätze sich eigentlich ergänzen und wechselseitig bedingen. Wir ur-theilten jetzt gemäß logischen Gesetzen und den ihnen zugrundeliegenden Axiomen. Unserem Verstand wurde das ideale Werkzeug zur Verfügung gestellt, um uns glauben zu lassen, daß wir jetzt alles erklären und uns selbst bestimmen können.

Aristoteles sitzt wie ein König auf einem Richtstuhl am Eingang einer unechten Welt und schaut in die Ebene. Es ist sein Verstand, der seine Sichtweise auf eine rein materialisierte Dimension beschränkt und permanent ur-theilt. Er kann die Welt nicht von oben betrachten und hat keinen Zugang zu den geistigen Welten. Wir betrachten die Welt auch heute noch mit den Augen von Aristoteles und machten unseren Verstand zum Herrscher von uns selbst. Sein logisches Denken hat sich, bis auf wenige Ausnahmen, weltweit durchgesetzt. Wenn wir Aristoteles lesen, so ist er den meisten Menschen leicht verständlich. Wir sind mit seinem Denken aufgewachsen und haben es so verinnerlicht, daß wir uns schon gar nicht mehr vorstellen können, daß die Menschen vor ihm anders gedacht haben. Vor Aristoteles war es für die meisten noch normal, daß sie an überirdische Kräfte geglaubt haben und auf Menschen gehört haben, die seherische Fähigkeiten hatten.

Seit über zweitausend Jahren hat sich das dualistische Denken immer mehr durchgesetzt. Unsere ganze Wissenschaft konnte sich nur auf der Basis von logischen Schlußfolgerungen entwickeln. Die Menschen verloren ihr ursprüngliches ganzheitliches Weltbild und identifizierten sich nur noch über ihren Verstand. Hölderlin erklärt uns in diesem Gedicht, daß unser urtheilsgeprägter logischer Verstand die Ursache dafür ist, daß wir uns eine eigene beschränkte Dimension erschaffen haben. Die uns innewohnende schöpferische Kraft haben wir nur noch über unseren dualen Verstand angewandt und dabei nicht gemerkt, daß wir uns mit der Kraft der Gedanken und eigenen Vorstellungen eine eigene kleine Welt erschaffen haben und diese weiterhin aufrecht erhalten. Hölderlin erklärt immer wieder, daß wir uns von unserer Seele leiten lassen sollen. Über sie sind wir mit allem und jedem verbunden. Sie ist die geistige Kraft, aus der alles erschaffen wurde und die allem Leben spendet. Er beschreibt uns die ersten Menschen in einem vollkommenen Eins-Seyn mit ihrer Seele. Sie erlebten in dieser höheren Dimension eine vollkommen andere Welt. Es gab noch keine spaltenden Gedanken und Ur-theile und ihre Sicht war noch nicht auf die materialisierte, gegenständliche Welt beschränkt.

Die Entstehung unseres Ich-Bewußtseins und das damit verbundene Herausfallen aus dieser vollkommenen Einheit geschieht für Hölderlin noch in Harmonie und im Einklang mit dem himmlischen Willen. Zu Lebzeiten von Aristoteles gab es wahrscheinlich nur noch sehr wenige Menschen, die Zugang zu ihrer Seele hatten, also selbst diese himmlische Dimension erleben durften, aber viele glaubten noch, daß es eine Seele gibt, aus der auch sie erschaffen wurden. Die Menschen wußten noch, daß nichtmaterialisierte Wesen mit übernatürlichen Kräften existieren und verehrten diese als Götter. Die Philosophen vor Aristoteles hatten noch ein mystisch-magisches Weltbild und manche von ihnen, wie zum Beispiel Heraklit oder der Dichter Pindar, hatten noch Einblick in höhere Dimensionen.

Die Menschen glaubten noch an die höheren Kräfte des

Himmels, auch wenn sie diese mit bloßem Verstand nicht begreifen konnten. Sie pilgerten zum Orakel von Delphi, um sich von einer Frau mit magischen Fähigkeiten, die in einer Art Trance war, Fragen beantworten zu lassen. An einem Relief des Parthenon der Akropolis in Athen sieht man, wie Seher den Menschen von den Göttern berichten. Sie sehen den Kampf der olympischen Götter mit den Titanen und geben dieses Vorkommnis an das Volk weiter. Selbst Platon vermittelt seinen Schülern noch ein mystisch-magisches Weltverständnis. Für ihn existierte die Seele schon, bevor etwas materialisiert wurde. Er war sich bewußt, daß es Menschen gibt, die seherische Fähigkeiten haben und so den Philosophen aus höheren Dimensionen berichten konnten. Die Götter existieren für ihn wirklich und er wußte, daß sie übernatürliche Kräfte hatten. Die Aufgabe der Philosophen war es, die Botschaften der höheren Welten zu interpretieren und sie den Menschen verständlich zu machen.

Seit Aristoteles ist die Macht unseres Verstandes immer größer geworden. Unser Ich-Bewußtsein und unser Ego wurden so groß, daß wir dachten, wir könnten über unser eigenes Denken und unser erlerntes Wissen alles erklären und uns selbst bestimmen. Zwar gab es schon vor Aristoteles allgemeingültige Gesetze und Vorschriften innerhalb der verschiedenen Länder oder Religionsgemeinschaften, die es uns oft unmöglich machten, nach unseren Empfindungen zu leben und uns somit von unserer Seele entfernten. Doch seit ihm fingen die Menschen an, alles mit ihrem logischen Verstand zu betrachten und zu erklären. Unsere Dimension wurde noch mehr verdichtet und undurchlässiger, weil sich unser ganzes Denken auf die Materie beschränkte. Geister, Dämonen und auch die Götter existierten für uns nicht mehr. Wir verdrängten alles, was wir nicht sehen und durch unser deduktives Denken nicht erklären konnten. Unser Unterbewußtsein wurde immer größer, so daß wir uns die höheren

Dimensionen selbst vernebelten. Die von uns erschaffene Welt ist nicht die eigentliche Wirklichkeit, sondern beruht auf den Vorstellungen unseres logischen dualistischen Verstandes.

Hölderlin beschreibt uns eine lebendige Welt, die in Zyklen verläuft, in der alles in sich selbst schöpferisch ist, in der es verschiedene Sphären gibt, die nicht materialisiert sind und in denen auch geistige Wesen existieren, die durchaus auf uns wirken. Wir haben die tollsten Maschinen erfunden und tausende Moleküle und Atome erforscht und haben uns dabei immer mehr von unserem eigentlichen Seyn entfernt. Unser ganzes Denken und Handeln finden nur noch in der untersten, in einer zu Materie verdichteten, Dimension statt. In uns wohnt der Urstoff, aus dem selbst die Sonne und die Sterne erschaffen wurden! Unsere Seele ist die geistige Kraft der Schöpfung selbst! In ihrer Dimension gibt es kein logisches Denken und keine Atome oder Moleküle. Wir können diese Dimension nur spirituell innerlich erfahren und nicht über unseren Verstand. Hölderlin sagt uns hier, daß wir uns selbst eine künstliche Welt erschaffen haben. Wir haben, um es in andere Worte zu fassen, die Schöpfung imitiert. Unsere Imitation mag zwar auf den ersten Blick schön aussehen - prächtige Paläste aus Marmor, die schönsten Kleider und alle sonstigen Äußerlichkeiten, die wir erfunden haben, bis hin zu unseren heutigen technischen Errungenschaften, die uns vielleicht sogar denken lassen, wie toll und intelligent wir sind - aber sie ist „eben" und „gerad". Hölderlin will uns damit sagen, daß wir uns selbst eine feste und starre Dimension erschaffen haben, in der unser ganzes Leben stattfindet. Seit Aristoteles beschränkte sich unser Denken immer mehr auf unsere diesseitige materialisierte Welt. Innerhalb der Materie erforschten wir selbst die kleinsten Atome und erfanden die kompliziertesten technischen Hilfsmittel. Das aristotelische deduktive Denken wurde von uns in fast allen Lebensbereichen angewandt. Wir versuchten, die Welt mit Theorien zu begründen und zu erklären. Auf diesen Theorien bauten wir mit Hilfe der Logik, mit systematischem und deduktivem Denken, unser Wissen auf. Es entstanden unzählige Geistes- und Naturwissenschaften. Selbst die Art und Weise, wie wir uns anderen gegenüber verhalten sollten, bestimmten wir über tausende Gesetze und Regeln. Auch hier entwickelten wir, je nach Kultur oder Religion, verschiedene Theorien und erschufen auf dieser Basis unzählige Gesetze, die von nun an bestimmten, was richtig oder falsch und somit auch, was gut und was böse war und heute noch ist. Aus Recht und Unrecht machten wir eine logische Wissenschaft. In der Rechtswissenschaft kann und darf niemand nach seinen inneren Empfindungen und somit im Einklang mit seiner Seele handeln, sondern er muß der Gesetzeslage entsprechend ur-theilen und einen Sachverhalt oder einen Handlungsakt einer Person bewerten und beweisen.

Wir haben die Dimension der Ewigkeit, unsere Seele und somit unseren Ursprung, vollständig unterdrückt. Schon vor tausenden Jahren haben Religionsgemeinschaften aus dem Alten Testament ein Gesetzeswerk mit unzähligen Vorschriften gemacht, anstatt ihren mystischen gesamtheitlichen Inhalt zu verstehen. Auch im Christentum wurde derselbe Fehler begangen. Die Kirche bestimmte, was man tun darf und was nicht. Sie entschied, was richtig oder falsch und was gut oder böse ist. Die Menschen wurden gezwungen, ihre Gesetze und Moralvorstellungen einzuhalten. Das Aristotelische Weltbild wurde von ihr übernommen und die eigentliche Botschaft von Jesu mißverstanden. Anstatt uns den Weg zu unserer Seele zu öffnen, haben die allgemeingültigen Gesetze und Regeln das Gegenteil bewirkt. Die Menschen fingen an, sich Gott als einen Richter vorzustellen, der darüber entscheidet, ob wir gut oder böse gehandelt haben.

Hölderlin sagt uns im Hyperion: „Du räumst dem Staate

dann doch zu viel Gewalt ein. Er darf nicht fordern, was er nicht erzwingen kann. Was aber die Liebe gibt und der Geist, das läßt sich nicht erzwingen. Das lass er unangetastet, oder man nehme sein Gesetz und schlag es an den Pranger! Beim Himmel! der weiß nicht, was er sündigt, der den Staat zur Sittenschule machen will. Immerhin hat das den Staat zur Hölle gemacht, daß ihn der Mensch zu seinem Himmel machen wollte." An anderer Stelle heißt es: „Was ringt er so nach Knechtschaft, da er ein Gott sein könnte." Hölderlin erklärt uns, daß jegliches Ur-theil, das wir fällen, also etwas als richtig oder gut betrachten, eine ursprüngliche Teilung des Ganzen ist und dadurch auch notwendigerweise immer etwas entsteht, das diesem entgegensteht und somit eine gegensätzliche Wirkung hat. Jedem Gesetz, unabhängig davon ob es von einer Religionsgemeinschaft oder einer Regierung festgelegt wurde, geht eine Beurtheilung des jeweiligen Sachverhalts voraus. Gesetze zwingen uns, nach menschengemachten Vorstellungen und Ur-theilen zu handeln. Aus einem Brief an seinen Freund Ebel: "Zwang würde ich nur da gebrauchen, wo ihn das Vernunftrecht überall behaupten muss, wo der Mensch sich selbst oder andern unerlaubte Gewalt anthun wollte." Wenn wir Zugang zu unserer Seele hätten und in ihrem Sinne handeln würden, so bräuchte es gar keine Gesetze, sondern wir könnten in Freiheit und Harmonie unser Leben gestalten ohne anderen zu schaden. Wir würden intuitiv aus allumfassender Liebe handeln und die Folgen unserer Handlungen in einem größeren kosmischen, ganzheitlichen Zusammenhang erkennen. Immer wenn wir nach Vorschriften handeln oder diese gar festlegen, handeln wir eigentlich ohne Rücksicht auf die uns innewohnende himmlische Dimension unserer Seele.

Was aus sämtlichen Revolutionen der letzten Jahrhunderte, unabhängig ihrer politischen Ausrichtung, entstanden ist, können wir an unserer Geschichte erkennen. Sie entstanden aus unserem Verstand und bewirkten so notwendigerweise auch das Gegenteil. Jeder Revolution geht eine Beurteilung dessen voraus, was richtig oder falsch ist. Wir können unser Zusammenleben nur verändern, wenn wir uns innerlich transformieren. Nur wenn wir im Einklang mit unserer Seele handeln, wirken wir im Sinne eines Ganzen und nur so ist unser Wirken von Dauer und in Harmonie mit dem Kosmos und den ihm innewohnenden Dimensionen. Die Basis unseres Verstandes ist unsere polare Dimension. Nur dadurch, daß wir uns in uns selbst geteilt haben, also nicht in einer vollkommenen Einheit geblieben sind mit der himmlischen Sphäre unserer Seele, ist unser Ich entstanden. Es ist unser Verstand, in dem all unsere Gedanken und Vorstellungen entstehen. Die ersten Menschen hatten noch keine eigenen Gedanken, sondern göttliches Bewußtsein.

Auf dieser Höhe steh' ich oft, mein lieber Bellarmin! Aber ein Moment des Besinnens wirft mich herab. Ich denke nach und finde mich, wie ich zuvor war, allein mit allen Schmerzen der Sterblichkeit, und meines Herzens Asyl, die ewige einige Welt ist hin, ... Ein Augenblick des Nachdenkens, ein Moment der Selbstreflektion, reicht aus und der Verstand fängt wieder an, seine Macht auszuüben... Ein Moment reicht aus und Hölderlin wird wieder aus der Höhe der geistigen Dimension unserer Seele in unsere materialisierte Sphäre geworfen. Ständig sind wir in Gedanken. Wir denken über etwas nach, was in der Vergangenheit oder in der Zukunft liegt. Für und Wider eines Sachverhalts oder eines Gegenstandes werden von uns analysiert und beurteilt. Unser Verstand steht fast nie still. Permanent sind wir in Gedanken irgendwo. Wir denken über positive oder negative Erlebnisse nach und rufen die damit verbundenen Emotionen wach oder wir überlegen uns, was wir nächstes Wochenende machen wollen. Bevor wir uns für etwas entscheiden, machen wir uns im Kopf eine Liste, was für und was gegen die verschiedenen Möglichkeiten spricht. Heute gibt es sehr wenige Menschen, die spontan und intuitiv nach ihrem Empfinden handeln, die innerlich spüren, was richtig oder falsch ist und sich von ihrer inneren Stimme leiten lassen. Hölderlin sagt uns hier, daß, sobald wir denken, wir notwendigerweise in unserer Dimension sind. In der höheren Dimension eines vollkommenen Eins-Seyns gibt es kein Ich, das denken könnte, sondern Hölderlin beschreibt sie uns immer wieder als allumfassende Liebe. Er ist in allem und alles in ihm. Hier gibt es keine Vergangenheit und keine Zukunft. Wir können diese himmlische Sphäre nicht mit dem Verstand erklären und analysieren. Sobald wir denken, sind wir sofort wieder in unserem Ich-Bewußtsein und die ursprüngliche Ganzheit unseres Seyns ist wieder geteilt. Hölderlin durfte die zeit- und raumlose Dimension unserer Seele erleben und erkannte, daß es unsere Gedanken sind, die uns von dieser Dimension trennen. In seinem Gedicht „Unsterblichkeit der Seele" beschreibt Hölderlin, wie unsere Gedanken im Zusammenspiel mit der geistigen Kraft des Urstoffs unsere materialisierte Welt erschaffen. Mit unseren Gedanken teilen wir nicht nur die Ganzheit unseres Seyns, sondern wir halten auch ständig unsere diesseitige Dimension aufrecht. Heute hat fast die ganze Menschheit das Aristotelische Denken so verinnerlicht, daß wir, bis auf wenige Ausnahmen, dieselbe Dimension projizieren und aufrechterhalten. Hölderlin beschreibt Aristoteles, wie er am Eingang einer künstlich gebauten und flachen Welt sitzt und unsere Wahrnehmung bestimmt. Wir sind uns der Macht unserer Gedanken und Vorstellungen nicht bewußt. Unser Denken, Handeln und Sehen finden nur noch in der Dimension statt, in der alles schon zu Materie verdichtet ist. Wir sehen die Verbindung der geistigen Welten mit der materialisierten Dimension nicht mehr und haben uns die letzten Jahrtausende nur noch über unseren Verstand definiert und entwickelt. Das, was wir erschaffen und entwickelt haben, geschah nur noch über logisches Denken und nicht im Einklang mit unserer Seele. Wir wurden so erschaffen, daß wir selbst schöpferisch sind und benützen diese uns innewohnende Kraft im Zusammenspiel mit unseren Gedanken und Vorstellungen, ohne uns bewußt zu sein, daß wir die materialisierte Dimension ständig aufrechterhalten und noch mehr verdichten.

Schon im Kindesalter wird uns beigebracht, daß alles logisch erklärbar ist. Geister, Feen, Zauberer und andere Wesen mit übernatürlichen Kräften existieren nur in Filmen oder Büchern. Wenn ein Kind wirklich einmal etwas sieht, was wir Erwachsene nicht sehen, so sagen wir ihm, daß es fantasiert oder träumt. Wir dürfen nur sehen, was zu Materie verdichtet für alle sichtbar ist. Uns werden, je nach Kultur und Religionszugehörigkeit, unterschiedliche Werte und Regeln beigebracht, die wir einhalten sollen und ein paar Jahre später lernen wir, die Welt wissenschaftlich zu verstehen. Festgelegte Prämissen und ihre notwendigen Schlußfolgerungen bilden die Grundlage für die Schulung unseres Denkens. Wir lernen, die Welt wissenschaftlich zu verstehen und zu begreifen. Im Hyperion sagt uns Hölderlin: „Ach wäre ich nie in eure Schulen gegangen. Die Wissenschaft, der ich den Schacht hinunter folgte, von der ich, jugendlich töricht, die Bestätigung meiner reinen Freude erwartete, die hat mir alles verdorben." Hölderlin ist sich der Konsequenzen unseres logischen Denkens vollkommen bewußt. Zu seinem Glück muß er die Evolutionstheorie, sie wurde sechzig Jahre nachdem Hölderlin sein Studium abgeschlossen hatte, von Charles Darwin entwickelt, nicht mehr miterleben. Wir erfinden und erforschen, ohne dabei die höhere Dimension unserer Seele zu berücksichtigen. Alles, was wir nicht im Einklang mit unserer Seele, sondern eindimensional mit unserem wissenschaftlichen Denken erschaffen und herstellen, fehlt das Lebendige und die Verbindung zu den höheren Dimensionen.

Wir haben tausende Gesetze erfunden, anstatt uns von unserem innersten Kern, unserer Seele, leiten zu lassen. Wenn wir diesen Zugang nicht verloren hätten, so wären all die Gesetze gar nicht nötig gewesen, sondern wir würden intuitiv das Richtige tun und aus allumfassender Liebe handeln. Die uns innewohnende ursprüngliche geistige Kraft der Schöpfung ersetzten wir durch Maschinen und technische Hilfsmittel und unser ursprüngliches göttliches Bewußtsein durch unser beschränktes logisches Denken. Unser Ich wollte größer als unsere Seele sein, und wir erschufen uns so durch unser systematisches Denken eine eigene kleine Welt. Mit unserem Verstand imitierten wir die verschiedenen Qualitäten und Fähigkeiten unserer Seele und bemerkten nicht, daß wir uns dadurch selbst in unserer Mehrdimensionalität einschränkten und unsere Seele unterdrückten. Immer, wenn wir etwas unterdrücken, entsteht in uns ein Ungleichgewicht. Es entstehen Kräfte, Energien, die uns quälen. So erschaffen wir uns unsere Plagegeister und unserer Dämonen. Wir haben jedoch nicht nur irgend etwas unterdrückt, sondern unsere Seele, den kosmischen Urstoff, aus dem wir selbst erschaffen wurden und der uns lebendig macht.

Fast die ganze Menschheit hat sich nach Aristotelischem Denken entwickelt und bestimmt sich bis heute über ihren logischen wissenschaftlichen Verstand. Alle Länder haben Gesetze und Moralvorschriften, die unser Zusammenleben regeln. Wir lassen uns nicht mehr von unserer Seele führen, sondern haben unabhängig von ihr unsere eigenen Vorstellungen zu unserer Leitlinie gemacht. Wir haben unsere Seele im Kollektiv unterdrückt. So haben wir sicherlich riesige Kräfte oder Dämonen erschaffen, die uns unbewußt foltern und quälen.

Hymne an die Freiheit

Keck erhub sich des Gesetzes Rute,
Nachzubilden, was die Liebe schuf;
Ach! gegeißelt von dem Übermute
Fühlte keiner göttlichen Beruf;

Diese Verse haben wir bereits versucht zu erklären.

Vor dem Geist in schwarzen Ungewittern,
Vor dem Racheschwerte des Gerichts
Lernte so der blinde Sklave zittern,
Frönt' und starb im Schrecken seines Nichts.

Hölderlin sagt uns in diesen Versen, daß, seit es allgemeingültige Gesetze gibt und wir dafür bestraft werden, wenn wir diese nicht einhalten, eine dunkle geistige Kraft entstanden ist. Wir handelten aus Angst und nicht aus allumfassender Liebe. Für Hölderlin sind Geister und Dämonen real existierende Wesen, auch wenn sie keine zu Materie verdichtete Gestalt haben. In uns ist eine kollektive Angst entstanden, uns richtig und korrekt, den Gesetzen entsprechend zu verhalten. Wir fürchteten uns davor, ins Gefängnis zu kommen, ausgestoßen oder gar getötet zu werden. Wir beraubten uns der Freiheit, aus innerer Liebe und im Einklang mit der himmlischen Sphäre handeln zu können. Die Menschen wurden zu Handlungen und Verhaltensweisen gezwungen, die oft nicht ihren Empfindungen entsprachen. So verloren wir immer mehr den Zugang zu unserer Seele und somit auch das Bewußtsein, daß unser innerster Kern, unser Urstoff, unsterblich ist. Die Angst vor dem Tod entstand. Die Macht vieler Herrscher oder Regierungen basierte auf der Furcht ihres Volkes. Für Hölderlin sind unsere allgemeingültigen Gesetze und unser Aristotelisches logisches Denken die hauptsächlichen Gründe dafür, daß wir uns eine eigene starre und nachgemachte Dimension erschaffen haben.

Wir ersetzten den Willen des Himmels durch eigene Gesetze und Vorschriften. Das Problem ist nur, daß der Wille des Himmels unserer eigenen Seele innewohnt und wir somit unser ursprüngliches Seyn übergingen und verdrängten. Heute ist das Ich-Bewußtsein der meisten Menschen so groß, daß sie gar nicht merken, warum sie unglücklich oder krank sind. Sie spüren ihre Seele nicht mehr und handeln nur nach eigenen Vorstellungen oder allgemeingültigen Leitlinien. Tagtäglich verdrängen wir unseren eigentlichen Ursprung und erschaffen uns so, sowohl kollektiv als auch individuell, unsere großen und kleinen Dämonen, die uns quälen, krank machen und uns den Zugang zu geistigen Welten vernebeln. So heißt es im Tao Te King des Laotse: [18]

Diese Moral ist Treu und Glaubensdürftigkeit
und der Verwirrung Beginn.
Vorbedacht ist des SINNES (DAO) Schein
und der Torheit Anfang.
Also auch der rechte Mann:
Er weilt beim Völligen und nicht beim Dürftigen.
Er bleibt beim Sein und nicht beim Schein.
Darum tut er ab das Ferne und hält sich an das Nahe.

In einer anderen Übersetzung eines unbekannten Verfassers heißt es: [19]

So bleibt am Schluß die Sitte über
als bloßer Schein des Sittlichen
und Zeichen des Verfalls.
Das Wissen jedoch

> *wird Mittel zum Verfall.*
> *So hält sich der große Mensch stets an das Innen*
> *und nicht an das Außen,*
> *bleibt beim Sein*
> *und nicht beim Schein,*
> *hält sich an jenes,*
> *meidet diesen.*

Es ist schon sehr erstaunlich, wie ähnlich sich die Gedichte Hölderlins und die Schrift Laotses in vielen Versen sind. Laotse erklärt uns, daß, wenn wir nach bestimmten Wertvorstellungen, religiösen, moralischen Geboten oder nach einer legitimierten, also von der Gesellschaft als akzeptiert betrachteten Norm handeln, wir ein Durcheinander und Chaos erschaffen. Unsere Wertvorstellungen, Bräuche und Sitten sind ärmlich und karg im Vergleich zu unserem eigentlichen Sein. Sie sind der Beginn unserer Verwirrung. Unklarheit, Konfusion und Chaos entstehen, weil wir selbst festgelegt haben, was richtig oder falsch ist. Wir handeln mit dem Verstand und wägen Für und Wider unserer Handlungen und deren Folgen gegeneinander ab, anstatt uns von Moment zu Moment von unserer inneren Ganzheit leiten zu lassen. Unser so vorbedachtes oder vorgeplantes Handeln ist der Beginn unserer Dummheit und erschafft eine unechte Welt, die nicht die eigentliche Wirklichkeit ist. Unsere angelernten Kenntnisse, von denen wir glauben und uns sogar sicher sind, daß sie der Wahrheit entsprechen, sind unser Werkzeug, um in uns die höhere kosmische Ordnung zu verdrängen. Mit unserem Verstand erschaffen wir und begeben uns in eine Scheinwelt, das heißt, in eine Dimension, die nur das Abbild der ursprünglichen Wirklichkeit ist. Laotse erklärt uns einige Verse zuvor: [20]

Das hohe LEBEN sucht nicht sein LEBEN,
also hat es LEBEN.

Wer die Wirklichkeit der höheren Dimension erfahren will, versucht nicht, seine Vorstellung von seinem eigenen Ich zu realisieren, sondern er begibt sich auf die Suche nach dem DAO. Für Laotse ist es das unnennbare DAO, aus dem alles erschaffen wurde und das allem als lebensspendende Kraft innewohnt. Nur wenn wir unser Ich aufgeben, können wir es selbst kennenlernen und sind lebendig.

Das hohe LEBEN ist ohne Handeln und ohne Absicht
Die Liebe handelt und hat nicht Absichten.

Laotse beschreibt uns einen weisen und erleuchteten Menschen. Er handelt nicht mit seinem Verstand und nicht nach seinen Vorstellungen, sondern er läßt es zu, daß der Wille des DAOs über ihn und auf ihn wirkt. Es gibt keinen Widerstand in ihm, weil er sein eigenes Ich überwunden hat. Seinen Handlungen liegt kein Plan zugrunde und er hat keine eigene Intention, sondern überläßt sich dem Fluß des DAOs, auch wenn er nicht weiß, wo dieser hinführt. Er spürt in sich den Willen des Himmels und läßt sich von ihm leiten, ohne nachzudenken oder zu ur-theilen. Es gibt kein Ich, das seine eigenen Wege gehen will, sondern alles geschieht wie von selbst und findet so seinen richtigen Platz in der kosmischen Ordnung.

Hölderlin erklärt uns schon als Vierzehnjähriger in seinem Gedicht „Die Nacht", was es heißt, wenn man wahre Tugend liebt und so seine Seele fühlt und empfindet. Man will nicht einem Hilfsbedürftigen helfen, um das eigene Ich oder Ego zu stärken, sondern man handelt intuitiv. Der Leidende wird nicht gesucht, weil man die Vorstellung hat, daß es gut ist

jemandem zu helfen, sondern er erscheint von selbst und somit hilft man nur, wenn es auch richtig und angemessen im Sinne des himmlischen Willens ist. Hölderlin sagt uns im Hyperion dasselbe wie Laotse: *Was ist alles künstliche Wissen in der Welt, was ist die ganze stolze Mündigkeit der menschlichen Gedanken gegen die ungesuchten Töne dieses Geistes, der nicht wußte, was er wußte, was er war? Wer will die Traube nicht lieber voll und frisch, so wie sie aus der Wurzel quoll, als die getrockneten, gepflückten Beeren, die der Kaufmann in die Kiste preßt und in die Welt schickt?*
Im Laufe unserer Menschheitsgeschichte haben wir immer mehr Wissen angehäuft. Tausende Bücher wurden geschrieben und alles wissenschaftlich untersucht. Aus einer wissenschaftlichen Theorie entstand die nächste. Wir versuchen auch heute noch, alles mit unserem logischen Denken zu erklären. Tausende Millionen werden ausgegeben, um unseren Ursprung und die Entstehung von Materie zu erforschen. Hölderlin beschreibt uns hier eine Person, die vollkommen leer ist. Sie hat kein angehäuftes Wissen und versucht nicht, mit dem Verstand die Welt zu verstehen und diesem entsprechend zu handeln. Hier geht er sogar noch einen Schritt weiter: Die Person weiß nicht, wer sie selbst ist, das heißt, sie hat kein Bewußtsein von ihrem eigenen Ich. Sie hat keine Vorstellung von sich selbst und will sich nicht über eigene Wünsche bestimmen. Ihre geistige Leere ist so vollkommen, daß sie selbst keinen Willen hat. Selbst der Wunsch, Gott, unsere Seele oder das DAO zu finden, wurde aufgegeben. Es ist ihr Nicht-Wissen, ihr Nicht-Ich und ihre Nicht-Suche, die sie die frische Traube genießen läßt. Sie darf das Göttliche hier in unserer Dimension in ihrem jetzigen Dasein als Mensch erfahren. Hölderlin war sich vollständig bewußt, daß, sobald wir ein Bewußtsein von unserem eigenen Ich haben, wir nicht mehr in einem vollkommenen Eins-Seyn mit unserer Seele sind. Alle Gedanken, Wünsche und all unser Wissen

halten uns in dieser materialisierten Dimension fest und geben ihr Gestalt.

„Wer mit ganzer Seele wirkt, irrt nie. Es bedarf des Klügelns nicht, denn keine Macht ist wider ihn." In diesen Sätzen aus seinem Roman Hyperion erklärt uns Hölderlin den Effekt unserer Handlungen, sofern wir uns dabei von unserer Seele leiten lassen. Eigentlich ist es kein eigenes Handeln, da man selbst weder darüber nachdenkt noch ein Ziel verfolgt, sondern man läßt es zu, daß man selbst Instrument der höheren geistigen Sphäre ist. Das Göttliche, unsere Seele, wirkt dadurch über uns auf uns selbst und auf unsere Umgebung. Das Resultat dieses Nicht-Handelns unterliegt nicht unseren eigenen Wünschen und Zielen, sondern entspricht einer höheren kosmischen Ordnung. Alles geschieht so in Harmonie und Vollkommenheit. Es ist keine Täuschung möglich, da es niemanden gibt, der sich täuschen könnte. Die höhere geistige Sphäre unserer Seele kann sich nicht irren! Aus ihr ging das ganze Universum hervor und zu ihr kehrt immer wieder alles zurück. Diese ewigen Kreisläufe werden von ihr bestimmt und es gibt keine anderen Mächte, die sich ihr widersetzen könnten. Wenn wir uns von unserer Seele leiten lassen, geschieht alles im Einklang mit der Schöpfung selbst. Wer kann der geistigen Kraft entgegenstehen, aus der die Erde, Sonne, Mond und das ganze Universum erschaffen wurde? Hölderlin sagt uns immer wieder, daß uns die geistige Kraft der Schöpfung innewohnt, aus der alles entstanden ist. Sie ist mächtiger als alle anderen Kräfte, die normalerweise auf uns wirken. In der himmlischen Sphäre gibt es keinen Kampf von gut und böse, sondern alles ist in Innigkeit und Harmonie miteinander verbunden.

Hölderlin nennt seine Empfindungen heilig, weil er über sie innerlich spürt, ob etwas, also zum Beispiel eine Handlung oder er selbst, im Einklang mit seiner Seele ist. Sie sind für ihn wichtiger als sein erlerntes Wissen und Denken. In seinen

Gedichten versucht er, sowohl sich selbst als auch den Leser innerlich anzusprechen. Die Schwingung und der Klang der höheren geistigen Sphäre unserer Seele, die vielen Gedichten Hölderlins innewohnen, wollen uns in eine höhere Dimension mitnehmen oder uns zumindest für Momente wachrütteln. „In uns ist alles, was kümmert dann den Menschen, wenn uns ein Haar vom Haupte fällt." In diesem sowie in vielen anderen Sätzen erklärt uns Hölderlin in seinem Werk Hyperion, daß wir die Welt in uns wahrnehmen sollen und nicht mit unserem Verstand. Nur so können wir die eigentliche Wirklichkeit erkennen und unseren Ursprung erfahren. „Hinweg ihr Wünsche! Quäler des Unverstands!" oder „Du stille Weisheit! Öffne dein Heiligtum." In Sätzen wie diesen, die dem Gedicht „Die Weisheit des Traurers" entnommen sind, erklärt uns Hölderlin, daß wir die höheren geistigen Welten bis hin zu der höchsten für uns erlebbaren, unserer Seele selbst, nur erfahren können, wenn wir keine Wünsche, keine Gedanken und keinen eigenen Willen mehr haben.

So heißt es im Tao Te King: [21]

Wer ohne Absicht ist,
vermag das Geheimnis zu erschauen.
Wer Absicht hat,
erblickt die Manifestationen.
Beide gehören zusammen
und sind bloß
verschiedene Namen.

Laotse erklärt, daß nur, wer vollkommen leer ist, das DAO selbst erfahren darf. Wenn man nichts erreichen will, also keine Wünsche oder Ziele hat, ist es uns erlaubt, das Unnennbare, aus dem alles erschaffen wurde, selbst zu erfahren. Sobald wir etwas beabsichtigen, erfahren und sehen wir nur ein Abbild des DAO. Unser Ich-Bewußtsein will immer etwas. Wir gehen ins Kino, weil wir einen guten Film anschauen und unterhalten wollen. Danach gehen wir in eine Bar, weil wir beabsichtigen Freunde zu treffen und Musik zu hören. Wir sparen Geld für unseren nächsten Urlaub oder gehen in den Supermarkt, um abends ein gutes Essen zu kochen. Bei all unseren Handlungen wollen wir etwas erreichen und haben ein Ziel vor Augen. Selbst wenn wir uns auf eine spirituelle Suche begeben und Meditation, Yoga oder Tai Chi praktizieren, beabsichtigen wir etwas. Wir begeben uns auf eine Suche, um eine andere Bewußtseinserfahrung zu machen oder gar erleuchtet zu werden. Lao Tse erklärt uns, daß wir immer dann, wenn wir etwas wollen oder beabsichtigen, das Unnennbare selbst nicht sehen und erfahren können. Nur wenn wir in einem Seins-Zustand sind, in dem wir kein Ich mehr haben, laut Hölderlin kann man nur dann von einem Sein sprechen, ist es uns erlaubt, das Geheimnis der Schöpfung zu sehen und zu erleben. Wir können dieses Ziel nicht über unseren eigenen Willen erlangen und noch viel weniger über Gesetze und Moralvorschriften. Hölderlin ist sich vollkommen bewußt, daß all unser Denken, Wissen und all unsere Wünsche von unserem Ich ausgehen und uns notwendigerweise in unserer materialisierten Dimension festhalten. Die geistige Dimension unserer Seele ist ein Eins-Sein in allumfassender Liebe, sie ist die ewige Schönheit und nicht ein Ich-bin. Laotse sagt uns hier nicht, daß es schlecht oder gar verboten ist, eigene Wünsche oder Absichten zu haben, sondern er erklärt uns, wie sich ein weiser Mensch verhält, um die Verbindung zum DAO aufrechtzuerhalten, so daß er selbst das Himmlische mit dem Irdischen verbindet. Er beschreibt keinen weisen Erleuchteten, der aus unserer irdischen Dimension mit all ihren Leiden und Greueltaten flüchtet und sich ins DAO auflösen will, sondern einen Weisen, der sich so verhält, daß er als Mensch frei von allen Kräften ist, die hier auf der Erde normalerweise auf uns wirken. Laotses Bewußtsein ist so vollkommen, daß er immer Himmel und Erde verbindet. Er ur-theilt und wertet nicht. An keiner Stelle verwendet er in seiner Schrift Tao Te King das Wort „Ich". Sein Ich wurde dauerhaft von ihm überwunden, so daß es in ihm selbst nichts mehr gibt, wogegen er ankämpfen könnte. Auch von außen kann ihm niemand schaden, weil es niemanden gibt, dem man schaden könnte… Laotse erklärt in diesen Versen auch, daß unsere materialisierte Welt genauso DAO ist wie das Unnennbare, aus der sie hervorging. Alle Dimensionen bilden eine Einheit und entspringen demselben Ursprung. Hölderlin drückt dies mit folgenden Worten von Heraklit aus: „Das eine in sich selber unterschiedene". Er nennt diesen Satz „das große Wort" und „das Wesen der Schönheit". Wir sollen die allumfassende Schönheit der Schöpfung in allem erkennen und die Dinge nicht als getrennt betrachten. Der ganze Kosmos ist von der kleinsten Blume bis hin zu den Sternen lebendig und von Natur aus in Harmonie. Sowohl Laotse als auch Hölderlin teilen uns mit, daß wir nach innen gehen müssen, um die eigentliche Wirklichkeit zu erfahren. Sie vermitteln uns dieselbe Botschaft, auch wenn sie andere Namen oder Ausdrücke verwenden. Laotse ist sich bewußt, daß kein Name für die Größe und Allumfassenheit der Schöpfung zutreffend ist und nennt sie deshalb DAO oder das Unnennbare. Für ihn sind alle Dimensionen aus dem DAO entstanden und es ist weiterhin in allem vorhanden und verbindet alles miteinander. Für Hölderlin ist unsere Seele der geistige Urstoff, der allem innewohnt und aus dem alles erschaffen wurde. Er beschreibt uns die verschiedenen ausführenden Kräfte der Schöpfung. Beide sagen uns, daß wir uns von dieser, im Falle Laotses vom DAO, im Falle Hölderlins von unserer Seele, uns innewohnenden geistigen Kraft leiten lassen sollten, wenn wir im Einklang mit uns selbst und der himmlischen Sphäre sein wollen.

Es sind unser Verstand, unsere Ur-theile und unser angelerntes Wissen, die uns an unsere materialisierte Dimension binden und mit deren Hilfe wir unbewußt unsere eigene Welt mit all ihren Leiden erschaffen.

Aus Tao Te King: [22]

> *Verzichtet auf Wissenskram,*
> *und spitzfindige Klugheit,*
> *und der Gewinn des Volkes*
> *wird hundertfach sein.*
> *Verzichtet auf die Rechtlichkeit,*
> *verwerft die Sittlichkeit,*
> *und das Volk wird zur wahren Güte zurückfinden.*
> *Verwerft auch die Schlauheit*

Schade, daß Hölderlin die Schrift des Tao Te King nicht kannte. Er wäre sicherlich begeistert gewesen und hätte für sein alltägliches Leben lernen können.

Jesus sagt in der Bergpredigt: „Selig sind die arm sind vor Gott, denn ihnen gehört das Himmelreich". Von anderen Übersetzern wurde diese Stelle aus dem Griechischen wie folgt übersetzt: „Selig die Armen im Geiste, denn ihrer ist das Himmelreich." Sicherlich sind hier nicht Menschen gemeint, die materiell arm sind, sondern Menschen, die kein Ego und kein Ich-Bewußtsein haben. Personen, die Gott und die himmlische Sphäre innerlich erfahren, weil ihr Verstand und ihre Gedanken still stehen. Sie bestimmen sich nicht über ihr Wissen und Denken, sondern haben eine geistige Leere erreicht und dürfen so das Himmlische in sich selbst erfahren. Sie handeln nicht nach ihrem eigenen Willen und erreichen so, was Jesus im „Vater Unser" mit dem Satz „Dein Wille geschehe, wie im Himmel so auf Erden" meint. Nur wenn wir kein Ich mehr haben und somit auch kein eigenes Denken, können wir Gott erfahren und uns von ihm leiten lassen. Leider verstanden die meisten christlichen Religionsgemeinschaften die Worte Jesu nicht in diesem Sinne. Sie erschufen hunderte Gesetze und Vorschriften. Die Religion wurde so zu einem rein äußerlichen Zwang und nicht zu einer inneren Transformation. Gott wurde nach außen projiziert, anstatt daß wir in uns selbst unsere eigene Göttlichkeit erfahren. Viele christliche Kirchen vertrösteten ihre Anhänger damit, daß, wenn sie ihre Gesetze einhielten, sie nach ihrem Tod in den Himmel kommen würden.

In Indien wurden schon vor tausenden von Jahren Methoden wie Meditation oder Yoga entwickelt, die uns helfen sollen, unseren Verstand und unser Ich zu überwinden. Das Wissen, daß wir selbst göttlich sind und es unser Ego und unsere Gedanken sind, die uns von dieser Dimension trennen oder unseren Zugang blockieren, ging in Asien nie ganz verloren. In mehreren Gedichten erwähnt Hölderlin Asien und vor allem Indien.

Dichterberuf

Des Ganges Ufer hörten des Freudengotts
Triumph, als allerobernd vom Indus her
Der junge Bacchus kam, mit heilgem
Weine vom Schlafe die Völker weckend.

Für Hölderlin war es klar, daß schon lange vor Jesus und auch vor Heraklit oder Plato göttliches Bewußtsein von Indien nach Griechenland kam. In seinem Gedicht „Patmos" beschreibt er, daß es in unserer Menschheitsgeschichte immer wieder Menschen gab, die Einblick in die höhere Sphäre unserer Seele hatten und dieses Wissen an die Menschen weitergaben. Für ihn waren die ersten Menschen alle in einem erwachten Zustand. Obwohl er Buddha, Laotse und die Sanskritschriften Indiens nicht kannte, wußte er, daß die Botschaft, die er uns in seinen Schriften mitteilen will, in Asien noch lebendig ist. Für ihn waren die griechischen Vorsokratiker und Jesus diejenigen, die ihm spirituelle Weisheit vermittelten und ihn begeisterten. In seinen Gedichten teilt er uns nicht erlerntes Wissen mit, sondern er beschreibt uns, was er selbst erlebt und sieht.

Andenken

Nun aber sind zu Indiern
Die Männer gegangen
Dort an der luftigen Spitz!

In der Zeitepoche, in der Hölderlin lebte, existierte bei uns im Westen niemand, der Zugang zur himmlischen Sphäre hatte. Es gab in seiner Heimat und auch in Griechenland keinen Jesus oder Heraklit, die göttliche Weisheit vermittelten. In Indien gab es noch Menschen, die Zugang zu ihrer Seele hatten und die so erlangte Weisheit göttlichen Bewußtseins an ihre Mitmenschen weitergaben, auch wenn es vielleicht nur ein paar wenige waren. Hier im Westen haben wir uns im Sinne von Aristoteles entwickelt. Es gab zwar Denker, Philosophen und Wissenschaftler, aber keine Weisen. Für Hölderlin ist ein Weiser ein Mensch, der Zugang zu den höheren Dimensionen hat und von dort sein Wissen erlangt. Er läßt sich vom Geist seiner Seele leiten und wirkt so auf allen Ebenen und verbindet diese.

6 Ewigkeit, Zeit, Schicksal und freier Wille

Die Bücher der Zeiten

> Die Bücher der Zeiten
>
> Herr! Herr!
> Unterwunden hab' ich mich,
> Zu singen dir
> Bebenden Lobgesang.

Hier spricht Hölderlin Gott selbst an. Mit „Herr" meint er nach christlichem Verständnis einen allumfassenden Gott, der über den olympischen Göttern und auch über der Göttin Urania steht. An anderer Stelle nennt er ihn auch Gott der Götter. Er ist sich bewußt, daß er als Mensch im Vergleich zu Gott selbst eine untergeordnete Stellung einnimmt und spricht dies auch aus. Mit Hilfe von Klang und Rhythmus seines Gedichts wendet er sich voller Ergriffenheit an Gott und preist ihn.

> Dort oben
> In all der Himmel höchstem Himmel,
> Hoch über dem Siriusstern,
> Hoch über Uranus Scheitel,
>
> Wo von Anbeginn
> Wandelte der heilige Seraph
> Mit feirender, erbebender Anbetung
> Ums Heiligtum des Unnennbaren.

Über unserer gestaltgewordenen Dimension gibt es viele geistige himmlische Welten. Hölderlin teilt uns deren Anzahl nicht mit, sondern beschreibt uns in seinen Gedichten seine Einblicke und Erfahrungen. In allen Dimensionen wirken verschiedene Kräfte, die Hölderlin oft in Form von nichtmaterialisierten Wesen wahrnimmt. Die höchste Dimension, die Hölderlin selbst erlebt, ist die geistige Sphäre unserer Seele. Er erlebt sie als Freiheit und als allumfassende Liebe eines vollkommenen Einsseins. Hier löst sich sein Ich-Bewußtsein auf und keine irdische Kraft kann auf ihn wirken. Er erklärt uns, daß unserer Seele sozusagen der geistige Urstoff ist, aus dem im Zusammenspiel mit unseren Gedanken und Vorstellungen unsere Realität erschaffen wird. Im Großen wird aus dieser geistigen Urkraft, ohne unsere Mitwirkung, jegliche Materie, also Sonne, Mond, Sterne und alle Planeten, erschaffen. Die Schöpfergöttin Urania wirkt in dieser Dimension und existierte schon, als das Chaos, ein gähnender Abgrund, in Bewegung kam und die Himmelskörper entstanden. Für Hölderlin ist sie die Göttin, deren Geist zugleich auch die geistige Urkraft unserer Seele ist. Er sieht sie aus der Ferne und sie berührt ihn, so daß er mit ihrer Hilfe in ihre, für uns als Mensch wahrscheinlich die höchste erlebbare, Dimension einreisen darf. In Bildern beschreibt er uns, wie er diese Momente erlebt. Das ganze Universum steht still und er erlebt die Dimension der Ewigkeit. Urania hilft ihm, über Wolken und Nebel zu gelangen. Dämonen und Geister werden von ihr besänftigt, so daß ihm die Reise in ihre Dimension erlaubt wird. In diesem Gedicht sagt er uns, daß es noch etwas gibt, was weit über dieser Dimension ist. Es existiert etwas über Uranus, das nicht mehr benennbar ist.

Im kabbalistischen Baum der jüdischen Mystiker wäre Uranus mit Chokmah gleichzusetzen. Sie erklären Chokmah als die Ebene der geistigen Urkraft, in der noch nichts Form oder Gestalt hat. Im kabbalistischen Baum gibt es auch über dieser Dimension, die verschiedenen Dimensionen oder Welten werden in der Kabbalah als Sephirot bezeichnet, noch die Sephira Kether. Sie bildet die Spitze des Baumes, von wo aus sich alles teilt. Die meisten Mystiker, die sich mit der Kabbalah beschäftigt haben, wissen, daß es über der Sephira Kether mindestens noch zwei weitere Dimensionen gibt, die für uns Menschen nicht mehr erfahrbar sind. Hölderlin ist es erlaubt, in die Welt des Uranus, also Chokmah, einzureisen. Für alle, die sich in der Mystik der Kabbalah auskennen, ist dies ein außergewöhnliches oder für viele sogar ein unmögliches Ereignis. In vielen Schriften werden von begnadeten Sehern oder Mystikern ihre Erfahrungen beschrieben, die sie in der geheimen Sephira Daath machten und ihnen Einblick hinter die Schleier und Nebel in die höheren Dimensionen gewährten. Im alten Ägypten war die Göttin Isis für viele die höchste Göttin. Sie war es, die die Schleier und Nebel lüftete und den Menschen somit Einblick in göttliche Dimensionen erlaubte. Hölderlin erfuhr die Gnade, daß er nicht nur einen Einblick in die geistige Urkraft (Uranus / Chokmah) bekam, sondern diese sowohl geistig als auch körperlich erleben durfte. Er spürt in sich die Kraft, die ihn selbst mit dem ganzen Universum verbindet und sieht von dieser Höhe aus, wie aus dieser geistigen Kraft alles geformt und gestaltet wird. Dieser Vorgang findet für die Kabbalisten in der Sephira Binah (Saturn) statt. Dieser kurze und oberflächliche Ausflug in die Mystik der Kabbalah ist für Leser gedacht, die sich schon etwas in ihrer Lehre auskennen und vielleicht so die Schriften Hölderlins besser einordnen können. Einordnen ist vielleicht der falsche Ausdruck, da wir Hölderlins Gedichte sowieso nicht mit unserem logischen Verstand erfassen können. Er beschreibt uns keine wissenschaftlich erklärbare Welt, sondern alles ist ständig in Bewegung und miteinander vernetzt. Unser Verstand und Wissen sind die Hindernisse und nicht das Mittel, um die höheren Dimensionen, von denen die harmonischen

Kreisläufe ausgehen, zu verstehen.

Manche Menschen haben von Natur aus die Gabe, in nichtmaterialisierte Welten einzureisen und sich dort zu bewegen. Oft fängt es damit an, daß man sich selbst im Schlaf, von oben betrachtet, im Bett liegen sieht und sich dann aktiv bewegen oder sogar fliegen kann. Sie bewegen sich mit ihrem Astral- oder Traumkörper. Personen, die diese magische Gabe beherrschen, können sich bewußt mit ihrem nichtmaterialisierten Körper in verschiedenen Dimensionen bewegen. Sie können sich auch in unserer Dimension sowohl fliegend als auch gehend frei fortbewegen. Geschlossene Türen und Wände sind dabei kein Hindernis. Bei vielen Ureinwohnern auf allen Kontinenten der Erde waren Astralreisen genauso real wie unsere materialisierte Welt. Für die Aborigines Australiens sind ihre Erlebnisse in astralen Welten auch heute noch realer als unsere alltägliche Dimension. Für sie sind die geistigen Welten die eigentliche Wirklichkeit.

Wir alle hatten im Schlaf vielleicht schon Momente, in denen wir uns bewußt waren, daß wir träumen und dies realer wahrnehmen als andere Träume. Jemand, der die außergewöhnliche Fähigkeit hat, sich in solchen Momenten eines Traumes selbst, also bewußt aufgrund eigener Entscheidungen, zu bewegen oder zu fliegen, fällt es leicht, dieses Talent weiter zu erlernen und zu üben. Das Problem ist nur, daß es bei uns in unseren Schulen keinen Lehrer gibt, der einem helfen könnte, dieses Talent weiterzuentwickeln. Was würde wohl der Physiklehrer zu seinem Schüler sagen, wenn dieser ihm erzählen würde, daß er heute Nacht durch Wände gegangen sei oder sich in einer anderen Dimension mit fremdartigen Gestalten unterhalten habe. Hölderlins Gedichte handeln nicht von Erlebnissen, die er in astralen Dimensionen hatte. Die verschiedenen nichtmaterialisierten Dimensionen, die ein Magier, Schamane oder Zauberer, also ein Mensch mit außergewöhnlichen Fähigkeiten, die wir wissenschaftlich nicht mit logischem Verstand erklären oder erfassen können, mit seinem Traumkörper bereisen kann, sind noch in der Nähe unserer materialisierten Sphäre. Es sind, so könnte man es vielleicht ausdrücken, parallele Dimensionen oder Sphären, die um unsere Dimension herum auch existieren. Hölderlin erklärt uns in seinen Gedichten die höheren himmlischen Dimensionen. Er erlebt sie nicht mit seinem Astralkörper, sondern die geistige Dimension seiner Seele öffnet sich in ihm. Die himmlische Dimension unserer Seele kann man wahrscheinlich nicht mit dem Astralkörper und schon gar nicht auf eigenen Wunsch oder willentlich bereisen.

Dies zur Erklärung für Leser, die Bücher über Traum- oder Astralreisen gelesen haben und für diejenigen, die vielleicht selbst schon übernatürliche Erfahrungen, sei es nun auf natürliche Art oder unter Mithilfe bewußtseinserweiternder Pflanzen wie Ayahuasca, Pilzen oder Peyote, in astralen Welten gemacht haben. Hölderlin widerfuhr die göttliche Gnade, die Dimension unserer Seele selbst erleben zu dürfen. Er sagt uns in diesen Versen, daß es über Uranus, also über der Erfahrung, die er in der Dimension unserer Seele macht, noch eine Dimension gibt, die sich weit über dieser befindet. Er nennt sie den höchsten Himmel aller Himmel und ist sich bewußt, daß man sie nicht mehr benennen kann. Sie ist nicht nur weit über Uranus, sondern auch hoch über dem Stern Sirius. Sirius ist der hellste Stern am Nachthimmel. Für Hölderlin gibt es eine noch höhere Dimension als die des reinen Lichts. Manche, die eine Nahtoderfahrung machten, berichten, daß alles nur noch Licht war oder ihnen alles als eine strahlende Helligkeit erschien. Auch für viele Mystiker ist die Dimension des Lichts die höchste Dimension. Wenn wir in einem dunklen Zimmer eine Lampe anzünden, so wird der gesamte Raum erhellt. Nur da, wo ein Gegenstand, also etwas das eine zu Materie verdichtete Gestalt hat, dem Licht im Weg steht, entsteht hinter dem Gegenstand dessen Schatten. Sobald

Licht auf Dunkelheit trifft, ist alles Licht. Hier auf der Erde haben wir Tag und Nacht. Wenn es bei uns Nacht ist, so ist auf der gegenüberliegenden Seite der Erde Tag, weil dort die Sonnenstrahlen auf sie treffen und wir selbst im Schatten der Erde sind. Es ist nur dunkel, weil die Sonnenstrahlen nicht durch den Gegenstand, in diesem Falle die Erde selbst, dringen können. Wenn morgens die Sonne aufgeht, so ist es eigentlich so, daß die Sonne nicht aufgeht, sondern daß der Ort, an dem wir uns zu diesem Zeitpunkt befinden, aus dem Schatten der Erde heraustritt und so den Sonnenstrahlen wieder zugänglich ist. Hölderlin beschreibt uns, daß es unsere selbst erschaffenen Nebel und Wolken sind, die uns den Zugang zu unserer Seele versperren. Er spricht von einer „Scheidewand", die uns von den höheren Dimensionen trennt. Wir sind also in einer Dunkelheit, weil wir etwas erschaffen, was das Licht nicht zu uns durchdringen läßt. Doch selbst über der Dimension des Lichts, „Siriusstern", gibt es noch eine Dimension, die über allen anderen steht und von der alles ausgeht. Hier nennt Hölderlin sie „Heiligtum des Unnennbaren". Sie ist weder hell noch dunkel oder auch nicht gut oder böse, sondern sie ist das Eine, das sich in sich teilte und aus dem sowohl Licht als auch jegliche Materie hervorgingen. Es gibt keine Worte, um sie zutreffend zu benennen. Wir können uns diesen höchsten Himmel aller Himmel mit unserem Verstand nicht vorstellen oder erdenken. Hier sagt uns Hölderlin genau das, was Laotse in der Übersetzung eines unbekannten Verfassers mit dem Satz meint: „Das DAO, das benannt werden kann, ist nicht das ewige DAO." Richard Wilhelm drückt dies in seiner Version des Tao Te King folgendermaßen aus: „Der SINN (DAO), den man ersinnen kann, ist nicht der ewige SINN. Der Name, den man nennen kenn, ist nicht der ewige Name." In seinem Gedicht „Heimkunft" beschreibt uns Hölderlin dies wie folgt: „Und noch höher hinauf wohnt über dem Lichte der reine selige Gott...".

Wenn Hölderlin von Gott spricht, so meint er eigentlich das Unnennbare. „Stille wohnt er und allein und hell erscheint sein Antlitz". Das Licht ist nicht Gott selbst, sondern seine erste Manifestation. Mit dem heiligen Seraph, der um das Heiligtum des Unnennbaren wandelt, meint Hölderlin wahrscheinlich Urania, die Göttin der Schöpfung. Die geistige Urkraft der Schöpfung oder unsere Seele ist für Hölderlin der Geist Uranias. Selbst sie betet das Unnennbare an und wird von ihm geleitet. Für Hölderlin gibt es, wenn man seine Aussagen mit dem Hinduismus vergleicht, selbst über Brahma und Shiva noch etwas, das diese leitet und für uns als Mensch nicht mehr zugänglich ist. In Indien gab es sicherlich über die Tausende Jahre seiner Geschichte auserwählte weise Menschen, die Zugang zu Brahma und seinem schöpferischen Geist hatten und ihn für Momente wahrnehmen konnten. Aber auch er ist nicht das, was Hölderlin unter Gott oder unnennbar versteht, sondern er wäre mit Urania zu vergleichen oder gleichzusetzen. Gott selbst können wir nicht sehen oder wahrnehmen, sondern nur seine Wirkung oder Manifestationen von ihm. Letztendlich ist alles göttlich, weil alles aus diesem Einen entstanden ist, indem es sich in sich geteilt hat und somit in allem weiterhin vorhanden ist.

Hölderlin war es erlaubt, die himmlische Dimension eines vollkommenen Einsseins zu erleben. Ihm widerfuhr die außergewöhnliche Erfahrung, die wir in den verschiedenen Kulturen als Erleuchtung, Erwachen, Union-Mystika, Samadhi oder Satori bezeichnen. Von dieser Höhe aus beschreibt er uns in seinen Gedichten, wie er diese Momente erlebt und was für Kräfte in den unteren Dimensionen normalerweise auf uns wirken. In diesem Gedicht erklärt er uns, daß selbst über dieser himmlischen Höhe, ja sogar über der des Lichts, noch eine himmlische Sphäre existiert, die wir nicht mehr benennen können. In erleuchtetem Zustand wird er sich bewußt, daß in der höchsten himmlischen Dimension der

Ewigkeit schon alles vorhanden ist. Er hat einen kurzen Einblick in diese, aber er erlebt sie nicht selbst. So beschreibt Laotse im Tao Te King das unnennbare DAO folgendermaßen:

Tao Te King: [23]

XIV

Man schaut es an und sieht es nicht;
denn es ist das Unsichtbare.
Man horcht nach ihm und hört doch nichts;
denn es ist das Unhörbare.
Man greift nach ihm und faßt doch nichts;
denn es ist das Unergründliche.
…
Sein Äußeres ist nicht leuchtend,
sein Inneres nicht finster.
Man kann es nicht benennen,
es verliert sich im Nichtsein.
Das ist des Formlosen Form,
des Bildlosen Bild,
das Unerfaßliche.

Laotse war sich noch bewußter als Hölderlin, daß man die höchste himmlische Dimension als Mensch weder benennen noch erleben kann. Er hatte ständig Zugang zu seiner Seele und somit zu himmlischen Dimensionen. Im Tao Te King beschreibt er uns das DAO als etwas, das selbst nichts ist, das dennoch ständig in allem da ist und aus dem alles hervorging. Es ist der unnennbare Ursprung. Es ist nichts und alles.

Für Hölderlin ist das Göttliche nur erfahrbar, wenn wir kein Ich-Bewußtsein mehr haben. Es ist unser Nicht-Denken und Nicht-Wissen, die uns den Eingang in die höheren Sphären öffnen und uns so göttliches Bewußtsein ermöglichen. Weil wir selbst niemand sind und auch niemand sein wollen, werden wir alles und können dadurch die Dimension unserer Seele erfahren. Was bei einer Erleuchtung einer Person individuell widerfährt, geschieht auch auf einer höheren Ebene. Weil das DAO selbst nichts ist, ist es alles. Die höhere Dimension der Ewigkeit ist vollkommen leer und doch existiert in ihr schon alles. Wir können das DAO weder greifen noch hören und auch nicht sehen und dennoch ist es überall vorhanden.

Tao Te King: [24]

Das DAO ist ein leeres Gefäß
Sein Gebrauch ist unerschöpflich,
unauslotbar.

Seine Leere macht es so groß, daß wir es nicht messen können. Die Tiefe der höchsten Dimension der Ewigkeit können wir weder erkennen noch sehen. Wir können das DAO nicht verstehen und dennoch machen wir ständig Gebrauch von ihm. Es ist leer und doch wird aus ihm alles erschaffen.

In einem Brief an seinen Bruder Karl erklärt Hölderlin dies in folgendem Satz, den wir in diesem Buch schon erklärt haben, fast identisch: „Denn die Kunst und Thätigkeit der Menschen, so viel sie schon gethan hat, und thun kann, kann doch Lebendiges nicht hervorbringen, den Urstoff, den sie umwandelt, bearbeitet, nicht selbst erschaffen, sie kann die schaffende Kraft entwikeln, aber die Kraft selbst ist ewig und nicht der Menschenhände Werk". In seinem Gedicht „Hymne an die Göttin der Harmonie", ordnet Urania die alten Wogen des Chaos - den klaffenden Raum oder die gähnende Leere. Für Laotse ist das DAO vollkommene Leere und dennoch, und gerade deswegen, erfüllt es alles. Es kann aber auch nicht Leerheit genannt werden, da in ihm alles enthalten ist und alles aus ihm hervorging. Hölderlin war sich bewußt, daß wir innerlich leer sein müssen, um von etwas Größerem erfüllt werden zu können. Nur wenn wir kein Ich-Bewußtsein haben, können wir unsere Seele erfahren und ihre himmlische Dimension erleben. Er sagt uns in seinen Gedichten und Texten aber nicht, daß dieser Vorgang auch im großen kosmischen Kreislauf stattfindet. In seinem Gedicht „wie wenn am Feiertage" nennt er das Chaos, den gähnenden Abgrund, heilig und sagt uns, daß ursprünglich aus ihm die göttliche Ordnung, die Natur, erzeugt wurde. Für Laotse ist es die Leere, die alles erfüllt. Das DAO ist selbst nichts und alles geht aus ihm hervor. Die höchste Dimension der Ewigkeit ist selbst leer und eben deshalb ist in ihr alles vorhanden. Sie ist also keine geistige Wesenheit wie die Götter, da sie kein Ich-Bewußtsein hat. Ihre ausführenden Kräfte wie Shiva, Brahma oder Urania können wir noch benennen, auch wenn sie für uns Menschen nicht verstehbar sind. Hölderlin und Laotse waren sich bewußt, daß es für die höchste himmlische Dimension keine zutreffenden Worte gibt. An anderer Stelle erklärt uns Laotse die Leere in folgenden Versen:

Tao Te King: [25]

XI

Dreißig Speichen
münden in die Nabe -
der Raum zwischen ihnen
macht sie erst zum Rade.
Zum Formen knetet man
den Ton -
der leere Raum darin jedoch
macht erst die Vase.
Tür und Fenster

muß man brechen
um ein Haus zu bilden.
Der Stoff macht den Besitz daran,
das Nichts jedoch
das Wesen.

Nur weil die Leere existiert, können wir die zu Materie verdichteten Gegenstände als das erkennen, was sie sind. Sie ermöglicht uns deren Gebrauch. Was wäre ein Haus ohne Türen und Fenster? Oder wenn in den einzelnen Zimmern alles zu Materie verdichtet wäre? Zu was wäre ein Rad nützlich, wenn es keinen leeren Raum gäbe, durch den wir damit fahren könnten? Was nützt ein Fußball, wenn es nichts geben würde, wohin man ihn schießen könnte oder wenn er nicht mit Luft gefüllt wäre? Der höchste Himmel der Ewigkeit ist so tief und mysteriös, daß wir ihn mit unserem Verstand weder begreifen noch erklären können. Sowohl Hölderlin als auch Laotse sagen uns, daß es unsere innere Leere ist, die uns mit ihr verbindet und nicht unser Verstand. Nur wenn uns innerlich nichts umtreibt und unser Verstand in die Stille kommt, können wir von etwas Größerem erfüllt werden. Unsere Seele ist es, die uns das Unnennbare erfahren läßt und uns die Möglichkeit gibt, in Harmonie, Liebe und Freiheit zu leben. Wenn wir uns von ihr leiten lassen, und nicht nach unseren eigenen Gesetzen, Wünschen und Vorstellungen handeln, sind wir im Einklang mit dem Unnennbaren.

Da steht im Heiligtum ein Buch
Und im Buche geschrieben
All die Millionenreihen
Menschentage-

Für uns Menschen hier auf der Erde verläuft die Zeit linear.

Wir werden geboren, gehen in den Kindergarten, in die Schule, zur Arbeit und irgendwann sind wir alt und sterben. In unserer Dimension existieren Vergangenheit und Zukunft. Der Moment der Gegenwart ist für uns der Punkt, von dem aus wir Vergangenheit und Zukunft definieren. Alles, was zu Materie verdichtet ist, hat eine begrenzte Lebensdauer. Unser Körper, Pflanzen und selbst die Himmelskörper sind vergänglich. Die geistige Sphäre unserer Seele wird immer existieren. Aus diesem Urstoff wurden wir selbst, die Erde sowie auch alle anderen Planeten und Sterne erschaffen. Die geistige Kraft der Schöpfung existierte schon vor jeglicher materialisierten Gestaltwerdung und sie wird auch nach deren Auflösung weiterhin existieren. Für Hölderlin hat die geistige Sphäre unserer Seele weder einen Anfang noch ein Ende. In den Versen dieses Gedichtes sagt er uns, daß es selbst über dieser Sphäre noch etwas Unnennbares gibt, das er als „all der Himmel höchstem Himmel" bezeichnet. Er erklärt uns an anderer Stelle, daß unsere Seele und die in dieser Dimension wirkende Göttin Urania von einer Quelle der Liebe, hier in diesem Gedicht nennt er es „Heiligtum des Unnennbaren", geleitet werden. In der höchsten himmlischen Dimension der Ewigkeit gibt es ein Buch, in dem unsere ganze Menschheitsgeschichte verzeichnet ist. Von der Erschaffung der ersten Menschen bis zum Tod der letzten Menschen steht hier jeder Tag geschrieben. Für die Ewigkeit gibt es keine lineare zeitliche Abfolge. Sie ist vollkommene Leere und gleichzeitig ist alles schon in ihr vorhanden. Für sie sind Vergangenheit und Zukunft gleichzeitig. Das Wort „gleichzeitig" ist eigentlich auch nicht richtig, sondern nur ein unbeholfener Versuch, diesen für uns unerklärlichen und unbegreiflichen Zusammenhang zu beschreiben. Für die Ewigkeit gibt es gar keine Zeit und doch sind sowohl Vergangenheit als auch die Zukunft unserer Dimension in ihr vorhanden. Alles ging aus dieser höchsten, unnennbaren geistigen Kraft hervor und ist weiterhin in ihr präsent. Sämtliche Dimensionen, egal ob es Parallelwelten, Astralwelten, Traumwelten oder unsere normale materialisierte Dimension unseres täglichen Lebens ist, existieren innerhalb der ewigen Dimension des Unnennbaren. Jeder einzelne Tag, jede Minute, sowohl unserer Vergangenheit als auch von dem, was von der Gegenwart unserer Realität aus gesehen noch in der Zukunft liegt, steht in diesem Buche geschrieben. Die Ewigkeit umfasst und beinhaltet alle Dimensionen ohne zeitliche Begrenzung. Auch in seinem Trauerspiel „Tod des Empedokles" erwähnt Hölderlin diesen Zusammenhang.

Und frage sie, die Brüder Aegyptos,
Dort hörest du das ernste Saitenspiel
Uraniens, und seiner Töne Fall,
Dort öffnen sie das Buch des Schicksals dir.
Geh! Fürchte nichts! Es kehret alles wieder
Und was geschehen soll, ist schon geschehen.

Die alten Ägypter hatten noch den Zugang zu diesem Buch, in dem unser ganzes Leben aufgezeichnet ist. Mit „Uraniens" meint Hölderlin wahrscheinlich unsere Seele, die er in mehreren Gedichten auch als den Geist der Göttin Urania bezeichnet. Von dieser Höhe aus kommt die göttliche Schwingung in die unteren Dimensionen. In der griechischen Mythologie ist Aegyptos einer der ersten Könige Ägyptens. An dieser Stelle sagt der vorsokratische Philosoph Empedokles einem Zuhörer, er soll nach Ägypten gehen. Dort ist das Wissen um die höheren geistigen Welten bis hin in den höchsten unnennbaren Himmel, in dem unser Schicksal aufgezeichnet ist, noch vorhanden. Empedokles war Anhänger der Lehren des Pythagoras, auch wenn er ihn wahrscheinlich persönlich nicht kannte, da dieser bereits starb als Empedokles ungefähr zwanzig Jahre alt war. Pythagoras selbst war jahrelang in Ägypten und wurde in die dortige Mystik eingeweiht. Hölderlin sagt uns hier, daß dieses Wissen im fünften Jahrhundert vor Christus in Ägypten nicht nur vorhanden, sondern auch erfahrbar war. Es gab noch Menschen, die Zugang zu den höheren geistigen Welten hatten, auch wenn es wahrscheinlich nur wenige waren, die von Priestern eingeweiht und ausgebildet wurden. Empedokles sagt hier seinem Zuhörer, daß er keine Furcht zu haben braucht, wenn er die Dimension unserer Seele selbst erlebt und wenn er einen Einblick in die höchste Sphäre bekommt. Er wird erkennen, daß alles vergeht und wiederkommt. Das, was wir in Zukunft erleben sollen und auch erleben werden, ist in der höchsten geistigen Sphäre schon geschehen. Alles, was uns hier auf der Erde in Zukunft widerfahren wird, hat sich in der höchsten Dimension schon zuvor ereignet. Schon in jungen Jahren erklärt Hölderlin seinem Freund Neufer in einem Brief: „schwindelnd ihm folgte in die Tiefe der Tiefen, in die entlegensten Enden des Geisterlandes, wo die Seele der Welt ihr Leben versendet in die tausend Pulse der Natur, wohin die ausgeströmten Kräfte zurückkehren nach ihrem unermeßlichen Kreislauf".

Auch Laotse beschreibt diese Kreisläufe: [26]

Jeder Kreislauf

Bedingt die Rückkehr

Die zehntausend Wesen

Sind stets in Bewegung

Ruhelos

Und doch kehrt ein jedes

Zurück zu seinem Ursprung

Alles wird von einer „Seele der Welt" erschaffen und alles

kehrt wieder in sie zurück. Das Unnennbare leitet und bestimmt diese Kreisläufe. Unser menschliches Dasein findet innerhalb eines großen kosmischen Kreislaufs statt. Die Seele der Welt ist auch unser innerster Kern, der uns allen innewohnt und uns Leben spendet. Sie ist der geistige Urstoff, den wir bearbeiten oder umwandeln und für alles verwenden können, was wir selbst erschaffen. Er ist sowohl in jeglicher Materie als auch in der Leere vorhanden und erlaubt es uns, beide zu gebrauchen. Wir haben die freie Entscheidung, für was und wozu wir ihn anwenden. Es liegt an uns, was wir aus unserer Freiheit machen. Niemand hat uns zu all den Greueltaten, die Hölderlin im Verlaufe dieses Gedichts beschrieben, gezwungen. Wir haben uns selbst dazu entschieden, die uns innewohnende schöpferische Kraft für Kriege und andere Grausamkeiten zu benützen. Es ist der Verstand unseres Ich-Bewußtseins, aus dem all diese Ideen und Vorstellungen entsprungen sind und der uns auch heute noch ein Zusammenleben in Harmonie, Liebe und Freiheit unmöglich macht. Diesen Zusammenhang erklärt er auch in einer späteren Fassung des Gedichts „Dichterberuf".

> *Ihr ruhelosen Taten in weiter Welt!*
> *Ihr Schicksalstag', ihr reißenden, wenn der Gott*
> *Stillsinnend lenkt, wohin zorntrunken*
> *Ihn die gigantischen Rosse bringen*

Unser Verstand steht nie still. Ständig haben wir neue Ideen und Vorstellungen, die uns die unmöglichsten Handlungen vollbringen lassen. Gott, das Unnennbare, verhindert unsere Taten nicht, sondern denkt in Ruhe und Stille über sie nach und lenkt uns ohne Zwang. In Bildern beschreibt Hölderlin die Macht unserer Gedanken mit all ihren Folgen. Oft handeln wir aus Wut oder sogar aus Haß und schaden dadurch anderen Menschen und uns selbst. Wir benützen die schöpferische, göttliche Kraft unserer Seele für unsere vorgestellten Zwecke. Das Göttliche erlebt so über uns abscheuliche Grausamkeiten. Letztendlich erleiden weder unsere Seele noch das Unnennbare Schaden, da sowohl für unsere Seele als auch für das Unnennbare unser Dasein als Mensch nur eine sehr kurze Zeitspanne ist. Die Seele der Welt und die höchste Dimension des höchsten unnennbaren Himmels sind sich durchaus bewußt, daß alles nach einem unermeßlichen Kreislauf wieder zu seiner Quelle zurückkehren wird. Hölderlin beschreibt uns die unvorstellbarsten menschlichen Handlungen:

> Von Menschenbraten gemästet –
> Nagend an Menschengebein,
> Aus Menschenschädel saufend
> Rauchendes Menschenblut.
> Wütendes Schmerzgeschrei
> Der Geschlachteten über dem
> Bauchzerschlitzenden Messer.
> Des Feindes Jauchzen
> Über dem Wohlgeruch,
> Welcher warm dampft
> Aus dem Eingeweid.

All dies stand im Buche des Schicksals geschrieben, lange bevor wir es hier in unserer irdischen Dimension vollführten. Die höchste Dimension des Himmlischen hat uns nicht gezwungen derart zu handeln, sondern wir waren es selbst, die so gehandelt haben. Wir sind so erschaffen worden, daß wir selbst schöpferisch sind. Der Urstoff der Schöpfung selbst ist unser innerster Kern und ermöglicht uns, tausende verschiedene Wege zu beschreiten. Er steht zu unserer Verfügung und erlaubt uns, unsere eigene Realität zu erschaffen. Wir haben einen freien Willen und können selbst entscheiden, welche Gestalt wir der uns innewohnenden schöpferischen Kraft geben. Wir entscheiden selbst, ob wir heute Abend einen Film anschauen oder aus dem Haus gehen und jemanden erstechen. In dem Moment, in dem wir eine Entscheidung treffen, sind wir uns nicht bewußt, daß unsere Entscheidung sowie all ihre Konsequenzen für unsere Zukunft in der Dimension der unnennbaren Ewigkeit schon präsent sind. In der Ewigkeit ist sowohl unsere Vergangenheit als auch unsere Zukunft, also alles, was wir tun oder auch lassen werden, enthalten. Wir haben einen freien Willen und können selbst entscheiden, was wir uns wünschen und wie wir dieses Ziel erreichen wollen. Die höchste himmlische Sphäre weiß, für was wir uns entscheiden werden. „Weiß" ist eigentlich das falsche Wort, weil wir damit jemanden verbinden, der ein Ich-Bewußtsein hat. Das Unnennbare ist aber keine Gottheit mit einem Bewußtsein von einem eigenen Ich, sonst könnten wir es benennen. Es ist selbst nichts und deswegen zugleich alles. Laotse sagt uns im Tao Te King, daß das Unnennbare DAO schon vor den Göttern war. Es ist voll und leer und hat keinen Anfang und kein Ende. Für uns und unseren durchaus limitierten Verstand ist es schon sehr paradox und unbegreiflich, daß wir zwar einen freien Willen haben und selbst entscheiden können, und es trotzdem etwas gibt, wo diese Entscheidung schon existierte bevor wir überhaupt in die Situation kommen, in der wir sie treffen können oder müssen.

Wir können mit unserem logischen Verstand, der sich in einer in Raum und Zeit gebundenen Dimension entwickelt hat und auch in dieser denkt, die Dimension der Ewigkeit weder erfassen noch begreifen. Seit Aristoteles hat sich unser Denken in ein auf logische Denkstrukturen aufbauendes System entwickelt, das uns leider sehr wenig hilft, die Mysterien des Unnennbaren zu verstehen. Für uns ist es ein Widerspruch, daß wir zwar freie Entscheidungen treffen können, aber diese Entscheidungen in der höchsten Dimension der Ewigkeit schon vorhanden sind. Der an Zeit und Raum gebundene kosmische Kreislauf unserer gesamten Menschheitsgeschichte ist in ihr enthalten. Die Ewigkeit hat keinen Anfang und kein Ende und somit sind alle an Raum, Zeit und Materie gebundenen kosmischen Kreisläufe in ihr enthalten. Sie ist zeitlos und deshalb beinhaltet sie alles, was von uns aus gesehen in der Vergangenheit oder auch in der Zukunft liegt. Für Heraklit oder Laotse war dies sicherlich kein Widerspruch, da ihr Verstand noch nicht gespalten war und sie noch nicht in sich ausschließenden Gegensätzlichkeiten dachten. Doch es ist und bleibt ein Paradox, das eigentlich nicht erklärt werden kann. Hölderlin war sich bewußt, daß wir die höheren geistigen Welten weder begreifen noch erklären können. Wir sollen mit Hilfe seiner Gedichte unsere Seele selbst erfahren und einen Einblick in die Ewigkeit erhalten.

7 Hölderlin zwischen Himmel und Erde

Aus Hyperion: „Was hat die Philosophie, erwidert' er, was hat die kalte Erhabenheit dieser Wissenschaft mit Dichtung zu tun? Die Dichtung, sagt' ich, meiner Sache gewiß, ist der Anfang und das Ende dieser Wissenschaft. Wie Minerva aus Jupiters Haupt, entspringt sie aus der Dichtung eines unendlichen göttlichen Seins. Und so läuft am End' auch wieder in ihr das Unvereinbare in der geheimnisvollen Quelle der Dichtung zusammen."

Für Hölderlin ist das „göttliche Sein" eine geistige Dimension, in der keine Trennung von einem Ich und allem, was Nicht-Ich ist, existiert. In dieser uns innewohnenden himmlischen Sphäre wird die Dichtung geboren. Sie wird nicht von uns Menschen erdacht und erfunden, sondern entspringt der unerklärbaren Quelle der Schöpfung. Hölderlin war es oft vergönnt, die Wolken und Nebel der von uns erschaffenen „Scheidewand" zu durchbrechen und in die geistige Dimension unserer Seele einzureisen. In solchen Momenten ist er das Sprachrohr unserer Seele und versucht, uns mit seinen Rhythmen und Klängen in diese Höhe mitzunehmen. In vorsokratischer Zeit waren sich viele noch bewußt, daß Dichter und Seher uns Menschen Botschaften aus höheren Sphären vermittelten. Die Dichtung war die höchste aller Künste. Die Philosophen diskutierten und reflektierten über das, was sie von Dichtern erfuhren und versuchten, es auf unsere gestaltgewordene Welt zu übertragen und einzuordnen. Philosophie ist eine Wissenschaft des Denkens, sie entsteht in unserem Verstand. Hier sagt uns Hölderlin, daß sie nur entstehen konnte, weil es Menschen gab, die Zugang zu einer geistigen Dimension hatten, aus deren „geheimnisvoller Quelle" alles Leben entstand. Nur weil das Eine sich so weit in sich geteilt hat, bis es real Gestalt wurde und wir uns in uns selbst geteilt haben, so daß unser Ich-Bewußtsein entstand, ist es uns überhaupt möglich, über uns und unsere Realität nachzudenken. Diese grundlegende Erkenntnis wurde von den Dichtern übermittelt und war die Basis der ersten Philosophen. Diese Zeit wird wieder kommen.

Bevor wir alle wieder alle göttliches Bewußtsein erlangen, wird es eine Epoche geben, in der wir wieder auf Menschen hören, die Zugang zu der geistigen Kraft der Schöpfung haben. Selbst gegensätzliche Gedankenkonstrukte und Vorstellungen, die wir mit unserem Verstand erschaffen haben, werden sich wieder vereinen. All die verschiedenen Lehren und Erklärungen, die wir auf der Suche nach unserem Ursprung entwickelt haben, werden zusammengeführt. Innerhalb des großen Kreislaufs unserer Menschheitsgeschichte - Hölderlin sagt uns, daß die ersten Menschen in einem vollkommenen Eins-Seyn waren und wir alle wieder zu unserem Ursprung zurückkehren werden - gibt es kleinere Kreisläufe. Wir werden wieder auf die Dichter hören und erkennen, daß sie uns aus einer Dimension berichten, die über unseren Meinungen und Vorstellungen steht und wir nur von dort die Wahrheit unseres Daseins erfahren können. So schreibt er in einem ersten Entwurf des Gedichts Dichterberuf:

Zwischen Himmel und Erde, unter den Völkern,
Gedanken sind des göttlichen Geistes
still endend in der Seele des Dichters.

Dichter erfahren in sich die Gedanken des Geistes der Schöpfung. Sie sind hier auf der Erde unter uns Menschen und haben über ihre Seele Zugang zu höheren Sphären. Unsere Seele verbindet die himmlische Dimension mit unserer irdischen. Dies erklärt Hölderlin schon in jungen Jahren in seinem Gedicht „Unsterblichkeit der Seele": „Wer sah, was Geist an Körper bindet…". Unsere Seele ist dimensionsübergreifend und deshalb ermöglicht sie dem Dichter, göttliche Gedanken zu erfahren. Diese sind überall hier auf der Erde sowie auch in den höheren Sphären vorhanden, auch wenn sie nicht Gott selbst oder das Unnennbare sind. Die „Gedanken des göttlichen Geistes" sind nicht der höchste Himmel selbst, sondern zwischen Himmel und Erde. Sie sind auch in unserer irdischen Dimension überall präsent.

> Daß sie getroffen vor Alters,
> Unendlichem bekannt, von langen Erinnerungen
> Erbebt in ihrer eigenen Tiefe
> Und ihr, entzündet von göttlichem,
> Die Furcht, in Liebe geboren,
> Des Himmels und des Menschen Werk
> Der Gesang entspringt, damit er zeuge von beiden.

Wenn jemand die Dimension seiner Seele erleben darf, so ist dies auch für unsere Seele ein tiefgreifendes Ereignis. Sie erhebt sich über den Dichter selbst und wird sich ihrer Unermeßlichkeit und Größe bewußt. Jetzt gibt es wieder jemanden, der sie erlebt und ihre ewige Schöpferkraft erkennt. Eine Erleuchtung ist nicht nur für die Person, die sie erlebt, ein außergewöhnliches Ereignis, sondern auch für die geistige Kraft der Schöpfung. Der Dichter erlebt die geistige Dimension unserer Seele und erhält einen Einblick in die Ewigkeit. Hier wird er sich bewußt, daß wir Menschen aus einem Einssein erschaffen wurden, Hölderlin nennt es hier „Die Frucht, in Liebe geboren", und er hat Zugang zu altvergangenen Taten und Werken von uns Menschen. Aus dieser Höhe berichten uns die Dichter in Gesängen sowohl von den Kräften der Schöpfung als auch von dem, was wie Menschen getan und erschaffen haben, so daß über Klang und Rhythmus unsere Seele angesprochen wird. Diesen Zusammenhang erklärt

Hölderlin in einem ersten Konzept desselben Gedichts noch ausführlicher:

> Und alle trinken jetzt ohne Gefahr
> Das himmlische Feuer, doch uns, ihr Dichter uns gebührt
>   Mit entblößtem Haupt, unter
>   Gottes Gewittern, zu stehen, und des
> Vaters Strahlen, sie selbst, sie selbst
> Zu fassen, und eingehüllt und gemildert,
> Im Liede den Menschen, die wir lieben, die
>   Himmlische Gabe zu reichen.

Hölderlin hat einen sehr hohen Anspruch an sich selbst sowie an alle Dichter. Es steht ihnen zu, das Göttliche direkt zu erfahren und es ist ihre Aufgabe, das Himmlische mit „entblößtem Haupt" aufzunehmen. Der Verstand des Dichters wird hier von Hölderlin als unbekleidet oder nackt beschrieben. Nur weil er leer und offen ist, kann er von etwas Höherem erfüllt werden. Die Dichter sollen ohne eigene Gedanken und Vorstellungen die Botschaft Gottes empfangen und in abgeschwächter Form weitergeben. Sie sind dazu berufen, himmlische Dimensionen selbst zu erleben und sie berichten in Bildern, was sie gesehen und erfahren haben, so daß der Leser das himmlische Geschenk erhält, ohne sich selbst in Gefahr zu begeben. Doch wieso Gefahr? Besteht etwa die Möglichkeit, daß uns das Göttliche verletzt oder schadet, wenn wir es direkt erfahren? In einer späteren Fassung heißt es:

> Wo wunderbar zuerst, als du die
> Locken ergriffen, und unvergeßlich
> Der unverhoffte Genius über uns
> Der schöpferische, göttliche kam, daß stumm

Der Sinn uns ward und, wie vom Strahle gerührt, das Gebein erbebte

Hölderlin geht davon aus, daß auch schon andere Dichter von einer höheren Dimension erfaßt und in sie hochgezogen wurden. Dies geschah nicht, weil sie es sich gewünscht hatten oder aufgrund ihres eigenen Willens, sondern unerwartet. Von einem Moment auf den andern erlebten sie die geistige Kraft der Schöpfung. Hölderlin erklärt uns hier, was ihm selbst widerfuhr. Jegliche Wahrnehmungsfähigkeit, über die er normalerweise unsere an Raum und Zeit gebundene Dimension wahrnimmt, schwindet. Alles, was er zuvor gesehen, gehört und gefühlt hat, ist in der himmlischen Dimension nicht mehr vorhanden. Sein Körper wird von der Kraft oder Energie der Schöpfung durchströmt und er erzittert in Mark und Bein. Sämtliche Vorstellungen und Erfahrungen, die er von sich und der Welt hatte, bedeuten ihm nichts mehr, da er die geistige Kraft der Schöpfung selbst sieht und erlebt. Für Momente ist er in einer Dimension, die nicht an Zeit und Materie gebunden ist. In jungen Jahren versucht Hölderlin, den Leser in diese Höhe mitzunehmen. Im Laufe seines Lebens wird er sich jedoch immer bewußter, daß hierfür die Zeit noch nicht reif ist und für viele sogar gefährlich sein kann. Wer könnte es geistig und psychisch verkraften, wenn er sich auf einmal in einer vollkommen anderen Dimension befindet und sich danach bewußt wird, daß wir uns in einer von unseren Vorstellungen erschaffenen Welt selbst eingesperrt haben? Wer würde nicht verrückt werden, wenn er bei seiner Rückreise in unsere irdische Dimension all die Geister und Dämonen sieht, die hier normalerweise in und auf uns wirken? In seinen verschiedenen Entwürfen des Gedichts „Dichterberuf" ruft Hölderlin die Dichter dazu auf, selbst die himmlische Sphäre der Schöpfung zu erleben und von dieser

Höhe herab den Menschen zu berichten.

> Ihr ruhelosen Taten in weiter Welt!
> Ihr Schicksalstag', ihr reißenden, wenn der Gott
> Stillsinnend lenkt, wohin zorntrunken
> Ihn die gigantischen Rosse bringen,
> Euch sollten wir verschweigen

Hölderlin fordert die Dichter dazu auf, daß sie nichts über die vergangenen, grausamen Handlungen und Greuel, über die wir unser Schicksal bestimmten und die wir begangen haben, zu schreiben.

> ... und wenn in uns
> Vom stetigstillen Jahre der Wohllaut tönt,
> So sollt' es klingen, gleich als hätte
> Mutig und müßig ein Kind des Meisters
> Geweihte, reine Saiten im Scherz gerührt?

Wenn die Dichter den Klang der Ewigkeit in sich spüren, so dürfen sie ihn nicht für oberflächliche Gedichte ohne tiefen Sinn verschwenden. Diese göttliche Gabe muß ernst genommen und darf nicht für Spielereien verwendet werden.

> Und darum hast du, Dichter! des Orients
> Propheten und den Griechensang und
> Neulich die Donner gehört, damit du
> Den Geist zu Diensten brauchst

Hölderlin kritisiert hier alle Dichter, die nicht frei ihrer Seele entsprechend schreiben, sondern sich anderen Menschen unterordnen, weil sie von diesen für ihre Gedichte bezahlt werden. Wahrscheinlich gab es viele Dichterkollegen, die nur das schrieben, was sich auch verkaufen ließ. Sie mißbrauchten ihren inneren Zugang zum Göttlichen und mißachteten die göttlichen Botschaften der alten Weisen des Orients. Noch klarer drückt Hölderlin dies in einem Vorentwurf desselben Gedichts aus: „Und die Unverständigen uns die Hände füllten mit schnödem Gold."

> ... und die Gegenwart
> Des Guten übereilest, in Spott, und den Albernen
> Verleugnest, herzlos, und zum Spiele
> Feil, wie gefangenes Wild, ihn treibest?

Auf sehr sarkastische Art und Weise frägt Hölderlin hier die Dichter, warum sie ihr ursprüngliches göttliches Bewußtsein, von dem sie wissen, daß es existiert und zu dem sie sogar Zugang haben, nur für ihre eigenen Zwecke benützen. Sie beschränken sich auf ihr individuelles Denken und schreiben ohne Liebe. Anstatt sich ihrer eigentlichen Aufgabe zu erinnern, reden sie die Welt schön und verherrlichen weltliche Herrscher und deren Taten. Für Hölderlin sind die wahren Dichter dazu berufen, selbst göttliches Bewußtsein zu erlangen und aus dieser Höhe die Gedanken der geistigen Kräfte der Schöpfung an uns Menschen weiterzugeben und nicht ihre eigenen. In unserer Dimension ist der Geist unser individuelles Denken, das aus unserem Ich-Bewußtsein hervorgeht. Wir erhielten die Möglichkeit, selbständig zu denken und uns mit der Kraft unserer Gedanken eine eigene Realität zu erschaffen. Aber unser ursprüngliches göttliches Bewußtsein beschränkte sich im Laufe unserer Geschichte bei fast allen Menschen immer mehr auf ihr Bewußtsein von sich selbst. Hölderlin ist in diesen Versen sehr kritisch mit seinen Dichterkollegen. Sie stellen ihren eigenen Geist, das heißt ihr eigenes Denken und ihre eigenen Vorstellungen, über den des Göttlichen und bekennen sich nicht mehr dazu, daß es ihr Zugang zu himmlischen Sphären ist, der ihnen das Dichten überhaupt ermöglicht. Hölderlin sagt uns in vielen Gedichten, daß wir in einer lebendigen und mehrdimensionalen Welt leben, in der alles miteinander vernetzt ist. Nur weil in einer größeren geistigen Dimension Gedanken existieren, gibt es diese auch hier in unserer Realität.

In diesen Versen warnt Hölderlin aber auch sich selbst. „Die Gegenwart des Guten" darf nicht „übereilt" werden. Er weiß, daß für die meisten Menschen die Zeit noch nicht reif ist, um göttliches Bewußtsein zu erlangen. Ihm ist bewußt, daß er in einer dunklen Zeit lebt und es erst in ferner Zukunft wieder Generationen geben wird, die wieder zu ihrem Ursprung zurückfinden werden. Auch er muß diesen Umstand akzeptieren und darf nicht versuchen, alle Leser mit in die Höhe zu nehmen. Seine Gedichte werden schwieriger zu verstehen und somit nur noch wenigen zugänglich.

> Bis aufgereizt vom Stachel im Grimme der
> Des Ursprungs sich erinnert und ruft, daß selbst
> Der Meister kommt, dann unter heißen
> Todesgeschossen entseelt dich lässet.

Hölderlin warnt die Dichter nicht nur, sondern er droht ihnen. Diese Drohung ist aber durchaus auch gegen sich selbst gerichtet. So schrieb er in einem vermutlich im Juli 1800 geschriebenen Vorentwurf des Gedichts „Dichterberuf": „Sie selbst sie werfen mich tief unter die Lebenden alle, den falschen Priester hinab, daß ich, aus Nächten herauf, das warnende ängstige Lied, den Unerfahrenen singe." Es sind die Götter, die ihn aus ihrer Höhe wieder in unsere verdunkelte Dimension hinabwerfen. Die Schuld sieht er bei sich selbst. Er nennt sich einen falschen Priester, das heißt, er hat die göttliche Botschaft nicht richtig oder anders gesagt, nicht im Einklang mit dem Willen des Himmels weitergegeben. Hölderlin ist sehr kritisch mit sich selbst und ringt immer wieder darum, einen goldenen Mittelweg zu finden. Er sieht es als seine Aufgabe an, daß er über seine Seele Zugang zu göttlichen Gedanken hat und diese in seinen Gedichten den Menschen mitteilt. Gleichzeitig muß er auch erkennen, daß die Zeit noch nicht gekommen ist, um selbst in dieser Höhe zu bleiben und daß es nur wenige Menschen gibt, die innerlich bereit sind, eine Erleuchtung erfahren zu dürfen.

Doch nun wieder zurück zu den Drohungen, die Hölderlin hier in diesen Versen ausspricht. Die Gedanken des göttlichen Geistes sind überall vorhanden. Über sie erfährt Gott, was die Dichter aus ihrer Gabe gemacht haben und verwehrt ihnen den Zugang zu ihrer Seele. Er sendet ihnen „heiße Todesgeschoße" und „entseelt" sie. Hölderlin meint hier sicherlich nicht, daß sie von nun an keine Seele mehr hätten und somit körperlich sterben würden, für ihn ist die Seele der lebensspendende Urstoff, sondern daß Energien wirken werden, die sie verdunkeln. Die ausführenden Kräfte des Göttlichen werden dahingehend auf sie wirken, daß sie ihr göttliches Bewußtsein und ihren Zugang zu den himmlischen Sphären verlieren werden. Sie werden vergessen, daß ihnen eine unsterbliche Seele innewohnt und im „Schrecken ihres Nichts", wie es Hölderlin in seinem Gedicht „Hymne an die Freiheit" nennt, sterben. Die Dichter werden von Gott nicht willkürlich bestraft, sondern sie erleiden die Konsequenzen ihres eigenen Handelns. Ihnen widerfuhr die Gnade, selbst göttliche Höhen zu erleben und sie benutzten ihren inneren Zugang für eigene Zwecke.

Zu lang ist alles Göttliche dienstbar schon
Und alle Himmelskräfte verscherzt, verbraucht

> Die Gütigen, zur Lust, danklos, ein
> Schlaues Geschlecht und zu kennen wähnt es,
>
> Wenn ihnen der Erhabne den Acker baut,
> Das Tagslicht und den Donnerer, und es späht
> Das Sehrohr wohl sie all und zählt und
> Nennet mit Namen des Himmels Sterne.

Hölderlin kritisiert hier nicht nur die Dichter, sondern die ganze Gesellschaft seiner Zeit. Die Menschen haben sich aus eigener Schuld um die Gunst der himmlischen Kräfte gebracht, da sie diese für ihre eigenen Zwecke, Ziele und Wünsche verwendet haben. Sie befriedigten nur ihre eigenen Begierden und handelten nicht im Einklang mit dem Willen des Himmels und seinen ausführenden Kräften. Was uns Hölderlin hier sagt, ist sehr schwierig zu verstehen. In einer Neufassung desselben Gedichts, die auch in das Gedicht „wie wenn am Feiertage" übernommen wurde, wird die eigentliche Bedeutung des Inhalts klarer:

> Und die uns lächelnd den Aker gebauet
> In Knechtgestalt, sie sind erkannt,
> Die allebendigen, die Kräfte der Götter.
>
> ...
>
> Des gemeinsamen Geistes Gedanken sind,
> stillendend in der Seele der Dichter

Für Hölderlin sind die Götter die höchsten ausführenden Wesenheiten von Gott selbst, den er in diesem Gedicht als „der Erhabene" oder „Meister" bezeichnet. Wir haben die Götter wie Knechte behandelt und für unsere Dienste verwendet. Über tausende von Jahren hatten die Menschen noch Kontakt zu den Göttern. In wahrscheinlich allen Kulturen wussten die Menschen, daß geistige Wesen existieren. Über verschiedene Rituale wurde an geeigneten Orten und zu einer bestimmten Zeit magisch der Kontakt zu ihnen hergestellt. Auf allen Erdteilen können wir noch heute diese einst heiligen Plätze sehen. Manche Pyramiden Ägyptens oder auch Mexikos waren der damaligen Konstellation der Himmelskörper entsprechend angeordnet. Von Mexiko wissen wir, daß selbst Menschen bei Ritualen geopfert wurden. In Festos auf Kreta waren schon vor über 4000 Jahren Symbole von Runen in Steine eingraviert, die in leicht abgeänderter Form viele Jahrhunderte danach auch in Nordeuropa zu finden sind. Auch die Runen wurden dazu benützt, um den Kontakt zu geistigen Wesen herzustellen oder um magisch etwas zu bewirken. Egal ob in Stonehenge, am Ayers Rock oder Uluru, dem heiligen Berg der Ureinwohner Australiens, überall gibt es Orte wo die Menschen den Kontakt zu den Göttern gesucht haben. Doch die Menschen haben nicht nur ihren Dank gezeigt, sondern sie benützten diese Verbindung, um sich eigene Wünsche zu erfüllen. Sie brachten ein Opfer dar und erwarteten von den Göttern eine Gegenleistung dafür. Über magisch wirksame Rituale baten sie die Götter, ihre eigenen Begierden zu befriedigen. Wir haben es mit den Göttern „verscherzt", weil wir sie für unsere eigenen Zwecke mißbraucht haben. Auch heute gibt es noch viele Menschen, die in ihren Gebeten ständig Wünsche äußern, anstatt sich dem himmlischen Willen zu überlassen und in seinem Sinne zu handeln. Hölderlin kritisiert hier nicht nur unser Fehlverhalten bezüglich der Götter, sondern auch unsere wissenschaftliche Sicht der Welt. Wir erfinden Fernrohre, um die Sterne zu zählen, geben ihnen Namen und wissen nicht mehr, daß wir an den Konstellationen der Himmelskörper die verschiedenen Kräfte erkennen könnten, die hier auf der Erde auf uns wirken. Es gibt auch heute noch Personen, die an Astrologie glauben oder sogar studieren und so vielleicht ihre grundsätzlichen Probleme erkennen. Doch wie viele Astrologen gibt es noch, die sich bewußt sind, daß es geistige Wesen gibt, die dafür sorgen, daß eine bestimmte Himmelskonstellation, sei es nun individuell oder im Kollektiv, auf uns wirkt. Es sind nicht nur die Planeten und Sonnen an sich, die hier auf uns wirken, sondern vor allem die ausführenden himmlischen Kräfte, für die sie repräsentativ stehen. Viele Gelehrte und Wissenschaftler bilden sich sehr viel auf ihre Intelligenz und ihr Wissen ein und dabei ist beides fast nichts im Vergleich zu dem, was verborgen in den geistigen Welten wirkt und erschaffen wird. Die ursprünglichen Götter haben uns „lächelnd den Aker gebauet" und somit dafür gesorgt, daß unser Dasein als Mensch hier in unserer materialisierten Dimension ermöglicht wird. Die Götter sind aus derselben geistigen Kraft erschaffen worden wie wir Menschen. Sowohl in uns, als auch in den Göttern sind die Gedanken des Geistes der Schöpfung vorhanden. Über ihre Seele können die Dichter diese erfahren und an uns weitergeben. Auch hier geht Hölderlin davon aus, daß ihnen die Dimension unserer Seele offen steht und sie aus dieser Höhe berichten. Aus einer späteren Fassung des Gedichts „Dichterberuf."

> *Der Vater aber decket mit heilger Nacht,*
> *Damit wir bleiben mögen, die Augen zu.*
> *Nicht liebt er Wildes! Doch es zwinget*
> *Nimmer die weite Gewalt den Himmel.*

Hölderlin nimmt sein Schicksal als Mensch an und akzeptiert, daß wir noch einige Zeit in einer dunklen Zeitepoche leben werden. In seinem Gedicht „Hymne an die Menschheit" sagt er, daß wir alle irgendwann wieder göttliches Bewußtsein erlangen werden und es eine letzte Generation von Menschen geben wird, die nicht mehr wiedergeboren wird.

Doch auch die dunkle Zeitepoche ist heilig und durchaus von Gott gewollt. Wir sollen noch eine Zeit lang hier auf der Erde bleiben! Nur weil wir aus unserem ursprünglichen paradiesischen Zustand allumfassender Liebe herausgefallen sind, konnten wir all unsere individuellen Erfahrungen machen. Wenn wir alle dauerhaften Zugang zu unserer Seele hätten, so wären wir ständig in einem Zustand allumfassender Liebe, so wie auf einer Blümchenwiese. All unsere menschlichen Freuden und Leiden würde es nicht mehr geben. Es ist doch schön, daß wir alle verschieden sind und jeder seine individuellen Erfahrungen sammeln kann. Was wäre unser Leben, wenn wir nicht manchmal wie von allen guten Geistern verlassen das Unmöglichste tun würden, um danach selbst über uns lachen zu können? Uns würde das Salz in der Suppe fehlen. Doch wir sollen nicht zu ungestüm und ungezähmt handeln, so daß wir, auch wenn wir uns des Göttlichen in uns selbst nicht bewußt sind, von Gott geliebt werden und mit ihm verbunden sind. Egal was wir auch tun, wir können die himmlischen Kräfte zu nichts zwingen, was gegen deren Willen ist. Wir können das Ende des dunklen Zeitalters nicht erzwingen, sondern nur Schritt für Schritt zu uns selbst finden.

> Noch ists auch gut, zu weise zu sein. Ihn kennt
> Der Dank. Doch nicht behält er es leicht allein,
> Und gern gesellt, damit verstehn sie
> Helfen, zu anderen sich ein Dichter.

Bei seinen transzendentalen Erfahrungen hatte Hölderlin oft Zugang zu einem Wissen, das man nicht lernen oder sich über Bücher aneignen kann. Doch selbst bei einer Erleuchtung hat man nur Zugang zu einem winzig kleinen Teil der kosmischen Geisteskräfte. Die höchste himmlische Dimension können wir weder benennen noch verstehen. Es gibt keine Worte und Erklärungsmodelle, die zutreffend sind, um ihre Größe und gleichzeitige Leere zu beschreiben. Hölderlin war sich bewußt, daß wir hier als Mensch nicht alles wissen und erfahren können. Wir wissen nicht, was uns morgen, in einer Woche oder in ein paar Jahren passiert. Wie langweilig wäre denn unser Leben, wenn wir alles wissen würden? So endet das Gedicht „Der Ister" mit dem Satz: „Was aber jener tuet, der Strom, weiß niemand." Selbst weise Menschen oder Seher können nicht alle Mysterien der Welt erklären. Auch sie haben nur einen kleinen Einblick in die Ewigkeit und dies ist auch gut so. Unser menschliches Dasein mit all unseren Fehlern und unterschiedlichen Emotionen wäre gar nicht möglich, wenn wir nicht aus einem Zustand eines vollkommenen Einsseins herausgefallen wären. Wir hätten unsere menschlichen Leiden und Freuden gar nie kennengelernt. Es ist doch schön, daß es Ereignisse gibt, die wir mit unserem Verstand nicht begreifen können. In diesem Sinne bedankt sich Hölderlin bei Gott. Die Dichter sind dazu berufen den Menschen zu helfen, so daß vielleicht manche von ihnen die göttliche Botschaft verstehen und sich selbst auf die Suche begeben.

Furchtlos bleibt aber, so er es muß, der Mann
Einsam vor Gott, es schützet die Einfalt ihn,
Und keiner Waffen brauchts und keiner
Listen, so lange, bis Gottes Fehl hilft.

Weder mit schlauen Plänen noch durch Gewalt können wir unser dunkles Zeitalter selbst beenden. Hölderlin sieht sich als Wegbereiter zukünftiger Generationen. „Dies ist das heilige Ziel meiner Wünsche, und meiner Tätigkeit, diß, daß ich in unserem Zeitalter die Keime weke, die in einem künftigen reifen werden… Ich liebe das Geschlecht der kommenden

Jahrhunderte." Diese Sätze schrieb er schon 1793 an seinen Bruder Karl. In einem anderen Brief an seinen Freund Ebel schrieb er vier Jahre später: „Ich glaube an eine künftige Revolution der Gesinnungen und Vorstellungsarten, die alles bisherige schamrot machen wird." Hölderlin war sich vollkommen klar darüber, daß er in einer Zeit lebte, in der viele Menschen noch nicht so weit waren, das Göttliche selbst zu erfahren. Sie waren zu schlicht, um das Göttliche in sich selbst und ihre eigentliche Größe zu verstehen. Doch auch über diese Menschen urteilt Hölderlin nicht, sondern er ist sich bewußt, daß unsere Seele über uns Menschen verschiedene Erfahrungen macht. Sie werden für ihre Einfältigkeit nicht bestraft, sondern diese beschützt sie sogar! An die Dichter hat Hölderlin jedoch einen vollkommen anderen Anspruch: Sie sollen das Göttliche selbst erfahren und die so erhaltenen Botschaften an die Menschen weitergeben. Aber es ist auch ihre Aufgabe, daß sie den großen Weltenplan demütig anerkennen und sich bewußt sind, daß die Zeit noch nicht gekommen ist, in der jeder eine Erleuchtung erfahren darf. Sie dürfen die Menschen nicht durch Zwang verändern, sondern können nur helfen, indem sie zu ihrer Seele sprechen und dadurch das Göttliche in ihnen erwachen kann. Für Hölderlin sind die Dichter dazu berufen, unser dunkles Zeitalter so lange zu überbrücken, bis wir alle wieder göttliches Bewußtsein erlangen und zu unserem Ursprung zurückkehren. Hölderlin hofft, daß dieses neue Zeitalter bald kommen wird und sagt uns dies in seinem Gedicht „Ermunterung":

> *O Hoffnung! bald, bald singen die Haine nicht*
> *Der Götter Lob allein, denn es kommt die Zeit,*
> *Daß aus der Menschen Munde sich die*
> *Seele, die göttliche, neuverkündet.*

An anderer Stelle schreibt er zu einem Vorentwurf des Gedichts „Brod und Wein":

Vor der Zeit! ist Beruf der heiligen Sänger und also
Dienen und wandeln sie großem Geschike voran.
Drum! und spotten des Spotts mag gerne frohlockender
Wahnsinn
Wenn er in heiliger Nacht plötzlich den Sänger ergreift.

Die Dichter sind dazu berufen, die göttliche Botschaft zu verkünden, auch wenn sie von vielen Menschen nicht verstanden und sogar belächelt oder verspottet werden. Im großen Weltgeschehen sind sie ihrer Zeit voraus, weil sie jetzt schon von himmlischen Dimensionen erfaßt werden und Zugang zu diesen haben. Bei ihren transzendentalen Reisen machen sie Erfahrungen, die für sie selbst weder berechenbar noch vorhersehbar sind und erleben ihr ursprüngliches Sein als so groß und allumfassend, daß sie in Jubel und Freude ausbrechen. Getrost können sie sich über all den Spott, der ihnen von vielen Menschen für ihre Gedichte entgegengebracht wird, hinwegsetzen und von ihren Erlebnissen berichten. Hölderlin verwendet hier die Worte „frohlockender Wahnsinn". Bei seinen Erleuchtungserlebnissen durfte er die geistige Sphäre unserer Seele erleben. Die Gesetzmäßigkeiten unserer polaren materialisierten Dimension wirken während dieser Erfahrungen nicht mehr. Er war frei von allen Kräften, die ihn normalerweise an unsere gestaltgewordene Welt binden und in ihr festhalten. Doch was sind das für Kräfte? Wer oder was verhindert, daß er ständig in dieser Höhe bleiben kann? Hölderlin war sich bewußt, daß er das, was er erleben durfte, mit seinem Verstand nicht begreifen kann. Es waren zwar die schönsten Momente seines Lebens, aber sicherlich war es auch sehr schwierig für ihn, dies alles zu verstehen.

Unser Verstand ist zu klein, um die geistigen himmlischen Kräfte in ihrem Sinngehalt und dessen Bedeutung zu erfassen. In demselben Vorentwurf, der fast wörtlich in die späte Fassung des Gedichts „Brod und Wein" übernommen wurde, schreibt er einige Verse zuvor:

> Sieh! und das Schattenbild unserer Erde, der Mond,
> Kommet geheim nun auch; die Schwärmerische, die Nacht kommt,

> Wunderbar ist die Gunst der Hocherhabnen und niemand
> Weiß, von wannen und was einem geschiehet von ihr.
> So bewegt sie die Welt und die hoffende Seele der Menschen,
> Selbst kein Weiser versteht, was sie bereitet, denn so
> Will es der oberste Gott

> Sie der oberste Gott sie an die Seite sich sezt.

In der späteren Fassung wird der letzte Satz ersetzt und die Nacht folgendermaßen erklärt:

> Selber aber besteht, ewig, in freiestem Geist.

Alles, was wir in unserer Dimension erleben und hier Gestalt wurde, existierte schon vorher in der geistigen Welt der Schöpfung. Vorher ist nicht der richtige Ausdruck, weil es in der Dimension der Ewigkeit gar keine Zeit nach unserem Verständnis gibt. Der oberste oder „seeligste" Gott, Hölderlin meint hier sicherlich den unnennbaren höchsten Himmel, setzte die Nacht neben sich. Sie existiert an sich selbst, in einem freien Geiste und ist genauso ewig wie die Schöpfung. Für Hölderlin ist sie also, genauso wie der oberste Gott, keine

Wesenheit, sondern eine freie geistige Kraft. Hölderlin erkennt in Demut, daß er selbst in erleuchteten Momenten nur einen sehr kleinen Einblick in die höchste himmlische Sphäre oder zu Gott selbst bekommt. Auch wenn er für Augenblicke unsere polare Dimension verlassen durfte, konnte er dennoch nicht verstehen, was uns der große Weltenplan bereitet. In vielen Gedichten erklärt Hölderlin, daß wir uns selbst eine Scheidewand erschaffen haben, die uns den Zugang zu den himmlischen Dimensionen verwehrt. Es gibt Kräfte, die er durchaus als nichtmaterialisierte Wesen wahrnimmt, die uns vernebeln oder umnachten. Sind diese vielleicht der ausführende Arm des freien Geistes der Nacht oder aus ihm entstanden?

Für viele Menschen im alten Ägypten war Isis die höchste Gottheit. Wenn sie ihren Schleier lüftete, so war den Menschen ein Einblick in himmlische Dimensionen erlaubt. Nur sehr wenige kamen nach jahrelanger Ausbildung in diesen Genuß. Isis erteilte ihnen die Gnade, unsere Dimension zu verlassen. Viele bekamen wahrscheinlich nur einen kurzen Einblick in himmlische geistige Welten und andere waren nach diesem außergewöhnlichen Ereignis dauerhaft mit ihnen verbunden. Für Hölderlin gab es auch bei den alten Griechen noch Menschen, die Zugang zu himmlischen Sphären hatten. Auch wenn dies nur sehr wenigen vergönnt war, so war dennoch ein Bewußtsein in der Bevölkerung vorhanden, daß himmlische Mächte und geistige Wesen, denen sie diese zuordneten, existieren. Die Dimensionen waren zu der damaligen Zeit noch durchlässiger. Die Scheidewand war noch nicht so starr und trennend.

Hölderlin wurde sich im Laufe seines Lebens immer bewußter, daß wir verschiedene Zeitepochen durchlaufen, in denen wir das erleben, was auch geistig in himmlischen Sphären existiert. In unserem individuellen Leben sind wir nachts normalerweise unbewußt. Wir wissen nicht, was uns

im Schlaf widerfährt. Es gibt nur wenige Menschen, die sich ihres Traumkörpers bewußt sind und die Fähigkeit haben, mit ihrem Traumkörper im Schlaf, auf Astralebene, aus eigener Absicht zu handeln. Doch es gibt wahrscheinlich niemanden, der in jedem Schlaf permanent alles wahrnimmt und auf den gar nichts mehr unbewußt wirkt. Mit „Nacht" meine Hölderlin all das, was wir nicht sehen können und dessen wir uns nicht bewußt sind. Für ihn war es klar, daß er in einer Zeitepoche lebte, in der die Menschen weniger Zugang zu den himmlischen Sphären hatten als in früheren Epochen. In einem Vorentwurf des Gedichts „Brod und Wein" heißt es: „Daß in der finsteren Zeit einiges Menschliche sei…". Und in der späteren Fassung: „Daß im Finstern für uns einiges Haltbare sei, …". Während seinen transzendentalen Erlebnissen wurde ihm klar, daß die Nacht auch im Großen als geistige Kraft vorhanden ist. Selbst wenn Isis ihren Schleier lüftet und auch andere Götter einem die Gnade erteilen, in ihre Höhe zu gelangen und man in dieser Höhe einen Einblick in himmlische Sphären erhält, so gibt es dennoch etwas, das verhindert, daß man Gott selbst oder das Unnennbare sehen oder erleben kann. Selbst bei einer Erleuchtung erhält man nur einen kurzen Einblick in die höchste himmlische Dimension. Sie ist und bleibt ein Mysterium. Kein Mensch kann die höchsten himmlischen geistigen Kräfte in ihrer Ganzheit erfassen und wissen, wann und was von ihnen wirkt und erschaffen wird.
Für Hölderlin ist die Nacht eine freie geistige Kraft, die von Gott an seine Seite gesetzt wurde, so daß der höchste aller Himmel, Gott selbst oder das Unnennbare, immer ein Geheimnis bleiben wird. So heißt es in seinem Gedicht „Brod und Wein":

… und wozu Dichter in dürftiger Zeit.
Aber sie sind, sagst du, wie des Weingotts heilige Priester,

Welche von Lande zu Land zogen in heiliger Nacht.

Auch wenn wir uns im Laufe von tausenden Jahren selbst den Weg zu unserer Seele versperrt und uns eine eigene Dunkelheit erschaffen haben, so ist es dennoch so, daß es die Nacht oder Dunkelheit an sich, als geistige Kraft, schon lange vor uns Menschen, vor der Erde und auch vor dunklen Wesenheiten gab. Für Hölderlin ist die Nacht genauso göttlich wie andere ursprünglichen geistigen Kräfte. Auch sie sollte erlebt und Gestalt werden. Er war sich bewußt, daß er in einer solchen Zeitepoche lebte und sah es als seine Aufgabe an, manche Menschen aus ihrem Schlaf zu erwecken, so daß unser dunkles Zeitalter überbrückt und ein neues vorbereitet wird. Im Gedicht „Der Gang aufs Land" spricht er von einer „bleiernen Zeit" und sagt einige Verse zuvor, daß uns der Himmel eng einschließt. In seiner Elegie „Menons Klage an Diotima" erklärt er seine Zeitepoche mit den Worten:

Immer kannst du noch nicht, o meine Seele! noch kannst dus
Nicht gewohnen, und träumst mitten im eisernen Schlaf!

An anderer Stelle heißt es in seinem seitenlangen Gesang „Der Archipelagus":

Bis, erwacht vom ängstigen Traum, die Seele den Menschen
Aufgeht, jugendlich froh, und der Liebe segnender Othem
Wieder, wie vormals oft, bei Hellas blühenden Kindern,
Wehet in neuer Zeit und über freierer Stirne
Uns der Geist der Natur

Auch unsere dunkle Zeitepoche, in der sich unsere Wahrnehmung auf eine zu Materie verdichtete Realität beschränkt und alles fest wie Eisen ist, wird wieder zu Ende gehen und wir werden aus unserem Schlaf erwachen, so daß wir wieder Zugang zu himmlischen geistigen Sphären bekommen. Vielleicht kommen uns dann die letzten paar tausend Jahre wie ein Traum vor. Man könnte das von Hölderlin beschriebene Zeitalter durchaus mit dem Kali Yuga der hinduistischen Kosmologie vergleichen. Auch im Kali Yuga haben die Menschen fast keinen Zugang zu himmlischen Sphären und deshalb bestimmen Haß, Lüge und andere Charaktere des menschlichen Verfalls diese dunkle Zeitepoche, die ca.3000 v.Chr. begann und sich in diesen Jahren dem Ende zuneigt. Sowohl in hinduistischer als auch in buddhistischer Kosmologie verläuft alles in Zyklen. Innerhalb der großen kosmischen Kreisläufe gibt es kleinere. Für Hölderlin war sein damaliges dunkles Zeitalter ein kleiner Kreislauf innerhalb des großen Kreislaufs unserer Menschheitsgeschichte. Es wird wieder eine Zeit kommen, in der wir uns bewußt werden, daß uns die geistige Kraft der Schöpfung innewohnt und wir so die eigentliche Wirklichkeit erkennen. Die ersten Menschen waren in einem vollkommenen Einssein und dahin werden wir wieder zurückkehren.

Aus: Der Adler

Anfänglich aber sind
Aus Wäldern des Indus
Starkduftenden
Die Eltern gekommen.
Der Urahn aber
Ist geflogen über der See
Scharfsinnend

Es kam eine Zeit, in der nicht mehr alle Menschen göttliches Bewußtsein hatten und dieses wieder von Indien zu uns

Menschen kam. So ist es in der Anfangsstrophe des Gedichts „Dichterberuf" der Freudengott Bacchus, der vom Indus kam und die Völker aus ihrem Schlafe erweckte. Für Hölderlin gab es bei den alten Griechen noch einige Weise wie Heraklit oder Pindar, die noch Zugang zu himmlischen Sphären hatten, aber er war sich auch bewußt, daß es das aus Indien kommende Wort des Ostens war, das ihnen die Seele erweckte. Dies erklärt er auch in seinem Gedicht „Am Quell der Donau". Er hört am Parnassos-Gebirge Griechenlands, an dessen Ausläufern sich Delphi befindet, das Echo des Wortes, das von Osten kam. Hölderlin sieht voraus, daß das, was schon vor tausenden von Jahren geschah, auch in Zukunft wieder geschehen wird. Uraltes Wissen wird wieder von Asien und vor allem aus Indien zu uns gelangen. Auch dieser Kreislauf wird sich wieder schließen.

Schon wenige Jahre nach den hier erwähnten Gedichten, Hölderlin schrieb sie zwischen 1800 und 1805, erschienen die wahrscheinlich ersten Schriften von Orientalisten, die aber nur in auserlesenen Personenkreisen Interesse erweckten. Auch Hölderlins langjähriger Freund und Studienkollege Hegel befasste sich ungefähr 20 Jahre später mit den religiösen Vorstellungen Indiens und Chinas. 1823 erschien in Europa die erste Übersetzung des Tao Te King von Abel Remusar. Wir wissen heute nicht, ob Hegel diese komplett gelesen hat, da er nur erwähnt, daß er sie in Wien in der Hand hielt. Der Philosoph Arthur Schopenhauer wurde 1813 in den Brahmanismus eingeführt und beschäftigte sich danach mit der buddhistischen Lehre. Wahrscheinlich ist es seinem Einfluss zu verdanken, daß der Buddhismus in Deutschland bekannter wurde. In der zweiten Hälfte des 19. Jahrhunderts entstanden in Europa die ersten modernen Theosophischen Gesellschaften, die vor allem auf hinduistischen und buddhistischen Lehren basierten. Die ersten umfangreichen und tiefgründigen Werke, wie z.B. „Isis entschleiert" von

Helena Blavatsky, erschienen und waren in Europa erhältlich. Im Laufe der Jahre kam immer mehr spirituelles Wissen von Asien zu uns. Heute gibt es hunderte Bücher über Buddhismus, Yoga oder Meditation und in fast jeder Stadt werden Kurse angeboten, in denen wir verschiedene Methoden erlernen und praktizieren können. Das spirituelle Wissen Asiens ist wieder bei uns angekommen. Doch wird dies ausreichen, um in uns allen einen dauerhaften Bewußtseinswandel herbeizuführen und so zu unserem Ursprung zurückfinden?

Im Gedicht „Der Adler" sind es die Eltern, die einst das Wissen und Bewußtsein von Indien aus verbreiteten. Das Gedicht geht wie folgt weiter: „Der Urahn aber ist geflogen über der See". Auch wenn damals das Wort von Indien zu den alten Griechen oder vielleicht auch zu den Ägyptern gelangte, so waren es dennoch wenige, die Zugang zu himmlischen Sphären bekamen und noch weniger, die wieder vollkommen eins mit unserer Seele wurden und sich so wie der Urahn in ihren geistigen Urstoff auflösten. Hölderlin ist sich bewußt, daß sich dieser Vorgang wiederholen wird. Das Wort Asiens ist zwar heute bei uns angekommen und somit wird sich ein kleiner Kreislauf schließen, aber es wird nicht ausreichen, um den großen Kreislauf unserer Menschheitsgeschichte zu beenden. Aus eigener Kraft werden wir es nicht schaffen, daß wir alle wieder zu unserem Ursprung zurückkehren.

Wie in dem Gedicht „Hymne an die Menschheit" schon beschrieben wurde, wird der ursprüngliche Geist der Schöpfung mit all seinen ausführenden Kräften alles beseitigen, was ihm entgegensteht, so daß die nachfolgenden Generationen wieder göttliches Bewußtsein erlangen und letztendlich unser Dasein als Mensch beendet wird. Immer wieder versucht Hölderlin, mit seinen Gedichten unsere Seele zu erwecken, so daß wir aus unserem Schlaf erwachen und einen Einblick in die Ewigkeit erhalten. Wir können auch jetzt schon unsere irdische Dimension mit der himmlischen verbinden, so daß wir in Liebe und Harmonie unser Leben gestalten können und unseren Teil dazu beitragen, unsere dunkle Zeitepoche zu beenden. Für ihn ist zwar die von uns erschaffene Realität unserer Zeitepoche illusorisch und nicht die eigentliche Wirklichkeit, aber sie ist genauso göttlich und Teil des ewigen Weltenplans wie andere Zeitepochen. Es liegt nicht in unserer Macht, unser Dasein als Mensch zu beenden und erleuchtet in die Weltseele einzugehen, aber wir können uns innerlich transformieren und in kleinen Schritten den Zugang zu unserer Seele öffnen, so daß wir das Göttliche in uns selbst erkennen und uns von ihm leiten lassen. Auch jetzt können wir versuchen, daß wir wieder mehr auf unsere innere Stimme, unser Empfinden, hören und nicht nur auf unseren Verstand, um so unserer Seele wieder mehr Gehör zu verschaffen. Wie sehr Hölderlin sich bemühte, um in seinen Gedichten über Rhythmus, Klang, Versmaß, Inhalt und auch über die äußere Form die richtige Botschaft zu vermitteln, erklärt er uns in seinem Text „Verfahrensweise des poetischen Geistes", den er schrieb, als er dreißig Jahre alt war.

„Wenn der Dichter einmal des Geistes mächtig ist, wenn er die gemeinschaftliche Seele, die allem gemein und jedem eigen ist, gefühlt und sich zugeeignet, sie vestgehalten, sich ihrer versichert hat, wenn er ferner der freien Bewegung, des harmonischen Wechsels und Fortstrebens, worinn der Geist sich in sich selber und in anderen zu reproduciren geneigt ist, wenn er des schönen im Ideale des Geistes vorgezeichneten Progresses und seiner poetischen Folgerungsweise gewiß ist, wenn er eingesehen hat, daß ein nothwendiger Widerstreit entstehe zwischen der ursprünglichsten Forderung des Geistes, die auf Gemeinschaft und einiges Zugleichseyn aller Theile geht, und zwischen der anderen Forderung, welche ihm gebietet, aus sich heraus zu gehen, und in einem schönen Fortschritt und Wechsel sich in sich selbst und in anderen zu reproduciren,..." [27]

Dieser erste Satz ist insgesamt eineinhalb Seiten lang! In diesem literaturwissenschaftlichen Prosa-Aufsatz legt Hölderlin den Dichtern dar, was sie bei ihrer Dichtung beachten sollten. Doch aufgepasst, seine Worte richten sich ausschließlich an Dichter, die die geistige Kraft der Schöpfung selbst erfahren haben und auch die Fähigkeit erhielten, diesen beim Schreiben ihrer Gedichte anzuwenden. Der Dichter soll die Dimension unserer Seele selbst erlebt haben, so daß er sich ihres Charakters bewußt ist und diesen bei seiner Dichtung verwendet. Der schöpferische Geist unserer Seele breitet sich permanent aus und erschafft dabei immer etwas, was ihm selbst wieder entspricht. Er bringt selbst direkt etwas hervor, aber auch über andere. Aus ihm wurden sowohl wir selbst als auch die Erde erschaffen. Sowohl die Erde als auch wir selbst sind wiederum schöpferisch, da uns dieser Urstoff weiterhin innewohnt. So wächst z.B. auf der Erde irgendwann ein Apfelbaum, der selbst wieder die Kraft hat, sich zu reproduzieren. Aus den Samen seiner Früchte können erneut Bäume entstehen. So erschafft sich der Baum, sowohl sich selbst als auch dem Urstoff entsprechend, wieder von neuem.

Es ist eine Eigenschaft der geistigen Kraft der Schöpfung, immer wieder aus sich herauszugehen und sich auszudehnen. Diese Charaktereigenschaft wohnt sowohl dem Apfelbaum als auch uns inne. Sie gibt uns die Möglichkeit, selbst Kinder zu zeugen und erzeugt in uns das Verlangen, stets etwas zu tun oder zu erleben. Wir wollen selbst etwas erschaffen oder uns etwas aufbauen. So entwickeln wir ständig neue Autos oder Computer. In der Natur geschieht dies in einem freien harmonischen Wechsel. Dies können wir auch an den Jahreszeiten beobachten. Jedes Jahr wird es Winter, auch wenn er jedes Mal etwas anders ist. Kein Winter ist genau gleich wie ein vorhergehender. Ständig erschafft sich die kosmische Urkraft sowohl im Großen als auch im Kleinen von neuem. Planeten und Sterne werden geboren und andere hören auf zu existieren. Ein Baum stirbt und gibt den Platz frei, so daß an seiner Stelle ein neuer Baum wachsen kann. Doch kein Planet ist genau gleich wie ein anderer und es gibt auch keine zwei Bäume, die identisch sind. Der neue Baum ist immer etwas anders als der, aus dem er hervorging.

Doch die Urkraft der Schöpfung hat nicht nur das Verlangen, sich auszudehnen und sich zu reproduzieren, sondern auch nach einem Einssein oder anders gesagt, nach einem „Zusammensein aller Theile". Hölderlin erlebt dies während seiner Erleuchtungserlebnissen als allumfassende Liebe und bezeichnet es als „eins zu sein mit allem, was lebt." In einem einige Jahre zuvor geschriebenen Prosaentwurf des Hyperions erklärt er dies folgendermaßen:

„Plato sagt: Am Tage da Aphrodite geboren wurde (gemeint ist hier Aphrodite-Urania, Anm. des Verfassers). Also da, als die schöne Welt für uns anfieng, da wir zum Bewußtsein kamen, da wurden wir endlich. Nun fülen wir tief die Beschränkung unseres Wesens, und die gehemmte Kraft sträubt sich ungeduldig gegen ihre Fesseln, und doch ist etwas in uns das diese Fesseln gerne behält – denn würde das Göttliche in uns von keinem Widerstande beschränkt, so wüßten wir von nichts außer uns, und so auch von uns selbst nichts, und von sich nichts zu wissen, sich nicht zu fülen, und vernichtet seyn, ist für uns Eines. Wir können den Trieb, uns zu befreien, zu veredlen, fortzuschreiten ins Unendliche, nicht verläugnen – das wäre thierisch, wir können aber auch den Trieb bestimmt zu werden, zu empfangen, nicht verläugnen, das wäre nicht menschlich. Wir müßten untergehn im Kampfe dieser widerstreitenden Triebe. Aber die Liebe vereiniget sie." [28]

Schon in jungen Jahren erkannte Hölderlin, daß in uns das Verlangen angelegt ist, wieder eins mit dem Urstoff zu sein. Er war sich aber auch bewußt, daß wir bei einem vollkommenen Einssein kein Bewußtsein von einem individuellen Ich hätten und uns somit nicht bewußt wären, daß wir selbst existieren. Es gefällt uns aber, selbst jemand zu sein und selbst etwas zu erschaffen. Für Hölderlin ist diese uns innewohnende Charaktereigenschaft der Grund dafür, warum die ersten Menschen aus ihrer ursprünglichen paradiesischen Einheit heraustraten und sich in ihrem ursprünglichen Sein geteilt haben. All die Erfahrungen, die wir sowohl individuell in unseren verschiedenen Inkarnationen, als auch im Kollektiv, im Verlauf unserer Menschheitsgeschichte gemacht haben, wären gar nicht möglich gewesen, wenn wir uns in unserem Sein nicht in ein Ich und alles was Nicht-Ich ist geteilt hätten. Der Geist der Schöpfung schreitet ständig fort und erschafft dabei etwas, indem er sich selbst reproduziert und er hat auch die Charaktereigenschaft, daß er wieder Eins- Sein will. Hölderlin war sich also bewußt, daß das Universum - alles ist letztendlich aus dieser einen geistigen Kraft entstanden - sich ausdehnt und gleichzeitig zusammenzieht! Heute wissen wir, daß sich das Universum ausdehnt, aber was sind die schwarzen Löcher? Wird da vielleicht Materie in eine geistige Kraft komprimiert, aus der dann wieder etwas Neues entsteht?

Auch in uns sind diese gegensätzlich wirkenden Kräfte von Natur aus angelegt. Zum einen haben wir das Verlangen, selbst etwas zu erschaffen und unser Leben nach unseren Wünschen und Vorstellungen zu gestalten und zum andern haben wir tief in uns das Verlangen nach Einheit, Geborgenheit und allumfassender Liebe. Wenn wir uns auf eine spirituelle Suche begeben, so versuchen wir eigentlich, zu der uns innewohnenden geistigen Kraft der Schöpfung, zu unserer Seele, zurückzufinden.

Hölderlin hat eine sehr hohe Erwartungshaltung an sich selbst und auch an andere Dichter. Die Dichter sollen sich beider Charaktereigenschaften der Schöpfung nicht nur bewußt sein, sondern diese in ihrer Dichtung auch anwenden und sich von ihnen leiten lassen. In seinen Gedichten versucht Hölderlin, uns mit in die Höhe zu nehmen, so daß wir die geistige schöpferische Dimension unserer Seele und allumfassende Liebe selbst erleben, aber wir sollen auch wieder in unsere Realität zurückkommen. Beides sind für ihn göttliche Erfahrungen, die wir hier als Mensch so lange machen sollen, bis wir alle wieder in ein Eins-Sein zurückkehren und unser Dasein als Mensch vollendet wird.

Aus Laotse, Tao Te King: [29]

V

Der Raum zwischen Himmel und Erde
gleicht einem Blasebalg;
er ist leer
und doch unerschöpflich;
bewegt er sich,
so bringt er unablässig hervor:
Viele Worte meist ins Nichts zerrinnen;
besser man bewahrt sie innen.

Um den Charakter der Schöpfung zu beschreiben, verwendet Laotse das Bild eines Blasebalgs. Luft wird in eine Leere eingesaugt und dann wieder ausgestoßen. Der Blasebalg selbst hat keinen Inhalt und dennoch ist in ihm die geistige schöpferische Kraft in solchem Maße vorhanden, daß sie nie verbraucht werden kann. Immer wenn sie in Bewegung ist, geschieht Schöpfung.

Es findet also sowohl eine Ausdehnung als auch ein Zusammenziehen statt. Sowohl Hölderlin als auch Laotse erklären uns, daß alles wieder zu seinem Ursprung zurückkehrt und von diesem aus wieder etwas erschaffen wird. Laotse war sich vollkommen bewußt, daß man den Ursprung oder Urgrund dieser kosmischen Kreisläufe nicht benennen kann. Sobald man ihn benennt, ist es nicht mehr das Unnennbare DAO selbst, sondern etwas, über das es sich manifestiert.

Für ihn ist das DAO weiterhin in allem vorhanden, auch wenn es eine andere Form angenommen hat. Es ist in der Leere sowie auch in der gestaltgewordenen Natur vorhanden.

Letztendlich sind alle Wesen, seien sie nun körperlicher oder rein geistiger Natur, aus dem DAO entstanden. Deshalb beschreibt Laotse in seinem Werk nur das DAO und wie sich ein weiser Mensch verhält, der das DAO in sich verwirklicht hat und in seinem Sinne handelt. Auch wenn Hölderlin diese Höhe nur für Momente erlebte, so sind es dennoch transzendentale Erfahrungen, die nur sehr wenigen Menschen zuteil werden. In vielen Gedichten weist Hölderlin darauf hin, wenn er zum Sprachrohr des Göttlichen wird oder in eine höhere Dimension einreist.

„Jetzt aber tags, das Heilige sei mein Wort". In diesem Satz, der dem Gedicht „Wie wenn am Feiertage" entnommen ist, sagt er, daß er in den nun folgenden Versen eine göttliche Botschaft weitergibt. Er selbst ist aus der Dunkelheit erwacht und hat über seine Seele Zugang zu göttlichen Gedanken. An anderer Stelle heißt es in seinem Gedicht „Patmos":

> ... da entführte
> Mich schneller, denn ich vermutet,
> Und weit, wohin ich nimmer
> Zu kommen gedacht, ein Genius mich
> Vom eigenen Haus'.

Und einige Strophen später:

> Allein, wo zweifach
> Erkannt, einstimmig
> War himmlischer Geist; und nicht geweissagt war es, sondern
> Die Locken ergriff es, gegenwärtig

Es war nicht so, daß in Hölderlin Bilder hochstiegen und er diese mit seinem geistigen Auge wahrnahm, sondern er wurde in eine höhere Dimension mitgenommen und erlebte diese sowohl geistig als auch körperlich. Von einem Moment auf den anderen war er in einer vollkommen anderen Welt. Diese geschah nicht, weil er es sich gewünscht oder gewollt hätte, sondern es passierte so schnell, daß er keine Zeit hatte, um darüber nachzudenken. Er hätte nie gedacht, daß er selbst einmal eine Dimension erleben durfte, die so weit und so groß ist.

In den nun folgenden Strophen des Gedichts „Der blinde Sänger" sagt er, daß er selbst nicht wußte, wie ihm geschah. Über den Wolken erlebt er den Klang und die Schwingung der ewigen Schöpfung. In wunderschönen Worten beschreibt er uns all die Liebe und Freude, die er in der Dimension unserer Seele erleben durfte. Sie sind zu groß für sein Herz. Das Erlebnis ist zu schön, um es für sich allein zu behalten. Er forderte andere Menschen dazu auf, daß sie Liebe und Freude mit ihm teilen. Der göttliche Funke will auf uns überspringen.

... und rings um die Erde tönts.
Wo endest du? und was, was ist es
Über den Wolken und o wie wird mir?

Tag! Tag! du über stürzenden Wolken! sei
Willkommen mir! es blühet mein Auge dir.
O Jugendlicht! o Glück! das alte
Wieder! doch geistiger rinnst du nieder

Du goldner Quell aus heiligem Kelch! und du,
Du grüner Boden, friedliche Wieg' und du,

Haus meiner Väter! und ihr Lieben,
Die mir begegneten einst, o nahet,

O kommt, daß euer, euer die Freude sei,
Ihr alle, daß euch segne der Sehende!
O nimmt, daß ichs ertrage, mir das
Leben, das Göttliche mir vom Herzen.

Leider war es Hölderlin zu Lebzeiten nicht vergönnt, daß er sich als Dichter einen Namen machen konnte. Seine Gedichte wurden nur in wenigen Journalen und oft sogar in korrigierter Form veröffentlicht, selbst sein Mentor Schiller kritisierte ihn öfters und verweigerte ihm seine Hilfe, als Hölderlin ein eigenes Journal herausgeben wollte. Hölderlin hatte Schiller um ein Gedicht für ein von ihm geplantes Journal gebeten und Schiller antwortete ihm, daß er seine eigenen Gedichte für seinen von ihm selbst veröffentlichten Musenalmanach bräuchte. Zwei weitere Briefe wurden von Schiller nicht beantwortet. Es kam nie dazu, daß Hölderlin sein eigenes literarisches Journal veröffentlichen durfte. Im Juni 1801 bat er seinen Freund Immanuel Niethammer in einem Brief um seine Mithilfe: „Vor kurzem bin ich aus der Schweiz, wo ich als Hauslehrer eine wenig glükliche Zeit verbrachte, in das Vaterland zurükgekehrt. Hier hat sich nun ein alter Plan, den ich schon fast aufgegeben hatte, in meinem Kopfe wieder vestgesezt, so sehr, daß ich mir jeden Tag überlege, wie er wohl zu verwirklichen sei. In meinem Leben habe ich ja nur zu oft erfahren, daß Pläne und Wünsche, mochten sie auch mit meiner Natur zusammenstimmen, weit über die Wirklichkeit hinausgriffen und dann von den Umständen erdrükt wurden, die das Schiksaal dem Lebensgang vorausbestimmt hatte. Ich will meine Lage verändern und bin entschlossen, das Leben eines privatisirenden

Schriftstellers, das ich jetzt führe, nicht länger fortzusezen. Ich habe im Sinne, nach Jena zu gehen und möchte mich dort auf dem Gebiete der griechischen Literatur, die in den vergangenen Jahren der Haupttheil meiner Beschäfftigung gewesen ist, mit Vorlesungen nüzlich machen, indem ich Jünglingen, die sich dafür interessiren, die Karaktere der großen Dichtungen zeige. Ich habe schon HE. Hofrath Schiller geschrieben und ihm die Gründe dargestellt, die mich bewegen, meine Lebenslage zu verändern. Ich weiß, daß du mit ihm in freundschaftlichem Umgang stehst, und so wäre es wol keine Zumuthung, Dich zu bitten, daß Du mit ihm über meinen Plan redest und auch darüber, ob es möglich ist, meine Existenz zu sichern und meinem Thun in einer Stellung an der Universität Vestigkeit zu geben." [30]

Hölderlin war sehr empfindsam und sich seiner selbst oft nicht sicher. Deshalb suchte er immer wieder den Ratschlag Schillers. Aus Geldmangel, seine Mutter zahlte ihm nur die Zinsen des ihm rechtmäßig zustehenden Erbe aus, konnte er sich nie eine eigene Existenz aufbauen und mußte immer wieder eine Stellung als Hauslehrer annehmen. Sein Vater starb als Hölderlin zwei Jahre alt war und hatte ihm ein für die damalige Zeit ansehnliches Vermögen hinterlassen, das ihm wahrscheinlich ausgereicht hätte, um sich einige Jahre ganz seiner Dichtung zu widmen. Er war zu bescheiden, um seinen Erbteil einzufordern und bedankte sich ehrerbietig, wenn seine Mutter ihm Geld schickte. Seine Mutter stammte aus einer Pfarrersfamilie, die auf viele Generationen zurückblicken konnte und wollte, daß Hölderlin diese Tradition fortsetzte. Auch die evangelische Kirche übte sicherlich Druck auf ihn aus, da sie ihm über ein Stipendium seine Ausbildung ermöglicht hatte und ihm des Öfteren eine Stelle als Pfarrer anbot. Hölderlin wollte jedoch auf gar keinen Fall Pfarrer werden und nahm deshalb auch Stellen als Hauslehrer an, die außerhalb seiner Heimat waren. Seine Pläne, an der Universität in Jena zu unterrichten, zerschlugen sich und stattdessen wurde ihm eine Stelle als Hauslehrer in Bordeaux angeboten. Mit welchem Frust er Mitte Dezember 1801 Deutschland verläßt, schreibt er in einem Brief an Boehlendorff: „Ich habe lange nicht geweint. Aber es hat mich bittre Thränen gekostet, da ich mich entschloß, mein Vaterland noch jetzt zu verlassen, vielleicht auf immer. Denn was hab' ich lieberes auf der Welt? Aber sie können mich nicht brauchen. Deutsch will und muß ich übrigens bleiben, und wenn mich die Herzens- und Nahrungsnoth nach Otaheiti triebe. ..."[31]

Obwohl er sich in den Jahren 1800 und 1801 immer unverstandener fühlte und oft hilflos war, schrieb er in diesen Jahren große Werke wie „Der Archipelagus" oder „Dichterberuf" und die ersten Entwürfe seines Gedichts „Brot und Wein". Er arbeitete an seinem Drama „Der Tod des Sophokles" sowie an verschiedenen Übersetzungen aus dem Griechischen. Mitte Dezember 1801 machte sich Hölderlin auf den Weg nach Bordeaux. In Straßburg mußte er sich mehrere Tage aufhalten, da er keine sofortige Genehmigung für eine Weiterreise über Paris erhielt. Schließlich bekam er einen Reisepass über Lyon, wo er am 9. Januar ankam. Einen Teil des Weges legte er zu Fuß in der damals noch unberührten Natur zurück. Nach seiner Ankunft schrieb er am 28. Januar einen Brief an seine Mutter: „Diese letzten Tage bin ich schon in einem schönen Frühlinge gewandert, aber kurz zuvor, auf der gefürchteten überschneiten Auvergne, in Sturm und Wildniß, in eiskalter Nacht und die geladene Pistole neben mir im rauhen Bette - da hab' ich auch ein Gebet gebetet, das bis jetzt das beste war in meinem Leben und das ich nie vergessen werde."[32] Sicherlich gab es damals nicht viele Menschen, die sich allein auf eine für die damalige Zeit sehr weite Reise in ein unbekanntes Land begaben. In Bordeaux sollte er als Hauslehrer und Privatprediger beim damaligen Hamburger Konsul und Weinhändler Daniel Mayer arbeiten. Wie es ihm in Bordeaux erging, wissen wir heute nicht. Er erwähnt diese Zeit in keinem Brief und es gibt auch sonst keine Dokumente. Mitte April schreibt er am Karfreitag einen Brief an seine Mutter, in dem es nur um Tod seiner Großmutter geht, er mußte also über ihren Tod Nachricht erhalten haben, und er über sich selbst gar nichts erzählt. Er erwähnt auch nicht, daß er bald wieder in seine Heimat zurück will, obwohl er schon einige Wochen danach seine Rückreise antrat. Am 10. Mai bekam er vom Polizeikommissar in Bordeaux eine Reisegenehmigung von Bordeaux nach Straßburg. Warum blieb er nur vier Monate in Frankreich, obwohl er doch vorgehabt hatte, Deutschland für längere Zeit den Rücken zu kehren? Was ist vorgefallen, daß er so plötzlich Bordeaux verließ? Am 7. Juni erreicht er Straßburg und geht von dort allerdings nicht in seine Heimat, sondern in die Schweiz. Auf Umwegen wandert er in die Rheinschlucht, wo der obere Rhein und der untere Rhein zusammenfließen. Am 22. Juni 1802 wird er dort von einem anderen Wanderer niedergeschlagen und ausgeraubt. An demselben Tag stirbt seine große Liebe und innigste Freundin Suzette Gontard! In ihrem Haushalt hatte er einige Jahre zuvor sicherlich seine schönste und glücklichste Zeit als Lehrer ihrer Kinder verbracht. Sie war seine große Liebe und sie trafen sich auch, nachdem Hölderlin ihr Haus nach über zweieinhalbjähriger Tätigkeit verlassen mußte, noch oft heimlich und schrieben sich Briefe. Ende September 1798 war es zu einem Streit zwischen Suzettes eifersüchtigem Ehemann Jakob Gontard und Hölderlin gekommen, so daß er gezwungenermaßen seine Anstellung als Hauslehrer aufgab und das Haus verließ. Als Hölderlin Ende Juni oder Anfang Juli 1802 aus der Schweiz in seine Heimat zurückkommt, erfährt er, daß Suzette nach mehrtägigem Fieber an den Röteln gestorben war. Bei seiner Ankunft in der Heimat wird Hölderlin von vielen seiner Bekannten als in einem geistig zerrütteten Zustand wahrgenommen. Sein Bruder spricht von einer wechselnden gereizten „Gemüthsstimmung" und seine Mutter von ihrem armen und kranken Sohn. In einem Brief, den sie im Dezember 1802 an Hölderlins besten Freund Sinclair schreibt, bezeichnet sie ihn als bedauernswürdig und sagt, daß es ihm unter diesen traurigen Umständen sicherlich nicht möglich sei, eine Stellung anzunehmen. Am 11. Juli 1803 schreibt Schelling an Hegel: „Seit dieser fatalen Reise ist er am Geist ganz zerrüttet, und obgleich noch einiger Arbeiten, z.B. des Übersetzens aus dem Griechischen bis zu einem gewissen Punkt fähig, doch übrigens in einer vollkommenen Geistesabwesenheit." Schelling richtet an Hegel die Bitte, ob er sich Hölderlins nicht annehmen könne. In demselben Brief beschreibt er Hölderlins äußeres Erscheinungsbild als sehr vernachlässigt und abstoßend. Hölderlin hatte Schelling im Juni besucht und erschien auf derselben kleinen Reise auch bei Eberhardine Blöst in Klingenberg am Neckar. Sie stört sich nicht an Hölderlins Aussehen und Unrasiertheit, sondern schreibt: „Aber lieblich rauschen / Am stechenden Bart / Die Küsse." Eberhardine sieht Hölderlin vollkommen anders als Schelling. Von manchen Personen wird Hölderlin nach seiner Frankreichreise und seinem Abstecher in die Schweiz als nicht mehr „ganz normal" wahrgenommen. Schelling bezeichnet ihn in einem rückblickenden Brief, den er 1848 schreibt, sogar als wahnsinnig. Was ist mit Hölderlin in Frankreich oder auf seiner Rückreise über die Schweiz geschehen? Er selbst schreibt Mitte Dezember 1802 an seinen Freund Boehlendorff: „Das gewaltige Element, das Feuer des Himmels und die Stille der Menschen, ihr Leben in der Natur, und ihre Eingeschränktheit und Zufriedenheit hat mich beständig ergriffen, und wie man Helden nachspricht, kann ich wohl sagen, daß mich Apollo geschlagen". Hölderlin erklärt nicht, was er damit meint, daß ihn Apollo geschlagen habe. Hat er bei einer seiner Erleuchtungserfahrungen zu viel vom göttlichen Lichte oder von göttlichem Bewußtsein erfahren, mehr als er aufnehmen oder ertragen konnte? An anderer Stelle sagt Hölderlin einige Jahre zuvor, daß er aus himmlischen Höhen von den Göttern verstoßen wurde. War es Apollo, der ihn später aus seiner göttlichen Höhe verstieß?

Auf jeden Fall war Hölderlin in den folgenden Jahren nicht mehr voll und ganz in unserer Dimension und er hatte weiterhin Zugang zu himmlischen Sphären. Es entstanden Gedichte, die erst viele Jahre später Anerkennung fanden. Er schrieb Gedichte wie „Der Rhein", „Patmos", „Am Quell der Donau", „Der Ister", „Friedensfeier" oder auch „Mnemosyne", in denen er mit den Regeln herkömmlicher Dichtung bricht und etwas vollkommen Neues erschafft. Was er schon in den Jahren 1800 und 1801 andeutete, führte er bis zu seiner unfreiwilligen Einweisung in die Psychiatrie konsequent weiter. Er verzichtete auf traditionelle Reimschemen und Versmaße. Seine reimlosen und in wechselnden Rhythmen geschriebenen Gedichte widersetzten sich jeglicher Einordnung, sie waren bahnbrechend und ihrer Zeit weit voraus. Für viele Literaturwissenschaftler gilt er als Begründer moderner Lyrik und manche sprechen sogar von einer Hölderlinlinie, die sich durch die deutsche Lyrik zieht. Einige seiner Gedichte könnte man dem Expressionismus zuordnen, der mehr als 100 Jahre später entstehen sollte. Er öffnete den Weg für Nietzsche, Rilke, Benn, Trakl, Brecht oder auch für Paul Celan. Eine noch nie dagewesene Dichtung führte notwendigerweise dazu, daß er von seinen Zeitgenossen noch weniger verstanden wurde und als noch verrückter galt. Von 1801 bis zu seiner Zwangseinweisung im September 1806 schrieb Hölderlin Gedichte, deren Größe erst viele Jahre später erkannt wurde und die heute als Meisterwerke deutscher Dichtung gelten. Selbst für seine Übersetzung der „Antigone" von Sophokles wurde er belächelt und sogar verspottet. Dieselbe Übersetzung, die Bertold Brecht 1948 in der Uraufführung seiner „Antigone" in Chur verwendet. Brecht übernimmt viele Verse Hölderlins wortwörtlich und andere nahezu wörtlich, auch wenn er, im Gegensatz zu Hölderlin, eine politische Auslegung beabsichtigt und deshalb des Öfteren seine mythische

Wortwahl ersetzt. Hölderlins reimlose Lyrik und unregelmäßigen Rhythmen werden von Bertold Brecht weitgehend beibehalten. Erst im 20. Jahrhundert erkannte man in Hölderlins Übersetzung große Dichtung.

Wir haben es sicherlich auch dem Philosophen Martin Heidegger zu verdanken, daß Hölderlins Gedichte im letzten Jahrhundert wiederentdeckt wurden. Mehr als vierzig Jahre beschäftigte sich Heidegger mit Hölderlin und hielt immer wieder Vorlesungen über seine Gedichte. Wie sehr er Hölderlin schätzte, bringt er in den folgenden Sätzen zum Ausdruck: „Die geschichtliche Bestimmung der Philosophie gipfelt in der Erkenntnis der Notwendigkeit, Hölderlins Wort das Gehör zu verschaffen." An anderer Stelle sagt Heidegger als Einleitung mehrerer Gedichte, die er im Wald spazierengehend mit lauter Stimme spricht und die auf „YouTube" unter „Vorbemerkung" zu finden ist: „Ob wir es einmal noch erkennen. Hölderlins Dichtung ist für uns ein Schicksal. Es wartet darauf, daß die Sterblichen ihm entsprechen. Was sagt Hölderlins Dichtung? Ihr Wort, ist das Heilige…" Im hohen Alter wird sich Heidegger immer bewußter, daß aus Hölderlins Gedichten das Göttliche zu uns spricht. Der Inhalt seiner Gedichte ist für Heidegger über jeglicher von uns Menschen erdachten Philosophie. Er erkennt, daß die Gedichte Hölderlins im richtigen Tonfall gesprochen werden sollen und ruft uns dazu auf, sie immer wieder zu hören. Für Heidegger ist es klar, daß wir aus eigener Kraft unsere derzeitige Weltsituation nicht verändern können, und sagt uns dies in „Vorbemerkung": „Denn kein menschliches Rechnen und Machen kann von sich aus und durch sich allein eine Wende des gegenwärtigen Weltzustandes bringen. Schon deshalb nicht, weil die menschliche Machenschaft von diesem Weltzustand geprägt und ihm verfallen ist. Wie soll sie dann je seiner Herr werden?" Die Lösung sieht Heidegger in den Gedichten Hölderlins. Sie können uns helfen, wieder in die Nähe der entflohenen Götter zu gelangen, so daß vielleicht der „Götter Gott" erscheinen kann. Die Klänge Hölderlins rufen, so Heidegger, „in die Wende der Zeit". Obwohl Heidegger für seine Rolle, die er in der Zeit des Nationalsozialismus innehatte, für die er sowohl national als auch international kritisiert wird, so gilt er dennoch als einer der größten Philosophen des letzten Jahrhunderts. Er war vielleicht einer der ersten, der in Hölderlins Gedichten göttliche Botschaften erkannte. Ihm wurde bewußt, daß übernatürliche Wesenheiten, die Götter, existieren und wir deren Nähe suchen müssen, um aus unserer derzeitigen Situation herauszukommen. In Demut stellt er Hölderlins Klänge über jegliches Denken der Philosophie.

8 Erleuchtung befreit das Schicksal und ist der Beginn eines neuen Lebens

Der Rhein

Der Rhein
An Isaak von Sinclair

Im dunkeln Efeu saß ich, an der Pforte
Des Waldes, eben, da der goldene Mittag,
 Den Quell besuchend, herunterkam
 Von Treppen des Alpengebirgs,
 Das mir die göttlichgebaute,
 Die Burg der Himmlischen heißt
 Nach alter Meinung, wo aber
 Geheim noch manches entschieden
 Zu Menschen gelanget; von da
 Vernahm ich ohne Vermuten
 Ein Schicksal, denn noch kaum
 War mir im warmen Schatten
 Sich manches beredend, die Seele
 Italia zu geschweift
Und fernhin an die Küsten Moreas.

Dieses Gedicht schrieb Hölderlin nach seiner Frankreichreise, vielleicht auch schon auf der Rückreise, als er in der Schweiz im Rheintal war. Oft wanderte er tagelang in der damals noch unberührten Natur. In ihr erkannte er die göttliche Schöpfung und fand auch immer wieder zu sich selbst. Er sitzt am Waldrand und erhält Zugang zu himmlischen Dimensionen. Das Himmlische steigt herab und öffnet ihm das Tor zu seiner Seele, so daß er einen Einblick in die Ewigkeit erhält. Von dort erfährt er die Bestimmung, ein Schicksal, einer Person, die er in der folgenden Strophe als Jüngling bezeichnet. Hölderlin war sich aufgrund seiner eigenen Erfahrungen bewußt, daß höheres Wissen und eine ursprüngliche Wahrheit existieren und diese nicht aus unserem Verstand entsprungen sind. Das, was er uns nun in den folgenden Versen sagen wird, kam entschieden und geheim zu ihm, das heißt, daß ihm Verborgenes offenbar wurde und er es klar und deutlich wahrnahm und an uns weitergibt. Er weist darauf hin, daß er aus der Dimension unserer Seele zu uns spricht und uns etwas mitteilt, was er dort direkt erfahren oder erlebt hat. In unserer polaren Dimension ist alles relativ, weil alles in Relation zu etwas anderem steht. Deshalb gibt es zu jeglicher Erkenntnis, die eine Person durch eigenes Denken erlangt hat, sicherlich auch eine Erkenntnis, die dieser entgegen steht und die von einer anderen Person als richtig betrachtet wird. Dies ist einfach so, weil schon dadurch, daß unser Denken von einem Ich ausgeht, eine Teilung stattfindet und wir uns somit notwendigerweise in unserer polaren Dimension befinden und unsere individuellen Gedanken in dieser entstehen. Eine allumfassende Wahrheit kann nur aus einer Dimension kommen, in der es keine Teilung gibt zwischen dem, was wir als Ich bezeichnen und allem, was nicht Ich ist. Seit unser Ich-Bewußtsein entstanden ist gibt es viel mehr, was wir nicht mehr sind und deshalb ist unser Unterbewußtsein viel größer als unser Bewußtsein. Jegliches Denken geht von einem Ich aus und läßt das Unterbewußtsein aussen vor. Wir können deshalb eine allumfassende, absolute und ewige Wahrheit nicht erdenken, sondern sie nur spirituell erfahren. Ohne jegliche Zweifel gibt Hölderlin eine ewige

Wahrheit an uns weiter, die nicht von Menschen erdacht wurde, sondern der Quelle unserer Seele entspringt.

> Jetzt aber, drin im Gebirg,
> Tief unter den silbernen Gipfeln
> Und unter fröhlichem Grün,
> Wo die Wälder schauernd zu ihm,
> Und der Felsen Häupter übereinander
> Hinabschaun, taglang, dort
> Im kältesten Abgrund hört'
> Ich um Erlösung jammern
> Den Jüngling, es hörten ihn, wie er tobt',
> Und die Mutter Erd' anklagt',
> Und den Donnerer, der ihn gezeuget,
> Erbarmend die Eltern, doch
> Die Sterblichen flohn von dem Ort,
> Denn furchtbar war, da lichtlos er
> In den Fesseln sich wälzte,
> Das Rasen des Halbgotts.

Ein junger Mensch beschwert sich verzweifelt über sein menschliches Schicksal. Alles erscheint ihm dunkel und er hat innerlich den Drang, sich von seinem Dasein als Mensch zu befreien. Er fühlt sich in unserer irdischen Dimension gefangen und macht Gott und die äußeren Umstände, die er hier auf der Erde erleben muß, für seine traurige Situation verantwortlich. Hölderlin bezeichnet diesen tobenden Jüngling als Halbgott. Er ist halb Gott und halb Mensch. Weil er die geistige Kraft seiner Seele noch in sich spürt, hat er den Drang nach Freiheit. Doch seine Seele ist sowohl in ihm selbst als auch in unserer gestaltgewordenen Realität gefangen, ja sogar gefesselt. Er ist so verzweifelt, daß ihm alles wie ein dunkler Abgrund erscheint und er nach Erlösung jammert. Für ihn sind seine irdischen Fesseln schlimmer als für andere Menschen, da er sich zu seinem göttlichen Ursprung zurücksehnt, er spürt und weiß noch, daß es mehr gibt als unsere gestaltgewordene Welt. Die meisten Menschen haben sich im Laufe unserer Geschichte und auch ihrer individuellen Inkarnation ganz in unsere Realität geflüchtet. Sie wissen nicht mehr, daß sie halb Gott und halb Mensch sind und sie empfinden das Göttliche in sich selbst nicht. Da ist kein Drang nach Ewigkeit und geistigem Urstoff, sondern sie denken, daß sie sterblich sind.

Die meisten Menschen sind mit ihren irdischen Problemen beschäftigt und die Kräfte, die in ihrem Unterbewußtsein wirken, sind so stark, daß sie keinen Drang nach Ewigkeit und göttlichem Ursprung verspüren. Die verdunkelnden Kräfte sind zu groß, um den Ruf ihrer Seele zu hören. Ihr Abgrund sind die Probleme, die sie in unserer Realität haben und nicht die Sehnsucht nach einer höheren Dimension und innerer Befreiung. Sie haben ihre Seele verdrängt und sind vollständig in unserer irdischen Realität gefangen, so daß sie sich auch nicht auf die Suche nach etwas Höherem begeben. Vor dieser Suche sind sie geflüchtet, weil sie sich nur noch als sterbliche Menschen wahrnehmen und nicht mehr als das, was wir eigentlich sind: Halb Gott und halb Mensch.

Die Stimme wars des edelsten der Ströme,
Des freigeborenen Rheins,
Und anderes hoffte der, als droben von den Brüdern,
Dem Tessin und dem Rhodanus,
Er schied und wandern wollt, und ungeduldig ihn
Nach Asia trieb die königliche Seele.

> Doch unverständig ist
> Das Wünschen vor dem Schicksal.
> Die Blindesten aber
> Sind Göttersöhne. Denn es kennet der Mensch
> Sein Haus und dem Tier ward, wo
> Es bauen solle, doch jenen ist
> Der Fehl, daß sie nicht wissen wohin?
> In die unerfahrne Seele gegeben.

Hölderlin verwendet hier das daoistische Bild des Flußes, um uns eine letztendliche Lebensweisheit näherzubringen. Ein Fluß hat keinen eigenen Wunsch oder Willen und dennoch nährt er ganze Völker. Er spendet ihnen Wasser und macht das Land fruchtbar. Wasser ist weich und weil es weich und selbst willenlos ist, zermahlt es Steine zu Sand. Hölderlin gibt uns hier einen sehr wichtigen Schlüssel: Nur wenn wir keine Wünsche mehr haben, wird sich das Tor zu unserer Seele öffnen. Selbst der Wunsch nach Erleuchtung wird zum Hindernis. Seine Worte sind an den Jüngling gerichtet, der sein menschliches Dasein dauerhaft überwinden will. Auf der einen Seite spürt er in sich die Sehnsucht nach seiner Seele, nach Befreiung, und versucht verzweifelt, seine individuelle Gefangenschaft als Mensch zu beenden, und auf der anderen Seite wurde er als Mensch geboren und lebt in der Beschränktheit unserer irdischen Dimension. Wie soll dieser Zwiespalt gelöst werden? Was geschieht mit jemandem, der zum ersten Mal eine Erleuchtung erlebt und wirklich in den geistigen Urstoff unserer Seele einreist? Hölderlin warnt hier alle, die beim Lesen dieses Gedichts diese unglaubliche Erfahrung machen dürfen. Normalsterbliche wissen, daß sie als Mensch geboren wurden und bis zu ihrem körperlichen Tod auf der Erde leben werden. Jedes Tier weiß, wo es sein Nest baut und wohin es gehört. Doch wozu gibt es dann

Menschen, die eine Erleuchtung erfahren? Wohin wird die Reise gehen? Hölderlin gibt sich selbst, vielleicht auch für seine späteren Inkarnationen, als auch allen, die selbst eine Erleuchtung erleben dürfen, in den nun folgenden Versen die Antwort:

> *Ein Rätsel ist Reinentsprungenes. Auch*
> *Der Gesang kaum darf es enthüllen.*

Nur wer beim Sprechen oder Lesen dieses Gedichts in die himmlische Dimension unserer Seele mitgenommen wird, kann das Mysterium unseres menschlichen Daseins wirklich begreifen. Ihm wird gesagt werden, warum und wozu er eine Erleuchtung erleben darf, auch wenn er vielleicht lange braucht, um sich des Sinns unserer Menschwerdung bewußt zu werden. Es ist der diesem Gedicht innewohnende Klang, der uns die geistige Dimension unserer Seele öffnen will, so daß wir sie in all ihrer Reinheit erleben.

> *... Denn*
> *Wie du anfingst, wirst du bleiben,*
> *So viel auch wirket die Not,*
> *Und die Zucht, das meiste nämlich*
> *Vermag die Geburt,*
> *Und der Lichtstrahl, der*
> *Dem Neugebornen begegnet.*

Der größte Teil unseres Schicksals wird im Moment unserer Geburt bestimmt. Mit dem Lichtstrahl, der dem Neugeborenen begegnet, meint Hölderlin die Konstellation der Himmelskörper, unter der wir geboren werden oder, anders gesagt, unser Geburtshoroskop. Viele von unseren Problemen führen wir auf unserer Erziehung und auf Erfahrungen, die wir als Kind oder im Laufe unseres Lebens gemacht haben, zurück. Die meisten Menschen denken, daß es die äußeren Umstände sind, die uns geprägt haben, ohne zu bedenken, daß es etwas gibt, was diese bewirkt und hervorgerufen hat. Für Hölderlin sind es die ausführenden Kräfte von Sonne und Monden, die in und auf uns wirken und uns bestimmen. In dem Vers „denn wie du anfingst, wirst du bleiben" sagt er uns auch, daß, wenn wir als Mensch geboren werden, wir auch wieder als Mensch sterben werden.

> Wo aber ist einer,
> Um frei zu bleiben
> Sein Leben lang, und des Herzens Wunsch
> Allein zu erfüllen, so
> Aus günstigen Höhn, wie der Rhein,
> Und so aus heiligem Schoße
> Glücklich geboren, wie jener?

Das nun kommende Erlebnis wird so stark und mächtig sein, daß derjenige, der es erlebt, sein ganzes Leben lang frei ist und sich selbst bestimmen kann. Er wird sich aus der Gefangenschaft seines Schicksals befreien und sich seines göttlichen Ursprungs bewußt werden. Mit der Kraft seiner Seele kann er sich nun seine Herzenswünsche selbst erfüllen und ein glückliches Leben führen. Jetzt kann er zum ersten Mal in vollkommener Freiheit sein Leben bewußt genießen.

> Drum ist ein Jauchzen sein Wort.
> Nicht liebt er, wie andere Kinder,
> In Wickelbanden zu weinen;
> Denn wo die Ufer zuerst
> An die Seit ihm schleichen, die krummen,

Und durstig umwindend ihn,
Den Unbedachten, zu ziehn
Und wohl zu behüten begehren
Im eigenen Zahne, lachend
Zerreißt er die Schlangen

Viele Menschen lieben ihre Wickelbande und die dadurch entstandene Traurigkeit. Sie sind so sehr in ihrem von Geburt an wirkenden Schicksal verhaftet, daß sie sich damit abgefunden haben und nicht die nötige Kraft aufbringen, um sich aus ihrer Gefangenschaft zu befreien. Die meisten Menschen brauchen ihre Abhängigkeiten und Einschränkungen geradezu. Immer wieder verfallen sie ihnen, auch wenn diese ihnen schaden. Bei diesem Erleuchtungserlebnis bekommt man die Kraft, all dies hinter sich zu lassen. Der in diesem Gedicht beschriebene Jüngling läßt voller Freude sein bisheriges Schicksal hinter sich und beginnt ein neues Leben. Er bricht mit allem, was ihn immer wieder zu dem hingezogen hat, was ihm eigentlich schadet und in seiner Freiheit einschränkt. Auf uns wirken normalerweise ständig Kräfte, derer wir uns nicht bewußt sind. Sie kommen schleichend und auf mannigfaltige Art und Weise.

So wie ein Fluß von einem von Natur aus unförmigen und vielgestaltigen Ufern eingeschränkt wird, so wird auch für uns das Erleben unserer Seele begrenzt. Wenn aber ein Fluß von seiner Quelle genügend Wasser erhält, so bahnt er sich seinen Weg und zermahlt selbst die härtesten Felsen. Der Erleuchtete hat jetzt Zugang zu seiner Quelle, unserer Seele, und mit dieser unbeschreiblichen Kraft zerreißt er alle Schlangen und befreit sich aus seinem Schicksal. Für Hölderlin existieren nichtmaterialisierte Wesen wie Geister und Dämonen. Sie sind die ausführenden Kräfte, er bezeichnet sie als Heere von Sonnen und Monden, die dafür sorgen, daß unser Schicksal von uns real erlebt und Gestalt wird. Man bekommt die Kraft und das Bewußtsein, die ausführenden Kräfte, die uns in unserer Freiheit einschränken, zu erkennen und sich von ihnen zu befreien. Zuvor waren wir uns ihrer Existenz nicht bewußt. Sie schleichen sich an unsere Seite, umwinden uns durstig, versuchen sogar uns zu behüten und ziehen uns immer wieder zu sich. In diesen Bildern beschreibt uns Hölderlin die Schlangen, die uns in unseren Wickelbanden festhalten und unser Schicksal bestimmen. Diese geistigen Wesenheiten beschränken uns nicht nur in unserer Freiheit, sondern sie sind auch durstig, das heißt, sie ernähren sich von uns oder von unserer Energie. Der „Unbedachte" bemerkt sie nicht und gerät immer wieder in ihren Bann oder liebt sie sogar. In unserem täglichen Leben wirkt sich dies bei jedem individuell verschieden aus. Es gibt Personen, die immer wieder bei ihrer Arbeit ausgenutzt oder gar betrogen werden. Auch wenn sie ihre Arbeitsstelle wechseln, ist es oft so, daß sich dieser Vorgang wiederholt. Wer oder was bringt sie immer wieder in diese Situation? Andere leben in einer Ehe, in der sie eigentlich nicht glücklich und oft unfrei sind und doch schaffen sie es ein Leben lang nicht, sich von ihrem Partner zu trennen und ein neues Leben zu beginnen. Wer oder was wirkt so stark, daß sie jahrelang an ihrem Lebenspartner festhalten? Bei sadomasochistischen Sexualpraktiken fühlen manche Lust und Befriedigung, indem sie Schmerz, Macht oder Demütigung selbst erleben oder an anderen ausleben. Wer oder was sorgt dafür, daß sie sich bei diesen Erlebnissen wohlfühlen? Wer ernährt sich im Hintergrund von diesen Energien? Serienmörder sind so besessen, daß sie einen Drang zum Töten haben, ständig suchen sie sich neue Opfer und können diesem Zwang nicht widerstehen. Wer oder was hat von ihnen Macht ergriffen oder sie sogar besetzt und drängt sie zu diesen Taten? Welcher Dämon nährt sich von den Energien, die bei einer Tötung entstehen?

Das in diesem Gedicht beschriebene Erleuchtungserlebnis ist so mächtig, daß man sein Leben lang nicht mehr von diesen geistigen Wesenheiten beherrscht wird. Schon in früheren Gedichten erklärt Hölderlin, wie bei seinen transzendentalen Erfahrungen in der Dimension unserer Seele die Weltenachse bricht und die Gestirne stillstehen, also sein Schicksal, oder anders gesagt sein Geburtshoroskop, für Momente aufgehoben ist. Die Wirkung der Erleuchtung, die bei diesem Gedicht erfahren werden kann, wird ein Leben lang andauern.

> *Zerreißt er die Schlangen und stürzt*
> *Mit der Beut und wenn in der Eil'*
> *Ein Größerer ihn nicht zähmt,*
> *Ihn wachsen läßt, wie der Blitz, muß er*
> *Die Erde spalten, und wie Bezauberte fliehn*
> *Die Wälder ihm nach und zusammensinkend die Berge.*
>
> *Ein Gott will aber sparen den Söhnen*
> *Das eilende Leben und lächelt*

Von allen transzendentalen Erlebnissen, die Hölderlin in seinen Gedichten beschreibt, ist hier der Höhepunkt erreicht. Die Erleuchtung ist so weit fortgeschritten, daß sich alles aufzulösen beginnt. Wenn die Reise noch weiter fortschreitet, so wird für denjenigen, der sie erlebt, sein menschliches Dasein beendet. Die Erde mit all ihren Wäldern und Bergen sowie auch er selbst werden sich in der geistigen Dimension unserer Seele auflösen und er würde sicherlich auch nicht wiedergeboren werden. Unsere gestaltgewordene Welt wird sich natürlich nur für denjenigen auflösen, der selbst in den ewiglichen Urstoff eingeht. Doch Gott sorgt dafür, daß der Erleuchtete in seiner Eile gezähmt wird. Die Zeit ist noch nicht gekommen, um sich in der Dimension der Ewigkeit aufzulösen. Diese Botschaft ist sowohl an Hölderlin selbst als auch an alle, die bei diesem Gedicht eine Erleuchtung erfahren dürfen, gerichtet.

> *Wenn unenthaltsam, aber gehemmt*
> *Von heiligen Alpen, ihm*
> *In der Tiefe, wie jener, zürnen die Ströme.*
> *In solcher Esse wird dann*
> *Auch alles Laute geschmiedet*

Es wird immer wieder Menschen geben, die sich unaufhörlich bei Gott über ihre Existenz beschweren oder gar wütend auf ihn sind. Wenn wir unsere Seele nicht in uns hätten und uns ganz von unserem Verstand leiten ließen, so wären unsere Qualen sicherlich noch größer und wir würden noch weniger aus Mitgefühl und Liebe handeln. Es ist unsere Seele, die uns Schmerz empfinden läßt, wenn wir anderen Menschen schaden oder wenn wir leidende Tiere oder die zerstörte Natur betrachten. Für Hölderlin ist alles göttlich. Alles ist aus einem geistigen Urstoff erschaffen, der noch immer in allem vorhanden ist und Leben spendet. Dies sagt er auch in einem Vorentwurf desselben Gedichts in den Versen:

> *Wie des vesten Landes, schauest die Erde*
> *Und das Licht an, ungleich scheinet das Paar, denkst du,*
> *doch göttlich beide, denn immer*
> *Ist dir, vom Äther gesendet,*
> *ein Genius um die Stirne*

Die Gedanken der Schöpfung sind zwischen Himmel und Erde überall vorhanden. Sie schweben uns um die Stirne, bevor sie in Form von Materie Gestalt werden. Doch auch nachdem etwas eine für uns sichtbare Form angenommen hat, sei es als Baum, Fluß, Berg oder als Lebewesen, wohnt weiterhin allem eine lebensspendende Urkraft inne. Unsere gestaltgewordene Welt ist genauso göttlich wie die geistigen himmlischen Dimensionen. Alles ist miteinander vernetzt und allem wohnt ein „zartgewebter Sinn" inne, um es mit Hölderlins Worten auszudrücken. Das Licht ist, laut Hölderlin, die erste Manifestation Gottes oder des Unnennbaren. Auf einer tieferen Ebene ist es in Form von Milliarden Sonnen Gestalt geworden. Nur für unseren Verstand sind die geistigen Welten von unserer zu Materie verdichteten Dimension getrennt. In Wirklichkeit ist jedoch alles fließend miteinander verbunden. Die Materie ist genau so eine Manifestation des Göttlichen wie das Licht, auch wenn dadurch, das sie dem Licht entgegensteht, durch ihren Schatten Dunkelheit entsteht.

Hölderlin nennt uns Menschen in diesem Gedicht Halbgötter. Wir sind hier auf der Erde als Mensch in körperlicher Gestalt und haben die göttliche geistige Kraft der Schöpfung unserer Seele inne. Dies ist die heilige Mischung, derer der Erleuchtete sich nun bewußt ist. Mit diesem Bewußtsein und mit der Kraft seiner Seele kann er nun ein neues reines Leben beginnen. Dies meint Hölderlin mit dem Satz „In solcher Esse wird dann auch alles Lautre geschmiedet."

Und schön ists, wie er drauf,
Nachdem er die Berge verlassen,
Stillwandelnd sich im deutschen Lande
Begnüget und das Sehnen stillt
Im guten Geschäfte, wenn er das Land baut,
Der Vater Rhein und liebe Kinder nährt
In Städten, die er gegründet.

Nachdem der Erleuchtete sich bei seiner außergewöhnlichen transzendentalen Erfahrung aus seinem Schicksal befreit hat, kommt er aus der Höhe in unsere Dimension zurück. Sein innerer Drang nach Befreiung und Erlösung ist gestillt. Jetzt kennt er Größe und Harmonie der Schöpfung und läßt sich von dieser ihm innewohnenden Kraft leiten. Er begibt sich in den Fluß unserer Seele und wird zum Instrument des Göttlichen. So wie ein Fluß von Natur aus geleitet wird und allen Wasser spendet, so wird auch er sich in seinem künftigen Leben verhalten. Ein Fluß hat keinen eigenen Willen und keine eigenen Wünsche und dadurch macht er ganze Täler fruchtbar. Er handelt nicht selbst und eben deshalb spendet er allen Wasser. Ständig ist er in Bewegung und es ist seine Weichheit, die selbst die härtesten Felsen zermahlt. Von nun an wird er sein Leben nicht nach seinen eigenen Wünschen und Vorstellungen bestimmen, sondern sich von seiner Seele leiten lassen. Sie ist sein eigentlicher Ursprung und gibt ihm die Kraft, all die Bande zu zerreißen, die ihn zuvor bestimmt haben. Hölderlin beschreibt uns hier einen Erleuchteten, der zwar wieder in unsere Dimension zurückkommt, aber nun vollständig verwandelt ist. Seine Lebenssituation verändert sich, weil dieses Erlebnis ihm eine vollkommen neue Möglichkeit eröffnet: er kann sein künftiges Leben im Einklang mit dem Willen des Himmels gestalten und sofern er sich führen läßt, wird sich ihm keine Macht entgegenstellen. So kann er dauerhaft seinen göttlichen Ursprung, seine Seele, mit seinem irdischen Dasein als Mensch verbinden und in dieser neuerlangten Ganzheit ein Leben in Harmonie und Freiheit führen. Laotse sagt dies mit anderen Worten:[33]

XXXVII

Das DAO verharrt im Nicht-Tun;
und dennoch bleibt nichts ungetan.

*Folgten die Fürsten und Könige
im Regieren diesem Beispiel,
würden die zehntausend Dinge
sich naturgemäß entfalten.
Kehrten sie, anstatt zu handeln,
zurück zur Schlichtheit des Namenlosen,
so wären sie frei von Begehren.
Ohne Begehren aber wären sie ruhig.
So würde sich der Frieden
ganz von selbst einstellen.*

*XLIII
Das Allerweicheste auf Erden
überwindet das Allerhärteste,
das Wesenlose durchdringet den Stoff.
Darin erkenne ich den Vorteil
der absichtslosen Schau.
Belehrung ohne Worte,
Vollendung ohne Taten
erreichen nur wenige
in dieser Welt.*

Wenn man mit der Kraft seiner Seele handelt, so findet kein Kampf statt, sondern alles verläuft in Harmonie und geschieht wie von selbst. Hölderlin sagt hier zu allen, die eine Erleuchtung erfahren durften: Werde wie ein Fluß! Bleib im Fluß mit deiner Seele, ja sei der Fluß selbst! Laß dich auch in Zukunft von der himmlischen Kraft deiner Seele leiten, jetzt hast du die Kraft, ein freies Leben zu führen. Handle nicht nach deinem Kopf, nach deinen Wünschen und Vorstellungen, sondern sei empfangend und laß dich von deinem innersten Kern führen. Nur so wirst du dauerhaft etwas aufbauen können, was dir selbst sowie vielen anderen zugute kommt.

Laotse erklärt uns diesen Zusammenhang noch genauer. Das Unnennbare DAO handelt nicht selbst, sondern läßt es zu, daß alles von selbst geschieht. Es ist keine Wesenheit mit einem Ich-Bewußtsein, das eigene Vorstellungen und Wünsche hat und ist in allem als schöpferische Kraft vorhanden. Weil es selbst leer ist, ist es zugleich alles und weil es selbst nicht handelt, bleibt nichts ungetan. Es handelt nicht und wirkt überall. Wenn die Herrschenden im Sinne des unnennbaren DAO handeln würden, so könnten sich alle Wesen frei und ihrer Anlage entsprechend entwickeln und entfalten. Es bräuchte keine Gesetze und Vorschriften, um jemanden zu etwas zu zwingen oder zu verbieten, sondern wir würden intuitiv in Frieden und Harmonie zusammenleben. Weder für Hölderlin noch für Laotse lässt sich die Welt über politische oder religiöse Ideologien verändern, sondern nur dadurch, daß man sich selbst innerlich transformiert und sich wieder von der uns innewohnenden geistigen Kraft der Schöpfung leiten läßt. Wenn wir nur aus unserem Verstand handeln oder uns gar über ihn definieren, unterdrücken wir unsere Seele und es entstehen notwendigerweise Kräfte, die uns unbewußt quälen und verdunkeln. Wir spalten uns dadurch in uns selbst und projizieren nach außen eine gespaltene Realität, die wir mit allen Konsequenzen erleben.

Doch nimmer, nimmer vergißt ers.
Denn eher muß die Wohnung vergehn,
Und die Satzung und zum Unbild werden
Der Tag der Menschen, ehe vergessen
Ein solcher dürfte den Ursprung
Und die reine Stimme der Jugend.

Sehr bestimmt sagt Hölderlin sowohl sich selbst als auch allen, die bei diesem Gedicht eine Erleuchtung erfahren dürfen, daß diese nie vergessen wird. Die hier erlebte transzendentale Reise in die Dimension unserer Seele ist so stark, daß sie so lange im Bewußtsein bleibt, bis es uns Menschen und unsere an Raum, Zeit und Materie gebundene Dimension mit all ihren Gesetzen nicht mehr gibt. Das Erleuchtungserlebnis befreit den in den Anfangsstrophen angesprochenen Jüngling von seinen Leiden und das göttliche Bewußtsein soll in künftige Inkarnationen mitgenommen werden. Für Hölderlin war es klar, daß er so lange wiedergeboren wird, bis wir alle wieder göttliches Bewußtsein erlangen und die letzte Generation von uns Menschen nach ihrem körperlichen Tod in den geistigen Urstoff unserer Seele eingehen und somit unser Dasein als Mensch beendet wird. Bis dieses Ereignis eintrifft, darf derjenige, der bei diesem Gedicht diese Erfahrung schon jetzt für Momente macht, seinen göttlichen Ursprung nicht mehr vergessen. Das, was er in diesem Gedicht individuell erlebt, wird er auf einer noch höheren Ebene im Kollektiv wieder erleben. Doch wer ist der Jüngling, der bei diesem Gedicht seinen göttlichen Ursprung erfahren darf? Sieht Hölderlin sich selbst in einer späteren Inkarnation? Gibt er sich selbst die Möglichkeit, wieder eine Erleuchtung zu erlangen um in einer späteren Inkarnation ein freies und glückliches Leben führen zu können?

Wer war es, der zuerst
Die Liebesbande verderbt
Und Stricke von ihnen gemacht hat?
Dann haben des eigenen Rechts
Und gewiß des himmlischen Feuers
Gespottet die Trotzigen

Der Inhalt dieser Verse wird im Kapitel „Paradiesfall" anhand verschiedener Texte und Schriften ausführlicher dargestellt.

> ... dann erst
> Die sterblichen Pfade verachtend
> Verwegnes erwählt
> Und den Göttern gleich zu werden getrachtet.
>
> Es haben aber an eigner
> Unsterblichkeit die Götter genug, und bedürfen
> Die Himmlischen eines Dings,
> So sinds Heroen und Menschen
> Und Sterbliche sonst. Denn weil
> Die Seligsten nichts fühlen von selbst,
> Muß wohl, wenn solches zu sagen
> Erlaubt ist, in der Götter Namen
> Teilnehmend fühlen ein Andrer,
> Den brauchen sie;

In diesen Versen warnt Hölderlin sich selbst und auch alle, die bei diesem Gedicht eine Erleuchtung erfahren dürfen. Während dieser transzendentalen Reise darf man nicht den Wunsch haben, unsterblich zu sein. Auch wenn man in der Dimension unserer Seele auf derselben geistigen Ebene wie die Götter ist, so ist es uns dennoch nicht erlaubt, ihnen gleichen zu wollen. Im Laufe der Jahre erkennt Hölderlin den großen Weltenplan immer mehr. Er erklärt im Hyperion und in mehreren Gedichten, daß die ersten Menschen auf derselben Stufe wie die Götter waren. Es war und ist aber unser Schicksal, daß wir aus dieser Sphäre herunterfielen, um in einer zu Materie verdichteten polaren Dimension verschiedene Erfahrungen zu machen. Nur hier können all die verschiedenen Emotionen und Gefühle real erlebt werden. Die ursprünglichen Götter sind ständig mit der geistigen Kraft der Schöpfung verbunden und erleben in dieser Höhe keine Gefühle wie wir. Sie sind die höchsten ausführenden Kräfte von Gott selbst oder des Unnennbaren und sind über unsere Seele auch mit uns verbunden. In diesen Versen bittet Hölderlin die Götter um Erlaubnis, in ihrem Namen sprechen zu dürfen und erklärt, daß, weil sie von sich aus nichts fühlen, es jemanden geben muß, der all die vielfältigen Gefühle teilnehmend erlebt. Wir fühlen hier in unserer irdischen Dimension etwas mit, was auch auf geistiger Ebene vorhanden ist. Es brauchte uns Menschen in einer gestaltgewordenen Welt, damit die Gefühle der ursprünglichen geistigen Wesenheiten in all ihren Höhen und Tiefen wirklich erlebt werden. Über uns erleben die Götter ihre Freuden und Leiden, all ihre Gefühle und Emotionen, die in ihrer geistigen Dimension keine Wirkung auf sie haben. Was kann den Göttern schon Leiden verursachen, wenn sie doch wissen, daß sie als geistige Wesenheiten ewig existieren werden? Oder was kann ihnen Freude bereiten, wenn sie doch sowieso schon das meiste tausende Male erlebt haben? Die Götter sorgen dafür, daß sie über uns immer wieder neue Erfahrungen machen und Gefühle selbst erleben können.

Der Schweizer Arzt und Psychiater Carl Gustav Jung erklärt diesen Zusammenhang in seinen eigenen Worten. „Es ist ziemlich sicher, daß der Mensch mit einer bestimmten Funktionsweise, einer bestimmten Art und Weise zu funktionieren, einem bestimmten Verhaltensmuster geboren wird. Zum Beispiel wie ein Mensch sich verhalten soll wird durch einen Archetyp gegeben." [34] Auch für Jung existieren geistige Wesenheiten und in diesem Falle sind sie die wirkenden Kräfte des kollektiven Unbewußten. Für ihn sind sie genauso eine Wirklichkeit wie unsere materialisierte und für uns sichtbare Welt, weil sie auf uns und in uns wirken.

In der Astrologie gibt es zwölf Sternzeichen und auch zwölf Häuser. Es ist die Konstellation der Planeten im Bezug zur

Sonne, diese steht repräsentativ für uns selbst, an der ein Astrologe die Wirkung auf uns erkennen kann. Die Planeten wurden nach Göttern benannt, denen verschiedene Kräfte und Qualitäten zugeschrieben wurden. Es sind also die ursprünglichen Götter, die auf und in uns archetypisch im Kollektiv wirken. Es gibt zwölf olympische Götter, deren verschiedene Charaktere und Qualitäten auch in uns in unzähligen Variationen angelegt sind und diesen entsprechend wirken. Sie sind es, deren Gefühle wir hier als Mensch teilnehmend fühlen sollen und deren ursprünglichen Kräfte in und auf uns wirken und in unserer Dimension festhalten. Wenn jemand in der Dimension unserer Seele ist, so erlebt er in diesen Momenten die Urkraft der Schöpfung, aus der auch die Götter erschaffen wurden. Während dieses Erlebens ist man auf derselben Höhe wie die Götter und deshalb wirken diese nicht mehr, sondern ausschließlich die Kraft unserer Seele. Da die zwölf olympischen Götter die höchsten ausführenden Kräfte des Horoskops sind, so ist für die Zeitdauer einer Erleuchtung dieses unwirksam.

> ... jedoch ihr Gericht
> Ist, daß sein eigenes Haus
> Zerbreche der und das Liebste
> Wie den Feind schelt' und sich Vater und Kind
> Begrabe unter den Trümmern,
> Wenn einer, wie sie, sein will und nicht
> Ungleiches dulden, der Schwärmer.

Hier erklärt Hölderlin demjenigen, der eine Erleuchtung erfährt, warum er noch nicht in der himmlischen Höhe der Götter bleiben darf. Wenn man in der Dimension unserer Seele ist, erlebt man während dieser Zeitspanne unser ursprüngliches Sein. Man ist so stark auf das Innigste mit allem und jedem verbunden, daß Subjekt und Objekt miteinander verschmelzen und man selbst, also unser Ich, beginnt, sich in alles aufzulösen. In diesen Momenten ist die schöpferische Kraft unserer Seele so stark, daß man sich selbst in allem und alles in sich wahrnimmt. Zu jeder Pflanze, zu jedem Tier, zu der Erde selbst, ja zum ganzen Universum hat man dieselben Gefühle und Empfindungen wie zu seinem Vater oder zu seinem Kind. Selbst Menschen, die einem unsympathisch waren oder mit denen man verfeindet war, liebt man während einer Erleuchtung genauso wie seine Frau oder seine Mutter. All die verschiedenen Gefühle und Emotionen, die man normalerweise in unserer polaren Realität hat, werden in allumfassender Liebe vereint. In der Dimension unserer Seele gibt es keine Unterscheidungen und keine polaren Kräfte, sondern man erlebt ein vollkommenes Einssein mit allem. Es ist aber unser Schicksal, daß wir als Mensch mit einem Bewußtsein von uns selbst geboren wurden, mit dem wir die Welt betrachten. Bei einer Erleuchtung ist dieses Ich nicht mehr vorhanden und wenn man dauerhaft in dieser Höhe bleiben würde, so wäre man selbst nichts und gleichzeitig alles. Auch wenn diese transzendentale Erfahrung das Schönste ist, was der Jüngling jemals erlebt hat und er noch nie so frei und glücklich war, so soll er sich dennoch bewußt sein, daß er als Mensch geboren wurde und wieder in unsere Dimension zu uns Menschen zurückkehren muß. Die Zeit ist noch nicht gekommen, um ständig in dieser Höhe zu bleiben oder sich gar in den Urstoff unserer Seele aufzulösen. Deshalb warnt Hölderlin den Jüngling, der zum ersten Mal eine Erleuchtung erfährt, und sagt ihm mehrmals, daß er nicht in der geistigen Dimension der Schöpfung bleiben darf. Er soll nicht jetzt schon sein Haus, sein Ich, zerbrechen und somit alle persönlichen Beziehungen verlieren und in einer Dimension bleiben, in der selbst die Götter nicht mehr auf ihn wirken und er ihnen gleichgestellt ist, sondern wieder in unsere Dimension zurückkommen. Die Erde ist seine Heimat, auch wenn er hier in unserer an Raum und Zeit gebundenen Dimension wieder unterschiedliche Erfahrungen machen muß und die polaren Kräfte erneut auf ihn wirken. Die in diesem Gedicht erlebte transzendentale Reise ist so stark, daß Hölderlin den Reisenden immer wieder bremst und in unsere Dimension zurückholt. Am Schluß dieser Strophen nennt er den Erleuchteten sogar einen Schwärmer.

> Drum wohl ihm, welcher fand
> Ein wohlbeschiedenes Schicksal,
> Wo noch der Wanderungen
> Und süß der Leiden Erinnerung
> Aufrauscht am sichern Gestade,
> Daß da und dorthin gern
> Er sehn mag bis an die Grenzen
> Die bei der Geburt ihm Gott
> Zum Aufenthalte gezeichnet.

Wenn jemand bei diesem Gedicht eine Erleuchtung erfahren darf, so wird er danach vollkommen verändert sein. Das transzendentale Erlebnis wird so stark wirken, daß er von seinen größten Leiden befreit wird. Hölderlin erklärt hier, wie eine Erleuchtung wirkt. All die Schmerzen, die man viele Jahre aushalten mußte und von denen man sich selbst nicht befreien konnte, werden erlöst. Wir haben alle unsere Abhängigkeiten, von denen wir uns nicht lösen können und die uns eigentlich unglücklich machen. Viele können sich nicht von ihren Familienbanden befreien oder von ihrem Partner trennen, obwohl sie eigentlich wissen, daß ihnen diese Beziehung schadet und sie nicht wirklich glücklich sind. Andere finden nie eine Arbeit, bei der sie sich selbst verwirklichen können und viele brauchen sogar Medikamente, Alkohol oder andere Drogen, um ihren Alltag halbwegs ertragen zu können.

Nach der hier erlebten transzendentalen Erfahrung werden diese Leiden und Abhängigkeiten nicht mehr wirken, sondern man kann ein freies Leben führen. Jetzt ist man stärker als die Kräfte, die einen zuvor immer in derselben Situation festgehalten haben. Man wird sich nach diesem Erlebnis mit einem Lächeln an sein früheres Leben erinnern. All die unangenehmen Erfahrungen, die man auf der Wanderung durch die Zeit in seinem Leben ertragen mußte, sind zwar noch in der Erinnerung, aber sie wirken nicht mehr. Es zieht einen nicht mehr in dieselbe Abhängigkeit, sondern man kann sich jetzt selbst neu bestimmen und vom Fluß seiner Seele leiten lassen. Die Leiden werden zu einer süßen Erinnerung und man versteht vielleicht nicht, warum man sich so lange selbst gequält hat. Hölderlin sagt in diesen Versen aber auch, daß man dem Erleuchtungserlebnis an sich nicht nachtrauern soll, auch wenn es noch so schön war. Derjenige, der es erleben durfte, soll sich freuen, daß er sich nicht in der Dimension der Ewigkeit verloren hat, sondern jetzt wieder mit beiden Beinen auf der Erde ist. Es ist unser von Gott bestimmtes Schicksal, daß wir als Mensch geboren wurden und als Mensch ist unser Dasein auf Raum und Zeit sowie auch körperlich beschränkt. Die Erde ist unsere Heimat, wo wir nach diesem Erlebnis ein freies und glückliches Leben führen können, sofern wir uns von unserer Seele führen lassen. Für Hölderlin ist eine Erleuchtung keine Flucht von unserem menschlichen Dasein, sondern sie soll uns von all den Kräften befreien, die uns gequält haben. Wir sollen wieder ganz werden und uns bewußt sein, daß wir sowohl himmlisch als auch irdisch sind. Wenn man eine Erleuchtung erfahren darf, so soll man sich über sein von Gott zugeteiltes Schicksal freuen, auch wenn man nicht dauerhaft in der geistigen Sphäre der Schöpfung bleiben darf, sondern in unsere polare Dimension zurückkommt.

> Dann ruht er, seligbescheiden,
> Denn alles, was er gewollt,
> Das Himmlische, von selber umfängt
> Es unbezwungen, lächelnd
> Jetzt, da er ruhet, den Kühnen.

Der zu Beginn dieses Gedichts im lichtlosen Abgrund leidende Jüngling ist von seinen Qualen befreit. Sein innerer Drang nach Erlösung ist gestillt und er kommt in die Ruhe. Seligbescheiden ist ein wunderschönes Wort mit einer tiefen Bedeutung. Wahre Bescheidenheit kann nur unserer Seele entspringen, da unser Verstand immer etwas will und bezweckt. Deshalb ist sie auch für Laotse eine der drei Tugenden, um das DAO zu verwirklichen. Bei seiner transzendentalen Erfahrung durfte der Jüngling die uns innewohnende Kraft unserer Seele selbst erleben und wird sich seiner eigenen Göttlichkeit bewußt. Es ist die Kraft seiner Seele, die ihn glücklich macht und an himmlischen Wonnen teilhaben läßt. Er erlebt und sieht bei seiner Erleuchtung auch die Größe und Macht der Schöpfung. Unserer Seele ist die ursprüngliche Kraft, aus der ganze Universen erschaffen wurden und werden. Er darf sie in sich selbst erleben und erkennt in Demut ihre Größe. Sie ist größer und mächtiger als alles, was er zuvor gesehen oder erlebt hat und übersteigt sämtliche Vorstellungen, die er bisher von Gott oder von der Entstehung des Universums hatte. In Bescheidenheit erkennt er, wie klein wir Menschen und die Erde im Vergleich zu dieser ewigen geistigen Kraft sind. Jetzt weiß er, daß seine Seele schon immer in ihm vorhanden war und ewig existieren wird. Keine Macht der Welt kann sie bezwingen, sondern sie wird für immer als Urstoff der Schöpfung vorhanden sein. Am Schluß dieser Strophe lobt Hölderlin den Jüngling und nennt ihn kühn. Er hatte den Mut, eine Erleuchtung geschehen zu lassen und sich in eine unbekannte Welt zu begeben.

> *Halbgötter denk ich jetzt*
> *Und kennen muß ich die Teuern,*
> *Weil oft ihr Leben so*
> *Die sehnende Brust mir beweget.*

Hölderlin war sehr empfindsam und hatte viel Mitgefühl mit anderen Menschen. Aus Erfahrung weiß er, daß wir halb Mensch und zur anderen Hälfte göttlich sind. Wir wurden aus einem geistigen ewigen Urstoff erschaffen, der uns immer innewohnt, Leben spendet und uns die Kraft gibt, schöpferisch zu sein. Wir haben aber auch einen sterblichen Körper und unser Dasein als Mensch findet in einer gestaltgewordenen auf Raum und Zeit beschränkten Dimension statt, in der wir all unsere menschlichen Leiden und Freuden erleben.

> *Wem aber, wie, Rousseau, dir,*
> *Unüberwindlich die Seele,*
> *Die starkausdauernde, ward,*
> *Und sicherer Sinn*
> *Und süße Gabe zu hören,*
> *Zu reden so, daß er aus heiliger Fülle*
> *Wie der Weingott, törig göttlich*
> *Und gesetzlos sie, die Sprache der Reinesten, gibt*
> *Verständlich den Guten, aber mit Recht*
> *Die Achtungslosen mit Blindheit schlägt*
> *Die entweihenden Knechte, wie nenn ich den Fremden?*

Rousseau hatte die Gabe, seine innere Stimme wahrzunehmen und sie in unverfälschter Form in seinen Werken wiederzugeben. Er hörte auf seine Empfindungen und nicht auf religiöse oder staatliche Gesetze. Deshalb war er sich über den Zweck seiner Schriften absolut sicher. Hölderlin geht sogar so weit, daß er Rousseau mit dem Weingott Bacchus vergleicht und nennt seine Worte heilig. Nach Hölderlins Verständnis müßte man den Gemeinwillen, Volonté Général, bei Rousseau sicherlich als den Willen des Göttlichen verstehen, da er über dem Gesamtwillen, Volonté de Tous, also der Summe der Willen aller Individuen oder Einzelinteressen, steht. Menschen, die selbst Zugang zu ihrer Seele haben, werden die Worte Rousseaus verstehen und ihren eigentlichen Wert erkennen. Es gibt aber auch Personen, die seine Schriften nicht wertschätzen und nicht erkennen, daß Rousseau im Einklang mit unserer Seele spricht. Diese werden mit Recht von Gott mit Blindheit geschlagen, weil sie das Göttliche nicht achten. Sie leben nur ihre menschliche Hälfte und wissen nicht, daß ihnen eine lebensspendende göttliche Kraft innewohnt, der sie eigentlich Gehör schenken sollten. Weil sie ihre Seele verdrängen und nur nach Gesetzen und ihren eigenen Vorstellungen leben, entfremden sie sich von ihrem eigentlichen Kern. In diesen Versen sagt Hölderlin indirekt, daß wir uns mit all unseren Gesetzen selbst zum Knecht gemacht haben und es deswegen zu Recht viele Menschen gibt, die keinen Zugang zu höheren Dimensionen haben. Immer dann, wenn wir nach religiösen, staatlichen oder ungeschriebenen Gesetzen wie z.B. Moralvorstellungen leben, berauben wir uns unserer inneren Freiheit.

Die Söhne der Erde sind, wie die Mutter,
Alliebend, so empfangen sie auch
Mühlos, die Glücklichen, Alles.

Die Erde stellt uns alles zur Verfügung, was wir zum Leben brauchen. Wir haben Wasser, Nahrung und Luft zum Atmen. Wir können Bäume fällen und ihr Steine entnehmen, um

Häuser zu bauen und sie gibt uns Rohstoffe, aus denen wir Unzähliges herstellen und entwickeln. Sie gibt uns ständig, ohne etwas dafür zu verlangen. Genauso sind wir eigentlich in unserem innersten Kern. Die uns und der Natur innewohnende geistige schöpferische Kraft unserer Seele spendet uns täglich Leben und wir haben sie ständig zu unserer Verfügung, um selbst etwas zu erschaffen. Sie wird ewig existieren und ist so unermesslich, daß wir sie nie aufbrauchen können. Das Göttliche in uns will nichts im Gegenzug, sondern ist einfach überall vorhanden. Wenn wir uns wie unsere Seele verhalten würden, so würden wir aus allumfassender Liebe handeln. Allumfassende Liebe stellt keine Bedingungen und hat, um es mit Laotses Worten zu sagen, keine Absicht. Sie entspringt unserer Seele und verbindet uns dimensionsübergreifend mit allem und jedem. Wenn wir aus innerer allumfassender Liebe handeln, so werden wir intuitiv das Richtige tun und die unbeschreibliche Kraft der Schöpfung wird unser Vorhaben begleiten und uns belohnen.

Drum überraschet es auch
Und schröckt den sterblichen Mann,
Wenn er den Himmel, den
Er mit den liebenden Armen
Sich auf die Schultern gehäuft,
Und die Last der Freude bedenkt;
Dann scheint ihm oft das Beste,
Fast ganz vergessen da,
Wo der Strahl nicht brennt,
Im Schatten des Walds
Am Bielersee in frischer Grüne zu sein,
Und sorglosarm an Tönen,
Anfängern gleich, bei Nachtigallen zu lernen.

Ein unerfahrener Jüngling kommt in eine Dimension, in der er auf das Innigste mit dem ganzen Kosmos verbunden ist und beinahe in die geistige Kraft der Schöpfung aufgelöst wird. Nach einem solchen Erlebnis ist man sicherlich nicht von einem Moment auf den andern wieder voll und ganz in unserer Dimension, sondern es kann Tage, Wochen oder sogar Monate dauern, bis man wieder vollständig geerdet ist.

Zwischen unserer alltäglichen Realität, in der wir alles als zu Materie verdichtet wahrnehmen und der höchsten erlebbaren Dimension, in die einige wenige während einer Erleuchtung einreisen dürfen, gibt es mehrere geistige Dimensionen. Notwendigerweise wird jemand nach einer Erleuchtung auf seiner Rückreise verschiedene Dimensionen erleben, in denen er sich auch der geistigen Wesen bewußt wird, die in diesen wirken. So sagt Hölderlin in dem bereits beschriebenen Gedicht „Diotima": „Wir reichen uns die Bruderrechte gerne, mit Heereskraft der Geister Bahn zu gehn." Gerade unter den Menschen wird man nach einer Erleuchtung viele geistige Wesenheiten wahrnehmen und sich bewußt werden, wie diese in ihnen und auf sie wirken. Hinzu kommen noch die Menschen selbst. Wie ist es wohl, wenn man in einer geistigen Sphäre voller Harmonie und Freude war und noch immer für alles und jeden allumfassende Liebe empfindet und dann wieder unter Menschen ist? Für Hölderlin war es mit Sicherheit sehr schwer, sich nach seinen transzendentalen Reisen wieder in einer Welt zurechtzufinden, in der Moralvorstellungen, Standesdünkel und sogar Kriege die Menschen bestimmten. Nach einer Erleuchtung weiß man, daß uns eine unvorstellbare geistige Dimension innewohnt, in der man an nichts gebunden ist. In der Sphäre unserer Seele ist man über den Wolken und Nebeln, die uns normalerweise die höheren geistigen Welten unzugänglich machen. Es ist sehr erdrückend, wenn jemand nach einem solchen Erlebnis in eine vorgestellte und vernebelte Dimension zurückkommt, in der wieder irdische Kräfte wirken, die uns an Raum und Zeit binden. Jetzt weiß er, daß wir uns eine eigene kleine Welt erschaffen haben, in der unser Leben stattfindet, und nimmt die geistigen Wesenheiten wahr, die um uns schweben. Damit derjenige, der eine Erleuchtung erfahren durfte, sich wieder langsam in unsere Realität einfinden und sich erden kann, rät ihm Hölderlin, in die Natur zu gehen. Im Schatten des Waldes, da „wo der Strahl nicht brennt", soll er in Ruhe von seiner Reise zurückkommen. Auch hier sagt Hölderlin, daß man als Mensch nicht in himmlischer Höhe bleiben kann, weil das Göttliche zu groß und zu stark ist, um es dauerhaft in uns aufnehmen zu können.

So heißt es in dem Gedicht „Brot und Wein": „Nur zu Zeiten erträgt göttliche Fülle der Mensch. Traum von ihnen ist drauf das Leben. Aber das Irrsal hilft, wie Schlummer und stark machet die Not und die Nacht,…" An anderer Stelle schreibt er in seinem Gedicht „Friedensfeier": „denn schonend rührt des Maßes allzeit kundig nur einen Augenblick die Wohnungen der Menschen ein Gott an, unversehn, und keiner weiß es, wenn?" In seinem Gedicht „der Rhein" macht Hölderlin sich selbst, als auch demjenigen, der eine Erleuchtung erfährt, mehrmals klar, daß er wieder in unsere Dimension zurückkehren muß. Auch hier kann er in der Natur die Harmonie der Schöpfung erkennen und von ihr lernen. Jetzt hat der Erleuchtete die Kraft, sein Leben frei zu gestalten, sofern er sich wie die Vögel von der uns innewohnenden kosmischen Harmonie leiten läßt. Sorglosarm kann er sich nun von seiner Seele bestimmen lassen. Es wurden nicht nur seine größten Sorgen erlöst, sondern er erlebte auch, wie sein Ich für Momente aufgelöst wurde, und er wurde sich klar, daß ihm ein größeres Bewußtsein innewohnt, das nichts mehr mit menschlichem Denken und Wissen zu tun hat. Alle Vorstellungen, die er von sich selbst und der Welt hatte, wurden gesprengt und er hat jetzt Möglichkeit, sich selbst frei zu bestimmen und von neuem sein Leben zu beginnen.

> *Und herrlich ists, aus heiligem Schlafe dann*
> *Erstehen und aus Waldes Kühle*
> *Erwachend, Abends nun*
> *Dem milderen Licht entgegenzugehn*

Wenn man nach einem Erleuchtungserlebnis wieder in unserer irdischen Dimension ist, so wird einem das, was man erlebt hat, wie ein Traum vorkommen. Der Erleuchtete war in einer Dimension, die über all den Kräften ist, die normalerweise unbewußt auf uns wirken. Er wurde sich seiner eigenen Göttlichkeit bewußt und weiß jetzt, daß ihm selbst die geistige Kraft der Schöpfung innewohnt. Nicht einmal in seinen kühnsten Träumen hätte er sich vorstellen können, daß es so etwas gibt und er es selbst erleben durfte. Nach diesem Erlebnis ist er in einem erwachten Zustand und kommt in den kühlen Wald unserer irdischen Sphäre. In vielen Deutungen ist der Wald ein Symbol für das Unbewußte. Er ist der Lebensraum mystischer Kreaturen wie Hexen, Feen, Gespenstern und auch Dämonen. In fast allen Märchen ist er der Ort von Phantasien, Schatten und Ängsten. Oft wird er als groß, tief, schaurig und als gefährlich beschrieben. Man kann sich im Wald verlieren, weil man nicht mehr weiß, wo man ist und sich verirrt hat oder anders gesagt, sein Bewußtsein verliert. Im Wald begegnet man seinen Ängsten, die oft als unheimliche Wesen dargestellt werden und in vielen Märchen heldenhaft besiegt werden. In der zweiten Strophe blickt der Wald noch schauernd zu dem Jüngling herab und hält ihn in seinem Abgrund fest. Die Kräfte des Unbewußten, Hölderlin bezeichnet sie in mehreren Gedichten als Geister und Dämonen, sind stärker als er und halten ihn gefangen. Nach der Erleuchtung ist die Situation umgekehrt. Der Jüngling konnte die Schlangen zerreißen und steigt von oben in die geistige Welt des Unbewußten hinab. Der Wald ist nun nicht mehr bedrohlich, das Unbewußte und seine ausführenden Wesenheiten verloren ihre Macht, sondern hilft dem Erleuchteten, sich langsam zu erden, so daß das Licht der Erleuchtung milder wird und er wieder zu uns Menschen zurückkehren kann.

> Wenn, der die Berge␣baut
> Und den Pfad der Ströme gezeichnet,
> Nachdem er lächelnd auch
> Der Menschen geschäftiges Leben
> Das othemarme, wie Segel
> Mit seinen Lüften gelenkt hat,
> Auch ruht und zu der Schülerin jetzt,
> Der Bildner, Gutes mehr
> Denn Böses findend,
> Zur heutigen Erde der Tag sich neiget. –
>
> Dann feiern das Brautfest Menschen und Götter,
> Es feiern die Lebenden all,
> Und ausgeglichen
> Ist eine Weile das Schicksal.

In dieser und in den folgenden Strophen erklärt Hölderlin die Wirkungen einer Erleuchtung. Auch wenn Schöpfung über den Urstoff unserer Seele und die geistige Kraft der Göttin Urania und anderer ausführender Kräfte geschieht, so ist es doch Gott selbst oder das Unnennbare, von wo aus alles gestaltet wird. Gott ist der Bildner und unsere Seele seine Schülerin. So wie der Wind die Segel eines Schiffes lenkt, so lenkt auch er unsere unzähligen Wege. Der Wind ist die Bedingung, daß ein Segelschiff sich fortbewegen kann, aber es obliegt dem Schiffskapitän, wohin die Reise führen soll und in welchem Hafen man eine Erholung macht oder länger bleibt. Wenn jemand sein Schiff so führen konnte, daß er eine Erleuchtung erfahren durfte, so kommt selbst Gott in die Ruhe. Es war demjenigen erlaubt, seinen Ursprung zu erfahren und jetzt hat er mehr „Gutes" als „Böses" in seiner Seele. Das Positive, was unsere Seele über ihn in all seinen Inkarnationen erlebt hat, überwiegt. Insgesamt gab es mehr Momente in seinem Leben, in denen er im Einklang mit seiner Seele war und entsprechend gehandelt hat, als solche, in denen er ihr fremd war und nur nach seinem eigenen Willen gehandelt hat.

Eine Erleuchtung hat nicht nur Auswirkungen für den, der sie erleben darf, sondern auch auf die kosmischen Kräfte der Schöpfung. Einem Menschen wurde es erlaubt, zu seinem Ursprung, in die Höhe der Götter, zurückzukehren. Für die Zeitdauer der Erleuchtung vereinigt und verinnerlicht er die ursprünglichen kosmischen Kräfte, die auf der Erde wirken. Er hat das höchste Ziel erreicht und die höchsten archetypischen Wesenheiten, die normalerweise in unserem Unterbewußtsein auf uns wirken, wieder in sich integriert, so daß er in seinem ursprünglichen Sein ist. In diesen Momenten ist er nicht mehr Löwe, Schütze oder Waage, sondern hat die vielfältigen Aspekte aller zwölf Sternzeichen in sich verwirklicht und vereint, so daß der Himmel still steht und alles ruht. Das ist ein kosmisches Ereignis, weil ein Brautfest zwischen Menschen und Göttern stattfindet und gefeiert wird.

Und die Flüchtlinge suchen die Herberg,
Und süßen Schlummer die Tapfern,
Die Liebenden aber
Sind, was sie waren, sie sind

Zu Hause, wo die Blume sich freuet
Unschädlicher Glut und die finsteren Bäume
Der Geist umsäuselt, aber die Unversöhnten
Sind umgewandelt und eilen
Die Hände sich ehe zu reichen,
Bevor das freundliche Licht
Hinuntergeht und die Nacht kommt.

Eine Erleuchtung wirkt nicht auf alle Menschen gleich. Es kommt immer darauf an, wie diese vorher waren und ob man nur einmal einen kurzen Einblick in die himmlische Sphäre erhielt oder für Momente oder sogar Stunden in die Dimension unserer Seele einreisen und sie erleben durfte. Jemand, der ständig auf der Flucht war, also ständig getrieben und sich nirgends wohl fühlte, findet ein Zuhause. Jetzt ist er innerlich zufrieden und flüchtet nicht mehr vor sich selbst. Vielleicht findet er jetzt auch einen Ort, wo er sich dauerhaft niederlassen kann und zufrieden ist. Menschen, die mit Mut und ohne Furcht gegen Gefahren und Schwierigkeiten gekämpft haben, kommen in die Ruhe. Die Liebenden jedoch kommen wieder dahin zurück, wo sie schon vorher waren. Sie durften schon vor diesem Erlebnis ein Leben in Freude und Glück genießen. Ihnen konnten und können die Kräfte, die uns normalerweise umtreiben und in unserem Unterbewußtsein auf uns wirken, nichts anhaben. Für sie ist die hier erlebte transzendentale Reise angenehm, weil sie die allumfassende Liebe, die in der Dimension unserer Seele erlebt wird, schon in kleinem Maße in unserer Realität erleben durften. Vielleicht dürfen sie die geistige Kraft oder die Energie der Schöpfung etwas länger und in einem größeren Ausmaß erleben. Menschen, die mit sich selbst und mit anderen ständig im Streit waren, transformieren sich innerlich derart, daß sie die Möglichkeit bekommen, Frieden zu schließen.

Möglicherweise bereuen sie ihre Taten und entschuldigen sich bei Personen, denen sie geschadet haben.

> Doch einigen eilt
> Dies schnell vorüber, andere
> Behalten es länger.
> Die ewigen Götter sind
> Voll Lebens allzeit;

Es wird Menschen geben, bei denen der Einblick in die himmlische Sphäre nicht lange wirkt. Sie vergessen ihr Erlebnis und glauben vielleicht gar nicht, daß ihnen etwas Außergewöhnliches widerfahren ist. Nach ein paar Tagen haben die Kräfte, die uns verdunkeln, wieder vollkommene Macht über sie und sie verfallen wieder in alte Verhaltensmuster. So verdrängen sie wieder ihre Seele und verpassen die Möglichkeit, ihr Schicksal zu verändern. Die ursprünglichen ewigen Götter selbst sind ständig mit der unbeschreiblichen Kraft der Schöpfung, die allem Leben gibt, verbunden.

> ... bis in den Tod
> Kann aber ein Mensch auch
> Im Gedächtnis doch das Beste behalten,
> Und dann erlebt er das Höchste.
> Nur hat ein jeder sein Maß.
> Denn schwer ist zu tragen
> Das Unglück, aber schwerer das Glück.

Wenn man die hier erlebte Erleuchtung bis zu seinem körperlichen Tod im Gedächtnis behalten kann, so wird man ein erfülltes Leben haben und die Erleuchtung wird auch noch in der nächsten Inkarnation wirken. Die Gedanken, die man im Moment des Sterbens hat, sind auch mitbestimmend für unsere nächste Wiedergeburt. Man sollte sich bewußt sein, was man sich wünscht, denn es könnte mit all seinen Folgen in Erfüllung gehen! Alles hat in unserer polaren Dimension, und dort werden wir wieder hineingeboren, auch seine Gegensätze. Es gibt Menschen, die von außen betrachtet alles haben. Sie haben Geld, ein tolles Auto, eine hübsche Frau und sogar noch viel Freizeit. Doch sind sie auch wirklich innerlich glücklich und werden geliebt? Begeben sie sich wirklich auf die Suche nach etwas Höherem oder machen sie nur einen Yogakurs, weil es gerade Mode ist? Viele Menschen, die ein zu schönes Leben haben, begeben sich oft nicht auf eine spirituelle Suche, sondern verlieren sich in irdischen Freuden. So kann das göttliche Bewußtsein der vorigen Inkarnation für viele nachfolgende verloren gehen. Oft ist es notwendig, daß man unglücklich ist und zu einer Veränderung gezwungen wird, um sich auf eine wirkliche spirituelle Suche zu begeben. Jedem Wunsch geht eine Beurteilung voraus, was man selbst als gut und richtig befindet und so entsteht in der geistigen Welt auch das, was ihm entgegensteht. Um eine Erleuchtung zu erfahren, darf man in diesem Moment gar keine Wünsche haben. Jegliches Ich muß aufgegeben werden und jeder Wunsch, mag er auch noch so schön sein, geht von einem Ich aus. Deshalb sollte man in den letzten Minuten oder Stunden vor dem Tod gar keine Wünsche haben, sondern sich die schönsten und glücklichsten Stunden seines Lebens, in diesem Falle das Erleuchtungserlebnis selbst, bewußt machen und sich dafür bedanken. So kann das erlangte Bewußtsein in die nächste Inkarnation mitgenommen werden, auch wenn man ganz andere Erfahrungen machen wird und so manche Prüfung bestehen muss. Auch im nächsten Leben wird es wieder viel Arbeit und Mühe kosten, um wieder eine Erleuchtung erfahren zu dürfen.

> Ein Weiser aber vermocht es
> Vom Mittag bis in die Mitternacht,
> Und bis der Morgen erglänzte,
> Beim Gastmahl helle zu bleiben.

Es wird aber auch einige Wenige geben, die bei diesem Gedicht vom Mittag bis zum nächsten Morgen, also fast zwanzig Stunden, eine Erleuchtung erfahren dürfen. In keinem anderen Gedicht wird die Dimension unserer Seele so lange erlebt, wie sie hier ein „Weiser" erleben darf. Weisheit ist kein Wissen im Sinne von erlernten Kenntnissen aus Büchern oder das man in Schulen oder Universitäten gelernt hat, sondern ein Wissen, das man sich aus seinen Erfahrungen angeeignet hat und in sich selbst spürt. Der Weise, der bei diesem Gedicht diese außergewöhnliche Erfahrung macht, wußte innerlich schon vorher, daß eine göttliche Dimension existiert und hatte wahrscheinlich schon in früheren Inkarnationen Zugang zu himmlischen Sphären. Es ist der Jüngling, der am Anfang des Gedichts noch klagend im Abgrund war und sich dann während seiner transzendentalen Reise beinahe im Urstoff unserer Seele aufgelöst hätte, so daß sein menschliches Dasein beendet worden wäre, der diese unglaubliche Erfahrung machen darf. Ihm wurde es erlaubt, die Dimension unseres göttlichen Ursprungs fast einen vollen Tag lang zu erleben. Jetzt hat er wieder seine ursprüngliche Weisheit und kann mit der Kraft seiner Seele ein neues und freies Leben beginnen. Er ist wie neugeboren und sein Schicksal dauerhaft verändert.

> Dir mag auf heißem Pfade unter Tannen oder
> Im Dunkel des Eichwalds gehüllt
> In Stahl, mein Sinklair! Gott erscheinen oder
> In Wolken, du kennst ihn, da du kennest, jugendlich,

> Des Guten Kraft, und nimmer ist dir
> Verborgen das Lächeln des Herrschers
> Bei Tage, wenn
> Es fieberhaft und angekettet das
> Lebendige scheinet oder auch
> Bei Nacht, wenn alles gemischt
> Ist ordnungslos und wiederkehrt
> Uralte Verwirrung.

Diese letzte Strophe hat nichts mehr mit der bei diesem Gedicht erlebten Erleuchtung zu tun. Hölderlin widmete es seinem besten Freund Sinclair, der sich oft liebevoll um ihn kümmerte. Sinclair holte Hölderlin ungefähr zwei Jahre nachdem Hölderlin dieses Gedicht geschrieben hatte, bei dessen Mutter ab und nahm ihn mit nach Homburg. Obwohl Hölderlin eigentlich nicht mehr arbeitsfähig war, verhalf er ihm zu einer Stelle als Bibliothekar und bezahlte sein Gehalt, ohne Hölderlins Wissen, aus eigener Tasche. Hölderlin war es klar, daß Sinclair bei diesem Gedicht keine Erleuchtung erleben wird, sondern Gott wird ihm in Wolken oder im Dunkeln in Stahl gehüllt erscheinen. Die Welt wird von uns als starr und zu Materie verdichtet wahrgenommen und auch von uns wiederum so abgebildet. Alles ist fest wie Stahl und undurchlässig für die geistigen Dimensionen. Hölderlin war sich bewußt, daß er in einem dunklen Zeitalter lebte, in einer bleiernen Zeit, und fast niemand Zugang zu himmlischen Sphären hatte. Doch auch in einer dunklen Zeitepoche ist das Göttliche in allem vorhanden und so war es auch Sinclair möglich, die Kraft Gottes zu spüren. Sei es nun am Tage, wenn die lebendigen geistigen Kräfte wie eingesperrt sind und nur von sehr wenigen Menschen wahrgenommen werden oder in der Nacht, wenn wir im Schlaf unser Weltbild nicht mehr aufrechterhalten können und die geistigen Kräfte stärker wirken.

9 Integration der archetypischen Kräfte der Götter in unser Sein

Patmos

Patmos

Nah ist
Und schwer zu fassen der Gott.
Wo aber Gefahr ist, wächst
Das Rettende auch.
Im Finstern wohnen
Die Adler und furchtlos gehn
Die Söhne der Alpen über den Abgrund weg
Auf leichtgebaueten Brücken.
Drum, da gehäuft sind rings
Die Gipfel der Zeit, und die Liebsten
Nah wohnen, ermattend auf
Getrenntesten Bergen,
So gib unschuldig Wasser,
O Fittige gib uns, treuesten Sinns
Hinüberzugehen und wiederzukehren.

Unsere Seele ist immer in uns als lebensspendende kosmische Urkraft vorhanden und über sie sind wir mit Gott verbunden. Auch wenn wir die Allumfassenheit und den großen Weltenplan der Schöpfung mit unserem Verstand nicht verstehen können, so ist es dennoch so, daß Gott selbst oder das Unnennbare auch in unserer Realität überall gegenwärtig ist.

Gott ist über unsere Seele immer in unserer Nähe, auch wenn wir uns dessen nicht bewußt sind und das Göttliche weder greifen noch festhalten und auch nicht sehen können. Unser göttliches Bewußtsein ist noch im Dunkeln und deshalb haben wir uns im Laufe unserer Geschichte eine Realität erschaffen, in der uns Gefahr droht. Wir stehen am Rande eines Abgrunds, den wir aus eigener Kraft nicht überwinden können. Unsere Ideen und Vorstellungen werden nicht ausreichen, um unsere derzeitige Weltsituation zu verändern, sondern es braucht einen grundsätzlichen Bewußtseinswandel in uns selbst. Hölderlin sieht eine Zeit voraus, in der wir Hilfe bekommen.

Das dunkle Zeitalter wird bald zu Ende gehen und es werden Generationen kommen, die wieder göttliches Bewußtsein erlangen werden. Selbst im dunklen Zeitalter gab es Menschen wie Jesus, Buddha oder Laotse, die göttliches Bewußtsein erlangten und an uns weitergaben. Sie erreichten die höchste Entwicklungsstufe, die für uns als Mensch möglich ist und konnten unsere irdische Dimension mit den himmlischen geistigen Welten verbinden. Seit wir aus der Ewigkeit in die Zeit gekommen sind, gab es auch in unserer gestaltgewordenen Realität Menschen, die eine Erleuchtung erfahren durften. Sie sind „die Gipfel der Zeit", weil sie in sich selbst Himmel und Erde verbinden konnten und göttliche Botschaften an uns weitergaben. Leider konnten sie ihr allumfassendes Bewußtsein nur an wenige Menschen und nur an bestimmten Orten und für eine relativ kurze Zeit direkt weitergeben. Lediglich eine kleine Anzahl von Menschen war bereit, ihre göttlichen Botschaften in sich aufzunehmen und selten gab es jemanden, der über die Botschaft der erleuchteten Meister eine Erleuchtung erfahren durfte. Die göttlichen Botschaften erschöpften sich und beschränkten sich auf wenige Menschen. So gab es die letzten Jahrtausende immer nur vereinzelt Menschen, die Zugang zu unserer Seele hatten und ein höheres allumfassendes Bewußtsein erlangten. Vom göttlichen Weltenplan aus gesehen, sollte über uns die Dunkelheit erlebt und Gestalt werden, so daß wir die unterschiedlichsten Erfahrungen machen konnten und können. Weil alles in kosmischen Kreisläufen verläuft und letztendlich zu seinem Ursprung zurückkehrt, wird auch das dunkle Zeitalter enden und wir werden wieder göttliches Bewußtsein erlangen.

Es werden Generationen kommen, die auf „leichtgebauten Brücken" die Dunkelheit unter sich lassen können. Sie werden nicht nur Zugang zum Bewußtsein der verschiedenen Erleuchteten haben, sondern dieses sogar verbinden können, so daß das dunkle Zeitalter für uns alle beendet wird. Irgendwann werden wieder Menschen geboren werden, die dauerhaft mit unserer Seele verbunden sind und unsere ursprüngliche Göttlichkeit in seiner ganzen Reinheit und Größe wieder erleben, so wie die ersten Menschen. In mehreren Gedichten bereitet Hölderlin ein neues Zeitalter vor. „Denn die da kommen sollen, drängen uns, und länger säumt von Göttermenschen die heilige Schar nicht mehr im blauen Himmel." In diesen Versen im Gedicht „Germanien" sagt er, daß wir zu unserem Ursprung zurückfinden werden. Er wußte, daß er in seiner damaligen Inkarnation dieses unvorstellbare Ereignis nicht mehr erleben wird. Deshalb bittet er in den letzten Versen der ersten Strophe des Gedichts „Patmos" darum, daß sowohl er selbst als auch wir Flügel bekommen, so daß die Reise in eine höhere Dimension ermöglicht und uns göttliches Bewußtsein offenbart wird. Hölderlin war sich bewußt, daß die Zeit noch nicht reif war, um dauerhaft in der Dimension unserer Seele zu sein und bittet deshalb darum, daß er nach dieser transzendentalen Erfahrung wieder in unsere Realität zurückkehrt.

Heute ist es wichtiger als je zuvor, daß wir uns innerlich transformieren und uns unserer eigenen Göttlichkeit bewußt werden, denn nur mit einem höheren Bewußtsein werden wir es schaffen, wieder in Harmonie mit uns selbst und der Erde zu kommen. Was auch immer die nächsten Jahre geschehen wird, unsere Seele wird immer für uns da sein und wir können uns immer auf die Suche begeben.

Friedensfeier

Für Hölderlin war es klar, daß nur, wenn wir in den geistigen Welten für Frieden sorgen und mit ihnen in Harmonie sind, auch in unserer Dimension Friede entstehen kann.

Friedensfeier
(Zweiter Versentwurf) [35]

Und fast wie ein Blinder muß ich
Dich, himmlischer fragen wozu du mir,
woher du seiest, seeliger Friede!
Diß Eine weiß ich, sterbliches bist du nichts,
denn manches mag ein Weiser oder
Der treuanblikenden Freunde einer erhellen, wenn aber
Ein Gott erscheint, auf Himmel und Erd und Meer
Kömt allerneuernde Klarheit.

Drum hab ich heute das Fest, und abendlich in der Stille
Blüht rings der Geist und wär auch silbergrau mir die Loke
Doch würd ich rathen, daß wir sorgten ihr Freunde
Für Gastmahl und Gesang, und Kränze genug und Töne
Bei solcher Zeit unsterblichen Jünglichen gleich.

Friede ist himmlisch und kommt aus der Dimension der Ewigkeit zu uns auf die Erde. Für die ewige geistige Kraft der Schöpfung gibt es keine Zeit, in dieser geistigen Höhe ist alles in Harmonie und auf das Innigste vereint. Hölderlin bereitet ein Fest vor, das abends in der Stille stattfinden soll. Für den Geist der Schöpfung steht die Zeit still, er wird immer blühen und für Hölderlin ist dieser Abend genauso, als wenn er schon uralt wäre und silbergraues Haar hätte. Ein feierliches Gastmahl wird vorbereitet, so daß ein Gott kommen kann und alles klar und hell wird.

Die Götter haben ein höheres Bewußtsein als wir Menschen, da sie als ausführende Kräfte des Himmlischen immer mit der geistigen Urkraft der Schöpfung verbunden sind. Deshalb kann ein guter Freund und selbst ein weiser Mensch uns nicht in gleichem Maße zu einem höheren Bewußtsein verhelfen wie ein Gott. Die Götter sind so allumfassend, daß, wenn sie in Erscheinung treten, sowohl der Himmel als auch die Erde und das Meer miteinbezogen werden. Sie verbinden sowohl die geistige Kraft der Schöpfung mit unserer gestaltgeworden irdischen Realität als auch mit uns und unserem Unterbewußtsein.

Um den Kontakt mit den Göttern herzustellen, beginnt das Gedicht „Friedensfeier" in seiner endgültigen Fassung mit einer Einladung.

Friedensfeier

Der himmlischen, still widerklingenden,
Der ruhigwandelnden Töne voll,
Und gelüftet ist der altgebaute,
Seliggewohnte Saal; um grüne Teppiche duftet
Die Freudenwolk' und weithinglänzend stehn,
Gereiftester Früchte voll und goldbekränzter Kelche,

> Wohlangeordnet, eine prächtige Reihe,
> Zur Seite da und dort aufsteigend über dem
> Geebneten Boden die Tische.
> Denn ferne kommend haben
> Hieher, zur Abendstunde,
> Sich liebende Gäste beschieden.

Das Gastmahl findet im Raum unserer Seele statt. In ihrer Dimension gibt es keine Kommunikation über Sprache in unserem Sinne, sondern alle Töne sind in geistiger Harmonie. In unserer alltäglichen gestaltgewordenen Realität benützen wir unseren Körper, um unsere Gedanken laut auszusprechen und uns zu verständigen. Der Festsaal ist die geistige Welt unserer Seele, die sowohl unsere irdische Dimension, hier als ebener Boden bezeichnet, als auch die himmlischen geistigen Sphären enthält. Über himmlische Gaben, die auf aufsteigenden Tischen dargebracht werden, und durch die Gäste, die sich aus der Ferne angekündigt haben, werden Himmel und Erde verbunden. Das Festmahl findet in einem gelüfteten Raum statt, in dem es keine Kräfte gibt, die uns normalerweise verdunkeln und so die himmlischen Dimensionen verschließen. Alles ist klar und die höheren geistigen Dimensionen sind zugänglich.

> Der Allversammelnde, wo Himmlische nicht
> Im Wunder offenbar, noch ungesehn im Wetter,
> Wo aber bei Gesang gastfreundlich untereinander
> In Chören gegenwärtig, eine heilige Zahl
> Die Seligen in jeglicher Weise
> Beisammen sind, und ihr Geliebtestes auch,
> An dem sie hängen, nicht fehlt; denn darum rief ich
> Zum Gastmahl, das bereitet ist,

> Dich, Unvergeßlicher, dich, zum Abend der Zeit,
> O Jüngling, dich zum Fürsten des Festes; und eher legt
> Sich schlafen unser Geschlecht nicht,
> Bis ihr Verheißenen all,
> All ihr Unsterblichen, uns
> Von eurem Himmel zu sagen,
> Da seid in unserem Hause.

In seinem Roman „Hyperion" sagt Hölderlin, daß die ersten Menschen noch eins mit ihren Göttern waren und in dem Gedicht „Der Rhein" sind es die Götter, die von selbst nichts fühlten und deshalb ist es notwendig, daß es uns Menschen gibt, um all die unterschiedlichen Gefühle „teilnehmend" zu fühlen. Die verschiedenen Charaktere und Energiequalitäten der ursprünglichen Götter konnten von ihnen selbst nicht erfahren und gefühlt werden, da sie als geistige Wesenheiten in einer zeitlosen Dimension sind, in der noch nichts eine feste Gestalt hat und deshalb machen die Götter diese Erfahrungen über uns in dieser materialisierten Realität, die an Raum, Zeit und Körper gebunden ist. Die vielfältigsten Erfahrungen und Gefühle werden somit über uns real erlebt und kommen in die Zeit. Für die alten Griechen waren es zwölf olympische Götter, Jesus versammelte zwölf Apostel und in der Astrologie gibt es zwölf Sternzeichen und zwölf Häuser. Deshalb sind es sicherlich die zwölf olympischen Götter, die zu diesem festlichen Anlaß erscheinen werden und die mit der heiligen Zahl gemeint sind.

In und auf uns wirken seit tausenden von Jahren ursprüngliche archetypische Kräfte, die uns bestimmen. Wir erleben so die geistige Kraft der Götter in unzähligen Variationen und Vermischungen. Jede Gottheit hat verschiedene Gesichter und deshalb sagt Hölderlin im Hyperion, daß sie den Menschen in „mannigfaltiger Gestalt" erscheinen. Wenn ein

Krieg stattfindet, so wird eine der vielfältigen Energiequalitäten des Kriegsgottes Ares Gestalt und auch von vielen real erlebt. Ares war für die Römer gleichbedeutend mit dem Kriegsgott Mars, nach dem auch der entsprechende Planet benannt wurde. Bei einem Krieg wirkt aber nicht nur ein Aspekt von Ares, sondern es ist immer ein Zusammenspiel von verschiedenen archetypischen Kräften. Alle ursprünglichen archetypischen Kräfte sind auch in uns in all ihrer Vielfalt angelegt. So verwenden wir z.B. eine andere Energiequalität von Ares wenn wir die Kraft dazu aufbringen, ein Hindernis zu überwinden oder alte Verhaltensmuster zu zerstören und hinter uns zu lassen. Doch auch hier ist es so, daß verschiedene Kräfte gleichzeitig wirken und wir dies nur erfogreich zu Ende führen können, wenn keine anderen Kräfte unser Vorhaben verhindern.

Immer, wenn wir miteinander kommunizieren, verwenden wir die ursprüngliche Kraft oder Qualität des Hermes. Für die alten Griechen war er der Gott der Reisenden, der Kaufleute, der Redekunst sowie der Diebe. Er war auch der Bote zwischen den Göttern und verkündete die Beschlüsse des Zeus. Wie alle Götter hatte auch er verschiedene Qualitäten und Charaktereigenschaften. Bei den Römern wurde er mit dem Gott Merkur gleichgesetzt. Der Planet Merkur repräsentiert deshalb die ursprüngliche archetypische Kraft des Hermes und auch heute steht er in der Astrologie für jegliche Art von Kommunikation. Unter rückläufigem Merkur ist die Kommunikation häufig gestört und es wirkt sich oft so aus, daß wir aneinander vorbeireden, einander nicht verstehen und Mißverständnisse entstehen. Auf und in uns wirkt gleichzeitig eine Vielzahl von geistigen Kräften und jede auf die Art und Weise, die angemessen ist, damit wir die Möglichkeit bekommen, um das, was vom Himmlischen aus gesehen über uns zu einer bestimmten Zeit und an einem bestimmten Ort erlebt werden soll, auch real erfahren zu können und durch uns Gestalt werden zu lassen. Die ursprünglichen Götter waren nicht nur für die alten Griechen real existierende geistige Wesenheiten, sondern in fast allen Kulturen hatten die Menschen ihre Götter, auch wenn sie anders benannt wurden. Einige Strophen zuvor schreibt Hölderlin in demselben Gedicht:

> ... denn menschlicher Weise
> Sind jene mit uns, die fremden Kräfte, vertrauet.
> Und es lehret Gestirn dich, das
> Vor Augen dir ist, doch nimmer kannst du ihm gleichen.

Es gehört zu unserem Dasein als Mensch dazu, daß die Götter „mit uns" sind. Sie sind uns fremd, aber auch „vertrauet". Sie wirken nicht nur aus der himmlischen Sphäre auf uns, sondern sind auch in uns als ursprüngliche Kräfte oder Energiequalitäten vorhanden. Seit wir aus unserem ursprünglichen Einssein herausgefallen und das geworden sind, was wir unter Mensch verstehen, also ein Ich-Bewußtsein sowie einen Körper haben und in einer an Raum und Zeit gebundenen gestaltgewordenen Realität Erfahrungen machen, sind die archetypischen Kräfte auch in uns, so daß durch uns die unzählige Vielfalt von Energien oder Gedanken, die in der geistigen Welt schon vorhanden waren, real erlebt werden und in die Zeit kommen. Seit wir Mensch sind, sind sie als grundlegende Anlage in uns vorhanden und sind uns deshalb eigentlich seit langem vertraut. Sie wirken aber auch als archetypische Kräfte hier auf der Erde, so daß wir oft nicht wissen, was eigentlich auf uns wirkt oder weshalb wir etwas erleben. Wir sind uns der Ursachen und der geistigen Kräfte, die im Hintergrund wirken, nicht bewußt. Deshalb sind sie uns fremd.

An der Konstellation der Himmelskörper können wir das Zusammenspiel der ursprünglichen archetypischen Kräfte der Götter erkennen. Je nach Ort und Zeit wirken sie immer anders und bestimmen so unser Schicksal. Man darf sich aber nicht vorstellen, daß in unserem Alltag die Götter selbst auf uns als individuelle Personen wirken, sondern sie sind die kollektiven Urkräfte und haben als solche unzählige geistige Wesen zu ihrer Verfügung. Auch im Alten Testament sind es die Erzengel mit ihren Heerscharen von Helfern, über die Gott auf uns wirkt.

So wie es in unserem alltäglichen Leben unzählige Institutionen gibt, von einem Ortsvorsteher bis hin zu einer Generalversammlung der Vereinten Nationen oder von einem Dorfpfarrer bis hin zum Papst, die die verschiedenen Bereiche des Zusammenlebens regeln, so gibt es auch in der geistigen Welt unzählige geistige Wesenheiten von unterschiedlicher Qualität und Rangordnung. Die geistigen Welten und die in ihnen auf uns wirkenden geistigen Wesen sind ein Spiegel von uns selbst. Alles, was wir im Außen erleben, ist ein Spiegel von dem, was wir in uns erlöst haben und von dem, was in uns unerlöst ist. Unser Unterbewußtsein ist größer als unser Bewußtsein und wirkt mit einer unglaublichen Macht auf und in uns. Alles, was wir verdrängt und nicht erlöst haben, wirkt in unserem Unterbewußtsein als geistige Energien von unterschiedlicher Qualität, die für viele Seher als geistige Wesen sichtbar sind. Wir sind so erschaffen worden, daß wir selbst schöpferisch sind, und in diesem Sinne hat auch unser Unterbewußtsein eine schöpferische Kraft. Je mehr wir in uns erlösen und je bewußter wir werden, desto weniger kann unser Unterbewußtsein in und auf uns wirken. So können wir in kleinen Schritten unser Schicksal erlösen, so daß unsere innere geistige Welt auch im Außen eine harmonische Welt widerspiegelt.

Solange wir als Mensch wiedergeboren werden, also an Ort und Zeit gebunden sind, können wir nicht wie die Götter sein, weil diese im Gegensatz zu uns nicht an einen endlichen

Körper gebunden sind und es unser Schicksal ist, daß wir als Mensch geboren wurden, um verschiedene Erfahrungen zu machen.

Doch nun wieder zurück zu der festlichen Feier des Gastmahls. Mit dem „Allversammelnden" ist sicherlich Jesus gemeint. Er war das Zentrum der Zwölf Apostel, die für Hölderlin repräsentativ für die ursprünglichen zwölf Götter stehen. Die himmlischen Götter offenbaren sich nicht in einem Wunder, sondern sie werden bewußt gerufen und sie sind als ursprüngliche Kräfte und Charaktere in uns vorhanden. Sie erscheinen auch nicht ungesehen „im Wetter". Damit es ein bestimmtes Wetter gibt, Hölderlin meint mit Wetter das, was wir heute unter Klima verstehen, braucht es sowohl Zeit als auch einen Ort. Das Wetter ist an demselben Ort im Januar anders als im August und in der Schweiz sicherlich nicht gleich wie in Brasilien. Das, was wir unter Wetter oder Klima verstehen, ist an Raum und Zeit gebunden und ist für uns in unserer Realität für alle sichtbar oder spürbar. Die Götter hingegen können wir nur in der geistigen Welt unserer Seele wahrnehmen. Sie erscheinen also in einer zeit-und raumlosen Dimension. Unsere Seele darf beim Gastmahl nicht fehlen, weil sie der Urstoff der Schöpfung ist und auch den Göttern innewohnt. Auch für die Götter ist sie die lebensspendende Kraft sowie die Verbindung zu Gott selbst und zu uns Menschen.

Es ist der Jüngling, der die zwölf ursprünglichen Götter in der Schwingung und dem Klang der Schöpfung um sich versammelt. Er hat Zugang in die Dimension unserer Seele, sonst wäre das einmalige Erlebnis, das Hölderlin in diesen Versen beschreibt, nicht möglich. Es ist der „Abend der Zeit", das heißt unser Dasein als Mensch, unser Dasein in einer Dimension, in der wir an einen gestaltgewordenen Raum, an eine für uns messbare Zeit und an unseren Körper gebunden sind, wird bald zu Ende gehen. Hölderlin beschreibt hier eine der letzten Generationen der Menschheit. Bald wird es die Zeit nicht mehr geben und alles wird wieder ewig sein.

In einem ersten Prosaentwurf des Gedichts wird der eigentliche Textinhalt der letzten sechs Verse besser verständlich: [36]

Friedensfeier
(Prosaentwurf)

Denn sieh! Es ist der Abend der Zeit, die Stunde
Wo die Wanderer lenken zu der Ruhstatt. Es kehrt bald
Ein Gott um dem anderen ein. Daß aber
ihr geliebtestes auch, an dem sie alle hängen, nicht
fehle, Und Eines all in dir sie all, sein,
und alle Sterblichen seien, die wir kennen bis hieher.

In jungen Jahren erfuhr Hölderlin von Urania die Gnade, daß er für Momente die geistige Dimension der Schöpfung erleben durfte. Er wurde sich bewußt, daß sie als geistige Wesenheit unserer Seele und somit allem und jedem innewohnt. Er sieht sie von weitem und eine Berührung von ihr reicht aus, um für Momente ein vollkommenes Einssein mit dem ganzen Kosmos zu erleben. Für Hölderlin ist sie die Göttin der Schöpfung, auch wenn er sich bewußt ist, daß sogar sie von einer Quelle der Liebe geleitet wird, deren Ursprung niemand sehen und erleben kann. Auch während einer Erleuchtung kann man Gott selbst oder den höchsten Himmel aller Himmel weder sehen noch direkt erfahren, sondern nur seine ausführenden Kräfte. Selbst wenn man die geistige Dimension der Schöpfung sowohl körperlich als auch geistig erlebt, gibt es noch vieles, was immer ein Geheimnis bleiben wird. Der höchste Himmel ist, im Gegensatz zu den Göttern, keine geistige Wesenheit und wird deshalb von Laotse als unbenennbares DAO bezeichnet.

Im Laufe der Jahre wurde sich Hölderlin immer bewußter, daß verschiedene Entwicklungsstufen nötig sind, um dauerhaft in die Dimension unserer Seele oder in unser ursprüngliches Sein zurückzukehren. Die zwölf ursprünglichen Götter sind die höchsten ausführenden geistigen Wesenheiten, die hier auf der Erde, in und auf uns, als archetypische Kräfte wirken und deren unterschiedliche Qualitäten und Charaktereigenschaften auch in uns grundsätzlich angelegt sind. An der Konstellation der Himmelskörper können wir die vielfältige Art und Weise, wie sie auf uns wirken, erkennen. Bei einer Erleuchtung, so wie sie von Hölderlin in vielen Gedichten erfahren und beschrieben wird, erlebt man sowohl geistig als auch körperlich die schöpferische Kraft unserer Seele. Sie ist der lebensspendende Urstoff, der dimensionsübergreifend allem und jedem innewohnt und alles miteinander vernetzt und verwebt. Aus ihm wurde alles erschaffen und er ist auch weiterhin in allem als lebensspendende Kraft vorhanden. Man könnte unsere Seele deshalb als unsere Lebensenergie bezeichnen, auch wenn damit nur ein Aspekt der Allumfassenheit unserer Seele beschrieben wird.

Wenn man bei einer Erleuchtung für Momente die geistige Dimension unserer Seele erlebt, so ist man auf derselben Höhe wie die ursprünglichen Götter. Für Momente ist man wieder eins mit ihnen und deshalb ist für die Zeitdauer dieses Erlebens jegliches Schicksal oder Horoskop unwirksam. Bevor wir dauerhaft die Dimension unserer Seele bewußt erleben können, müssen wir die ursprünglichen Kräfte in uns, in unserem Sein, vereinen. Hölderlin sieht voraus, daß irgendwann eine Generation kommen wird, die alle zwölf Götter wieder in sich vereinigt und so in unser ursprüngliches Sein einkehren wird. Dies ist die notwendige Bedingung, um wieder ganz zu werden und nur so wird unser Schicksal als Mensch vollständig erlöst. Die ursprünglichen olympischen Götter sind die höchsten ausführenden Kräfte unseres

Schicksals und wenn wir sie wieder in uns vereint haben, so haben wir alles erlöst und sind dann nicht mehr Fisch, Waage, Zwilling oder Löwe, sondern alle Sternzeichen gleichzeitig. Deshalb ruft Hölderlin hier die zwölf ursprünglichen Götter. Er gibt hier jemandem in der Zukunft die Möglichkeit, das Werk Jesu fortzuführen und wieder zu seiner ursprünglichen Ganzheit und Vollkommenheit zurückzufinden. Vielleicht ist er selbst der Jüngling und sieht sich in einer künftigen Inkarnation.

Im Gedicht „Der Rhein" ist es ein Jüngling aus einer erst noch kommenden Generation, der eine Erleuchtung erfährt und mit der Kraft seiner Seele sein Schicksal verändert. Danach ist es ihm erlaubt, sein Leben in Freiheit und mit einem höheren Bewußtsein zu gestalten. Hier in diesem Gedicht ist es ein Jüngling, der den nächsten Schritt macht. Er ist in einer der letzten oder in der letzten Generation von uns Menschen geboren und kann alle zwölf ursprünglichen Götter in sich vereinen, so daß er seine ursprüngliche Ganzheit erlangt und wie die ersten Menschen dauerhaft erleuchtet ist. Dieser Vorgang ist die letzte Stufe von dem, was uns Hölderlin in der vorigen Strophe erklärt.

Viel hat von Morgen an,
Seit ein Gespräch wir sind und hören voneinander,
Erfahren der Mensch; bald sind wir aber Gesang.
Und das Zeitbild, das der große Geist entfaltet

Wir kamen aus der Ewigkeit in die Zeit, das heißt, in eine gestaltgewordene und endliche Dimension, in der wir an einen bestimmten Raum und an Materie gebunden sind. Die geistige Dimension der Ewigkeit ist zwar immer noch in uns vorhanden, aber wir wurden körperlich Gestalt, kamen so in die Zeit und benützen nun unseren Körper, um uns über die gesprochene Sprache zu unterhalten. Die von uns erlebte Realität ist ein Abbild des großen Geistes der Schöpfung und über unsere Seele sind wir direkt mit ihm verbunden, da ihr seine schöpferische Kraft innewohnt und sie alle Dimensionen verbindet. Sobald etwas in die Zeit kommt, entsteht aus einer rein geistigen Kraft, also z.B. der Energie eines Gedankens, über seine zunächst ätherische Form, letztendlich Materie. Es ist der „große Geist", aus dem das Bild erschaffen wurde, in dem wir hier als Mensch auf der Erde leben. Immer dann, wenn Materie entsteht, kommt etwas in die Zeit, da es keine Materie gibt, die in derselben Form ewig existieren wird. In diesem Sinne kamen wir in die Zeit, als wir körperlich Gestalt wurden und sich dabei unser ursprüngliches geistiges Sein so in sich geteilt hat, daß es auf ein Dasein als Mensch, also auf Raum und Zeit, beschränkt wurde. Wir teilten uns in uns selbst, so daß unser Bewußtsein von unserem Ich entstand und wir uns selbst und auch andere Menschen als individuelle Personen wahrnehmen konnten. Nun konnten wir als individuelle Persönlichkeiten miteinander Gespräche führen und uns auch über andere Personen unterhalten. Über Jahrtausende machten wir die unterschiedlichsten Erfahrungen und hatten so unzählige Erlebnisse. Irgendwann werden wir alles erlebt haben, was wir vom Göttlichen aus gesehen erleben sollten. Es wird eine Generation kommen, die nicht mehr von den archetypischen Kräften der Götter bestimmt wird, sondern diese wieder in sich integriert. Wenn man die ursprünglichen Götter wieder in sich integriert hat, so hat man auch alles, was wir Menschen in unserer Geschichte erlebt haben, in sich. Die Götter erlebten es über uns und sind jetzt wieder in uns.

Nicht nur die Götter selbst werden sich wieder in uns vereinigen, sondern mit ihnen werden auch alle Erfahrungen, die wir als Mensch sowohl kollektiv als auch individuell bis dahin gemacht haben, in unserem Sein zusammenfließen.

Alles ist erlebt worden und in die Zeit gekommen und kann nun in den Geist der Ewigkeit eingehen. Dies ist die tiefere Bedeutung von dem, was uns Hölderlin in seinem Prosaentwurf mit dem Satz „Und Eines all in dir sie all, sein, und alle Sterblichen seien, die wir kennen bis hieher", sagen will. Bei den letzten Generationen von uns Menschen wird sich unser Ich-Bewußtsein in göttliches Bewußtsein transformieren, so daß wir in unser ursprüngliches Sein zurückkehren, in dem es keine Trennung mehr gibt zwischen dem, was wir als Ich wahrnehmen und allem, was wir als nicht-Ich erkennen. Hölderlin sagt uns nicht, ob die letzte Generation noch einen materialisierten Körper haben wird oder ob wir rein geistige Wesen sein werden. Dies ist für das Verständnis seiner Gedichte eigentlich nicht wichtig, weil auch in diesem Falle alles wieder in das eine Sein zusammengeführt wird und danach in den Klang und die Schwingung der schöpferischen Urkraft unserer Seele eingeht.

Und das Zeitbild, das der große Geist entfaltet,
Ein Zeichen liegts vor uns, daß zwischen ihm und andern
Ein Bündnis zwischen ihm und andern Mächten ist.
Nicht er allein, die Unerzeugten, Ewgen
Sind kennbar alle daran, gleichwie auch an den Pflanzen
Die Mutter Erde sich und Licht und Luft sich kennet.
Zuletzt ist aber doch, ihr heiligen Mächte, für euch
Das Liebeszeichen, das Zeugnis
Daß ihr noch seiet, der Festtag

Zwischen dem großen Geist der Schöpfung und den ursprünglichen himmlischen Göttern gibt es eine Abmachung. So wie die Pflanzen die Urkräfte der Erde, der Luft und des Lichts benötigen, und diese sich in den Pflanzen wiedererkennen können, so kann man an diesem Bündnis sowohl die geistige Kraft der Schöpfung selbst, als auch die Götter erkennen. Es existieren verschiedene und sehr mächtige geistige Wesenheiten, die zusammen mit dem großen Geist der Schöpfung wirken. Der Urstoff der Schöpfung ist in allem und überall permanent vorhanden und wird von uns, von der Erde, von jeder Pflanze und auch von geistigen Wesenheiten genutzt. Alles ist miteinander vernetzt und verwebt und alles ist so erschaffen worden, daß alles wieder selbst schöpferisch ist. Ständig wird sowohl in geistigen Dimensionen als auch in unserer materialisierten Dimension etwas Neues erschaffen und etwas anderes stirbt oder wird transformiert.

Mit unserem Verstand können wir die himmlischen Kräfte und die mächtigen geistigen Wesenheiten, die sich oft dahinter verbergen, nicht begreifen. Sowohl der große Geist der Schöpfung, der das Bild der Zeit entfaltet und dafür gesorgt hat, daß unsere Realität aus der Ewigkeit in die Zeit kam und Gestalt wurde, als auch die ursprünglichen Götter, die als archetypische Kräfte auf vielfältige Art und Weise auf uns wirken, so daß wir unzählige Erfahrungen machen, existieren in der Dimension der Ewigkeit. Wir können die Allumfassenheit der Ewigkeit nicht mit dem Verstand logisch erklären, da unser Verstand von einem Ich ausgeht und unser Ich hat, im Gegensatz zur Ewigkeit, sowohl einen Anfang als auch ein Ende. Selbst wenn bei einer Erleuchtung das Ich-Bewußtsein für Momente aufgelöst wird und man göttliches Bewußtsein erlangt, so ist es dennoch so, daß man nur einen sehr kleinen Einblick in die Ewigkeit erhält.

Für manche ist ein heiliges OM der Ursprung des Universums, für viele Wissenschaftler ist es der Urknall und für andere ist alles aus einem Punkt entstanden, der kleiner ist als ein Stecknadelkopf. Für Hölderlin und Laotse ist der höchste Himmel nicht benennbar. Laotse ist sich dessen ständig bewußt und erklärt in seiner Schrift, daß alles, was wir benennen können, nur eine Manifestation des unbenennbaren DAO ist. Das DAO ist in allem vorhanden und hat die Charaktereigenschaft, daß es sich ständig ausweitet und zusammenzieht. Für ihn wären also das OM, der Urknall, der winzigkleine Punkt oder das Nichts des Nirwana nur Manifestationen des Unnennbaren und nicht das eigentliche DAO. Das DAO hat keinen Anfang und kein Ende, sondern es ist.

Um den größeren Zusammenhang der Gedichte Hölderlins besser verstehen zu können, im Folgenden einige Verse aus seinem Gedicht „Brot und Wein": „Zwar leben die Götter, aber über dem Haupt droben in anderer Welt." „Weil er bleibet und selbst die Spur der entflohenen Götter Götterlosen hinab unter das Finstre bringt." Im Laufe von tausenden von Jahren haben wir uns von den Göttern entfernt und den Kontakt zu ihnen verloren. Wir sind immer tiefer gefallen und haben unsere Realität so verdichtet, daß nur noch wenige Menschen die geistigen Welten und die Urkräfte der Schöpfung wahrnehmen. Deshalb sieht es Hölderlin als seine Aufgabe an, auf der Erde zu bleiben, um den „Götterlosen", also allen, die sich ihrer Existenz nicht bewußt sind, eine „Spur" von ihnen zu berichten, um so etwas Helligkeit in unser dunkles Zeitalter zu bringen. „Nichts darf schauen das Licht, was den Hohen nicht gefällt". Nur wenn wir den Kontakt zu den entflohenen Göttern wieder herstellen und sie uns wohlgesonnen sind, können wir die himmlische Dimension unserer Seele erleben.

In jungen Jahren versucht Hölderlin, über Klang und Rhythmus sich selbst und auch dem Leser die himmlische Dimension unserer Seele zu eröffnen, so daß sie erlebt und erfahren werden kann. Im Laufe der Jahre wird er sich bewußt, daß wir nur einen dauerhaften Zugang zu unserer Seele haben können, wenn wir alle Aspekte unseres menschlichen Daseins in ihrer unzähligen Vielfalt erlebt und erlöst haben. Die ursprünglichen zwölf Götter sind die archetypischen Kräfte, die in mannigfaltiger Gestalt in uns und auf uns wirken und so unser Schicksal bestimmen. Irgendwann wird eine Zeit kommen, in der wir alle die Götter in unserem Sein vereinigen und so wieder unsere ursprüngliche Ganzheit und göttliches Bewußtsein erlangen. Hölderlin bereitet diese Zeit vor und versucht, sowohl unsere Seele wachzurütteln als auch den Kontakt zu den Göttern wieder herzustellen. In der Dimension unserer Seele erlebte er für Momente ein vollkommenes Einssein und wurde sich bewußt, daß in dieser himmlischen Sphäre auch die archetypischen Kräfte der Götter wieder zusammenfließen. Während einer Erleuchtung wirken die Götter nicht als individuelle Kräfte, sondern sie sind wieder in uns und deshalb erlebt man alles als unbeschreibliche Liebe in einem vollkommenen Einssein. Irgendwann werden wir alle in unser ursprüngliches Sein zurückkehren, weil alles nach unvorstellbaren Kreisläufen wieder zu der geistigen Urkraft der Schöpfung zurückkommt und dies die höchste Stufe ist, damit der Kreislauf vollendet wird. Hölderlin freut sich, daß die Götter noch existieren und auf den Tag, an dem er selbst und auch alle anderen Menschen am Ende unseres Daseins als Mensch mit der Kraft unserer Seele in allumfassender Liebe die Götter dauerhaft in uns integrieren können und danach nicht mehr wiedergeboren werden, sondern in den Gesang der Schöpfung eingehen.

Leichtatmende Lüfte
Verkünden euch schon,
Euch kündet das rauchende Tal
Und der Boden, der vom Wetter noch dröhnet,
Doch Hoffnung rötet die Wangen,
Und vor der Türe des Hauses
Sitzt Mutter und Kind,
Und schauet den Frieden
Und wenige scheinen zu sterben

Es hält ein Ahnen die Seele,
Vom goldnen Lichte gesendet,
Hält ein Versprechen die Ältesten auf.

Hölderlin sieht voraus, daß die Götter bald zu uns kommen werden, auch wenn sie noch von einem Versprechen aufgehalten werden. Die Dimensionen werden durchlässiger und das dunkle Zeitalter wird bald zu Ende gehen. Obwohl es nach einem mehrjährigen Krieg zwischen Frankreich und dem damaligen Heiligen Römischen Reich Deutscher Nation unter Kaiser Franz am 9. Februar 1801 in Lunéville zu einem Friedensabkommen kam, so wußte Hölderlin dennoch, daß dieser Friede nicht von Dauer sein würde. Erst wenn wir alle Aspekte der ursprünglichen Götter in jeglicher Variante erlebt und sie wieder in uns vereinigt haben, wird unser Sein wieder seine ursprüngliche Ganzheit erlangen und unser Ich-Bewußtsein transformiert werden. Nur so wird es keine unterschiedlichen Meinungen und Vorstellungen mehr geben und ein dauerhafter Friede ermöglicht.

Mit dem Versprechen ist das Bündnis zwischen dem großen Geist der Schöpfung und den Göttern gemeint. Erst wenn sie sich in all ihrer Vielfalt durch uns erlebt haben, alles Gestalt wurde und somit auch in die Zeit kam, ist es möglich, daß die Götter in unser Sein einkehren und wir so alles in uns integriert und erlöst haben. In unserer Seele können wir erahnen und spüren, daß die Götter zwar bald in uns einkehren werden, aber wir können in uns auch spüren, daß wir noch nicht ganz sind und wir noch viele Erfahrungen machen müssen.

Wohl sind die Würze des Lebens,
Von oben bereitet und auch
Hinausgeführt, die Mühen.
Denn Alles gefällt jetzt,

Einfältiges aber
Am meisten

Wenn wir in unserer ursprünglichen Ganzheit geblieben und nicht aus der Dimension unserer Seele herausgefallen wären oder die Verbindung zu ihr nicht verloren hätten, so hätten wir außer allumfassender Liebe keine anderen Gefühle und Empfindungen gehabt. Alles wäre wie auf einer Blümchenwiese und wir hätten keine unterschiedlichen Erfahrungen gemacht. Es ist doch schön und abwechslungsreich, daß wir individuelle Persönlichkeiten sind, verschiedene Meinungen haben und unterschiedliche Emotionen erleben. Wir sollen vom Himmlischen aus gesehen tausende von Erfahrungen machen und deshalb wirken in und auf uns geistige Wesenheiten, die uns umtreiben. Sie sind das Salz in der Suppe und die Würze des Lebens. Jeder von uns hat sein eigenes Schicksal und in jeder Inkarnation soll etwas anderes erlebt werden. Nur wenn wir in den uns innewohnenden geistigen Welten für Frieden sorgen, kann sich dieser auch in unserer äußerlich erlebten Realität widerspiegeln. Jeder kann sich auf seine eigene Art und Weise bemühen, um sein Schicksal Schritt für Schritt zu erlösen und so zu seinem Ursprung zurückzufinden.

In Momenten des Friedens ist das Schicksal ausgeglichen und alles erfreut sich an sich selbst. Mit „Einfältiges aber am meisten" sind Menschen gemeint, die in einem unverfälschten und natürlichen Zustand sind. Es ist nicht unser Verstand, der uns den vom Himmel kommenden Frieden in seinem Wesen verstehen läßt, sondern nur wenn unser Verstand schlicht und einfach ist, also in die Ruhe oder in die Stille kommt, haben wir die Möglichkeit, die himmlischen Kräfte, von denen der Friede ausgeht, wahrzunehmen und zu empfinden. Menschen, die nicht in ihrem Verstand sind, können den Frieden in sich selbst genießen und spüren, daß in diesen Momenten auch die geistige Welt der Götter in Harmonie ist. Wenn wir nur in unserem Verstand sind, haben wir oft unterschiedliche Meinungen oder streiten sogar. Immer wenn wir denken und nur mit dem Verstand etwas beurteilen, sind wir in unserem Ich und haben egoistische Ziele und Wünsche, ohne den himmlischen Willen unserer Seele zu berücksichtigen. Dies erklärt Hölderlin einige Strophen zuvor in dem Vers: „Wo aber wirkt der Geist, sind wir auch mit, und streiten, was wohl das Beste sei." Hölderlin erkannte schon damals den tieferen Sinn von Meditation. Nur wenn etwas leer ist, kann es von etwas Größerem erfüllt werden und deshalb ist es die Stille unseres Verstandes, die uns den Weg zu unserer Seele öffnet. Er war sich bewußt, daß die Menschen in ihrer inneren individuellen Entwicklung noch nicht so weit waren, um in ihrer äußeren Welt den Frieden widerspiegeln zu können und betrachtete deshalb den damaligen Frieden zwischen Deutschland und Frankreich als ein himmlisches Geschenk. Das was wir im Außen erleben, ist ein Abbild unserer inneren geistigen Welten und deshalb ist es notwendig, daß wir uns darum bemühen, in uns selbst für Frieden und Harmonie zu sorgen.

Die goldne Frucht,
Uraltem Stamm
In schütternden Stürmen entfallen,
Dann aber, als liebstes Gut, vom heiligen Schicksal selbst,
Mit zärtlichen Waffen umschützt,
Die Gestalt der Himmlischen ist es.

Die Gesamtheit der ursprünglichen zwölf olympischen Götter ist für Hölderlin die goldene Frucht, die wir im Laufe unserer Geschichte verloren haben. Wir haben die Götter aus uns verdrängt und so den Kontakt zu ihnen verloren. Sie sind die verschiedenen göttlichen Aspekte von uns selbst, die wir in all ihrer Vielfalt wieder in uns verinnigen müssen, um unsere ursprüngliche Ganzheit zu erlangen. Hölderlin erkannte, daß wir diesen letzten Schritt nicht überspringen können und ruft deshalb die Götter zu einem feierlichen Fest am Abend der Zeit, so daß er von einem Jüngling am Ende unserer Menschheitsgeschichte vollzogen werden kann. Es ist unmöglich, dauerhaft in einem Zustand eines vollkommenen Einsseins zu sein, wenn man zuvor nicht alle ursprünglichen Kräfte, Charaktere oder Energiequalitäten, die aus diesem hervorgegangen sind, wieder in sich integriert hat. Die ursprünglichen archetypischen Kräfte der olympischen Götter sind aus unserem Sein hervorgegangen und deshalb werden sie irgendwann wieder in unser Sein zurückkehren.

>   Wie die Löwin, hast du geklagt,
>   O Mutter, da du sie,
>   Natur, die Kinder verloren.
>   Denn es stahl sie, Allzuliebende, dir
>   Dein Feind, da du ihn fast
>   Wie die eigenen Söhne genommen,
>   Und Satyren die Götter gesellt hast.
>   So hast du manches gebaut,
>   Und manches begraben,
>   Denn es haßt dich, was
>   Du, vor der Zeit
>   Allkräftige, zum Lichte gezogen.
>   Nun kennest, nun lässest du dies;
>   Denn gerne fühllos ruht,
>   Bis daß es reift, furchtsamgeschäftiges drunten.

Alles ist beseelt und somit ist das Göttliche in allem und

jedem als lebensspendende Kraft vorhanden. Mit der Natur ist das Göttliche an sich gemeint und deshalb bezeichnet uns Hölderlin als ihre Kinder. Von Natur aus existieren außer den himmlischen Göttern noch andere geistige Wesen, die Hölderlin hier als Satyren bezeichnet. Zum einen haben wir uns aus eigener Schuld im Laufe von tausenden von Jahren den Zugang zu himmlischen Sphären selbst vernebelt und zum andern gibt es geistige Wesen, die dafür gesorgt haben, daß wir so handelten. Hölderlin erklärt in dem Gedicht „der Einzige", daß diese Kräfte irgendwann immer mehr Macht über uns bekommen haben: „Seit nämlich böser Geist sich bemächtiget des glücklichen Altertums..."

Viele Geister und Dämonen haben wir mit unseren Gedanken, Wünschen, Vorstellungen, Emotionen wie Haß oder Wut und auch über unsere Handlungen, wie z.B. magische Rituale, sicherlich selbst erschaffen. Manche sind auch entstanden, weil wir unsere Seele, sowohl individuell als auch kollektiv, unterdrückt haben. Wir haben so viele Gesetze und Verhaltensregeln erschaffen, daß wir uns der Freiheit beraubten, uns von unserem Empfinden leiten zu lassen und somit im Einklang mit unserer Seele zu handeln. Wir haben uns der Freiheit beraubt, all das erleben zu können, was vom Göttlichen aus gesehen in der jeweiligen Inkarnation möglich gewesen wäre. Wie soll man z.B. die Energien und Charaktere des Weingottes Bacchus erfahren und selbst leben, wenn man in eine dogmatische Glaubensgemeinschaft, und dann vielleicht noch als Frau, hineingeboren wurde? Oder wie will man die äußerliche und körperliche Liebe des Eros in eine innere und allumfassende Liebe transformieren, wenn man Sex verurteilt oder unterdrückt und nie frei gelebt hat? In vielen Religionsgemeinschaften wurden aus heiligen Schriften Gesetzeswerke gemacht, anstatt sie spirituell und mystisch zu verstehen. Dadurch wurden wir gezwungen, verschiedene Aspekte in uns selbst zu unterdrücken. Immer, wenn wir einen Aspekt über einen längeren Zeitraum verdrängen oder unterdrücken, entstehen Energien, die uns quälen. Falls wir diesen Aspekt ständig und mit Zwang unterdrücken, so entsteht aus dieser Energie irgendwann ein geistiges Wesen, das im Laufe der Jahre durchaus ein eigenes Bewußtsein entwickeln kann und wiederum in unserem Unterbewußtsein seiner Energie entsprechend in uns wirkt. Überall auf der Erde gab es wahrscheinlich in vielen Kulturen Schamanen, Priester, Medizinmänner oder Hexenmeister, die magische Techniken kannten, um geistige Wesen zu erschaffen oder in Kontakt mit diesen zu treten. Selbst in den Geheimlehren mancher Richtungen des tibetischen Buddhismus, die vielleicht von der Bön-Religion beinflußt waren, wurde solch magisches Wissen an einige begabte Schüler weitergegeben. So beschreibt Alexandra David-Neel, sie war wahrscheinlich die erste Europäerin, die in den zwanziger Jahren des letzten Jahrhunderts die verbotene Stadt Lhasa in Tibet betrat, wie sie ein geistiges Wesen erschuf und dieses auch für andere Personen real sichtbar war. Nachdem sie das Wesen nicht mehr los wurde, mußte sie zu ihren buddhistischen Lehrern zurück, die ihr bei der Auflösung dieses Wesens halfen.

Während der Zeitspanne einer Erleuchtung wirken keine verschiedenen Energien oder geistigen Wesen auf denjenigen, der sie erleben darf, sondern nur noch die geistige Kraft unserer Seele, der Schöpfung selbst, aus der letztendlich, sei es nun direkt oder indirekt, alles erschaffen wurde. Sicherlich werden bei einer Erleuchtung viele Geister und Dämonen erlöst, zumindest viele von denen, die nur auf die Person gewirkt haben, die eine Erleuchtung erfahren durfte. In mehreren Gedichten erwähnt Hölderlin, daß er nach seinen transzendentalen Erfahrungen wieder in unsere Dimension zurückkommt, in der es Geister und Dämonen gibt. Er erlebt und sieht geistige Wesen, die hier auf uns wirken und uns die himmlischen Dimensionen verdunkeln. In diesen Versen meint Hölderlin dunkle geistige Wesen, die nicht von uns erschaffen wurden, sondern vom Göttlichen selbst. Sie wurden neben die Götter „gesellt" und bewirken, daß wir uns vom Göttlichen entfernen. Dies erklärt Hölderlin in demselben Gedicht einige Strophen zuvor:

> *Denn schonend rührt des Maßes allzeit kundig*
> *Nur einen Augenblick die Wohnungen der Menschen*
> *Ein Gott an, unversehn, und keiner weiß es, wenn?*
> *Auch darf alsdann das Freche drüber gehn,*
> *Und kommen muß zum heilgen Ort das Wilde*
> *Von Enden fern, übt rauhbetastend den Wahn,*
> *Und trifft daran ein Schicksal, aber Dank,*
> *Nie folgt der gleich hernach dem gottgegebnen Geschenke;*

Eine Erleuchtung ist ein gottgegebenes Geschenk, das niemand aus eigenem Wunsch erleben kann. Kein Mensch kann voraussehen, wer und wann jemand eine Erleuchtung erfahren darf. Nur die Götter wissen, wann und wie kräftig sie uns bei diesem Ereignis berühren und in unsere „Wohnung" kommen. Für Momente sind die ursprünglichen Götter, die höchsten archetypischen Kräfte, wieder in uns und man ist frei von allen Bindungen, die unser ursprüngliches Sein auf unser Dasein als Mensch beschränken. Das Problem ist nicht die Erleuchtung selbst, sondern das, was danach folgt. Alles „Freche" und „Wilde" kommt zurück, weil man wieder in unsere Dimension einreist, in der unzählige geistige Wesenheiten wirken. Man wird sich ihrer bewußt und kann sie sehen. Der Himmel zieht sich wieder zu und jetzt weiß man, daß diese Nebelwolken auch die Energien von geistigen Wesenheiten oder diese selbst sind. Manche Seher nehmen die individuellen Wesen als wabernde Nebelschwaden war und andere sehen sie in einer konkreten Gestalt, was meistens nicht sehr angenehm ist. Die großen geistigen Wesenheiten, die uns im Kollektiv verdunkeln sind wie eine riesengroße dunkle Wolke, die den ganzen Himmel bedeckt und uns wie eine Wand, Hölderlin nennt sie „Scheidewand", in unserer Dimension einschließt.

Es gibt geistige Wesen, die sich von Energien wie Haß, Wut, Gewalt oder sogar von Energien, die beim Töten entstehen, ernähren. Sie bewirken den Wahn auf der Erde, auch wenn wir ihn eigentlich selbst verursacht haben. Auch heute gibt es noch genügend Menschen, die wie getrieben die grausamsten Taten vollbringen und diese Wesen mit den Energien ihrer Gedanken, Emotionen und der Tat selbst füttern. Viele Menschen verpassen die Möglichkeit, ihr Schicksal zu durchbrechen und lassen sich von dunklen Wesen treiben und bestimmen. Sie merken nicht, daß sie wie besessen Handlungen begehen, die man eigentlich nicht für möglich hält. Oft handeln sie gemäß ihren religiösen oder politischen Vorstellungen und sind sich nicht bewußt, was für eine Energiequalität auf sie wirkt und von welchem geistigen Wesen diese ausgeht. Selbst in sogenannten Hochkulturen wurden oft nicht die ursprünglichen Götter angebetet, sondern dunkle Wesenheiten. Es gab Völker, die bei magischen Ritualen selbst Menschen geopfert haben, um ihre sogenannten Götter zufriedenzustellen und im Gegenzug einen Wunsch erfüllt zu bekommen. Die große Masse der Menschen war sich sicherlich nicht bewußt, was für ein geistiges Wesen eigentlich gerufen oder angebetet wurde. Hölderlin weiß, daß nach einer Erleuchtung eine schwierige Zeit kommt. Geistige Wesen wirken wieder und üben „rauhbetastend den Wahn". Er war sich vollkommen bewußt, daß notwendigerweise wieder eine Verdunkelung kommen wird, die sein Schicksal bestimmt. Aus Erfahrung weiß er, daß dies nicht sofort nach diesem außergewöhnlichen himmlischen Erlebnis geschehen wird und bedankt sich dafür. Sieht er hier vielleicht voraus, daß für ihn eine Zeit kommen wird, in der er von vielen Menschen als nicht normal wahrgenommen oder als wahnsinnig bezeichnet wird? Auf jeden Fall war es für ihn sehr schwierig, sich nach seinen außergewöhnlichen transzendentalen Erfahrungen wieder in unserer irdischen Dimension und im Alltag zurechtzufinden. Er erlebte den enormen Gegensatz zwischen der himmlischen Dimension unserer Seele, die er voller Enthusiasmus als Liebe und Freiheit beschreibt und der Dimension unseres irdischen Daseins, in der vieles auf uns wirkt und oft der Wahn tobt. Wenn wir alle erleuchtet wären, so wären alle Geister und Dämonen erlöst, die wir selbst erschaffen haben und anderen geistigen Wesen würde die Möglichkeit genommen, sich hier auf der Erde auszutoben und sich von unserer Energie zu ernähren. Deshalb gibt es sicherlich viele geistige Wesen, die nicht begeistert sind, wenn jemand eine Erleuchtung erfährt, und die versuchen, denjenigen wieder zu verdunkeln oder zu umnachten. Im Gegensatz zu Laotse hatte Hölderlin nicht alles in sich erlöst und deshalb wirkten nach seinen Erleuchtungserlebnissen wieder geistige Wesen auf ihn.

Denn es haßt dich, was
Du, vor der Zeit
Allkräftige, zum Lichte gezogen.
Nun kennest, nun lässest du dies;
Denn gerne fühllos ruht,
Bis daß es reift, furchtsamgeschäftiges drunten.

In der letzten Strophe wertet Hölderlin über geistige Wesen und bezeichnet manche von ihnen als Feinde des Göttlichen. Sie hassen es, wenn sie vor der Zeit in das Licht gezogen werden. Hölderlin wußte, daß weder er selbst noch die Zeit dafür reif waren, um eine dauerhafte Erleuchtung zu erleben.

Es wird eine Zeit kommen, in der er die verschiedenen archetypischen Kräfte in ihrem Ursprung erleben und in sich integrieren kann, um danach dauerhaft mit der Dimension unserer Seele verbunden zu sein. Für diese künftigen Generationen ist dieses Gedicht geschrieben. Das dunkle Zeitalter wird bald beendet werden und so wird auch er in einer künftigen Inkarnation die Möglichkeit bekommen, wieder eine Erleuchtung zu erfahren. Doch bis dahin will er nicht mehr ans Licht gezogen werden, weil seine Rückreisen im dunklen Zeitalter schwer zu verkraften waren. Nach seinen transzendentalen Reisen erlebte er all die verschiedenen geistigen Wesen, die in unserer Realität wirken und nicht gerade begeistert sind, wenn jemand eine Erleuchtung erlebt. Man ist nach einer Erleuchtung viel sensibler, empfindsamer und man nimmt viel mehr wahr. Die geistige Kraft der Schöpfung wurde erlebt und deshalb hat man auch nach diesem Erlebnis noch so viel Energie, daß man geistige Wesen sehen und diese auch körperlich wahrnehmen kann. Hölderlin hatte niemanden, der ihm helfen oder vor den geistigen Wesen schützen konnte. Deshalb bittet er in den letzten Versen die Mutter Natur, daß er nicht mehr „zum Lichte gezogen" werden soll, bevor er selbst und auch die Zeit dafür reif ist.

Hölderlin war sich vollkommen bewußt, daß er in einem dunklen Zeitalter lebte und er vieles nicht verwirklichen konnte. Die Zeitumstände erlaubten es ihm nicht, daß er seine transzendentalen Reisen in seinen Alltag integrieren konnte. Viele Gedichte wie z.B. Patmos, der Rhein oder Friedensfeier sind für künftige Generationen geschrieben. Irgendwann werden wir wieder zu unserem göttlichen Ursprung zurückfinden und deshalb versucht Hölderlin, uns in seinen Gedichten innerlich anzusprechen, so daß wir uns bewußt werden, wer wir eigentlich sind: Halb Gott und halb Mensch.

In dem Gedicht „Friedensfeier" ist es ein Jüngling in einer erst noch kommenden Generation, der die ursprünglichen

Götter wieder in sich vereint. Der Kontakt zu den Göttern soll wieder hergestellt werden, so daß sie in unser Sein einkehren können und wir so unser Schicksal als Mensch erlösen. Die archetypischen Kräfte der zwölf olympischen Götter sind in all ihrer Vielfalt und in unzähligen Kombinationen auch in uns vorhanden. Sie bewirken unsere individuell unterschiedlichen Charaktereigenschaften genauso wie diejenigen, die wir alle gemeinsam haben. Die ersten Menschen waren vor dem Paradiesfall in einem vollkommenen Einssein mit unserer Seele und somit auch mit den ursprünglichen Göttern.

Das eine Sein hat sich in uns selbst geteilt, so daß unser Ich entstand. Mit der Entstehung unseres Ichs trennten wir uns von all dem, was wir von nun an nicht mehr waren, und so wurde auch das allumfassende göttliche Bewußtsein der ersten Menschen in sich selbst geteilt. Es teilte sich in das, was wir als eigenständige Personen noch wahrnehmen und über unsere Existenz wissen konnten, und das, was für unser Ich nicht mehr zugänglich war. Das allumfassende Bewußtsein teilte sich in uns selbst in unser Ich-Bewußtsein und unser Unterbewußtsein. Unser Unterbewußtsein ist viel größer als unser Bewußtsein, weil es viel mehr gibt, was wir nicht sind, und all dies nach der Teilung des ursprünglichen Einsseins in sich selbst, ist in uns selbst, in unserem Unterbewußtsein, noch vorhanden.

Unser Ich sieht alles von einem zentralen Punkt aus und hat somit eine beschränkte Wahrnehmung, obwohl auf geistiger Ebene noch alles in uns ist, so wie das unbenennbare DAO sowohl in der Leere als auch in allem was Gestalt wurde, weiterhin als schöpferische Kraft vorhanden ist. Es ist der Ursprung von Helligkeit und Dunkelheit und deshalb ist sowohl für Laotse als auch für Hölderlin alles göttlich.

Seit der Entstehung unseres Unterbewußtseins wirken geistige Kräfte in uns, derer wir uns im Verlauf unserer Geschichte immer unbewußter wurden, weil sich unser alltägliches

Leben und unser Denken immer mehr auf unsere gestaltgewordene Realität beschränkte. Unser ursprüngliches allumfassendes Bewußtsein teilte sich in zwei sich gegenseitig bedingende Kräfte: In unser Unterbewußtsein und in unser Ich-Bewußtsein. Weil wir nicht mehr in der ursprünglichen Ganzheit unseres Seins sind und im Sinne des Göttlichen handeln, wirkt unser Unterbewußtsein. Wir handelten nur noch mit unserem Ich-Bewußtsein und deshalb wurden auch die Kräfte, die in unserem Unterbewußtsein wirken, größer und mächtiger. Wenn wir unserem Ich weniger Macht einräumen, so verliert notwendigerweise auch unser Unterbewußtsein an Kraft, weil sich in unserer gestaltgewordenen Realität alle polaren Kräfte gegenseitig bedingen und ergänzen.

Die Götter sind für Hölderlin die höchsten geistigen Wesen, die in und auf uns wirken und unser Schicksal bestimmen. Sie gingen aus dem einen Sein hervor und waren so auch in unserer ursprünglichen Ganzheit integriert. Deshalb gibt Hölderlin in diesem Gedicht einem Jüngling die Möglichkeit, den Kontakt zu den Göttern wieder herzustellen, so daß er sie in sich integrieren kann und sie in unser ursprüngliches Sein einkehren. Der Jüngling erreicht die höchste Stufe spiritueller Entwicklung. Er hat alles erlebt und erfahren und sämtliche Kräfte, die zuvor in seinem Unterbewußtsein gewirkt haben, sind erlöst, so daß es zwischen ihm und der Dimension unserer Seele keine Scheidewand mehr gibt. Sein Unterbewußtsein ist erlöst und somit auch sein Schicksal, weil er alles in sich integriert hat, was sein Schicksal als Mensch bestimmte. Seine Erleuchtung ist nun von Dauer und er erlebt die göttliche Dimension unserer Seele in ihrer vollkommenen Reinheit. Die letzten Menschen werden ihre ursprüngliche Ganzheit erlangen. Ihr Unterbewußtsein und ihr Ich-Bewußtsein fließen zusammen, so daß sie dauerhaft göttliches Bewußtsein haben und sie in allem und alles in ihnen ist. Mit der Einkehr der Götter in unser Sein fließen auch all die unzähligen Erlebnisse und Erfahrungen, die die Menschheit bis dahin erlebt hat, in uns zusammen, weil die Götter diese über oder mit uns gemacht haben.

Hölderlin war es klar, daß er diesen Schritt in seinem damaligen Leben noch nicht vollziehen konnte. Vieles hatte er noch nicht erlebt und er sah auch keine Möglichkeit, daß er unter den damals gegebenen Umständen ein freies Leben führen und sich selbst verwirklichen konnte. Weder in seinem Privatleben noch in seinem Beruf als Dichter war es ihm vergönnt, ein glückliches und erfülltes Leben zu führen. Er wußte, daß das dunkle Zeitalter bald zu Ende gehen wird und danach eine Generation kommt, die wieder Zugang zu unserer Seele hat. In seinen Gedichten bereitet er diese Zeit vor und überbrückt das dunkle Zeitalter. Über den seinen Gedichten innewohnenden Klang und Rhythmus gibt er künftigen Generationen und auch sich selbst für seine späteren Inkarnationen die Möglichkeit, in die Dimension unserer Seele zu reisen. In diesem Gedicht geht er sogar noch einen Schritt weiter, so daß unser Schicksal als Mensch vollständig erlöst ist und wir wieder Eins werden mit der himmlischen Kraft der Schöpfung, unserer Seele.

Viel hat von Morgen an,
Seit ein Gespräch wir sind und hören voneinander,
Erfahren der Mensch; bald sind wir aber Gesang.

Nur wenn wir wieder den Zugang zu den uns innewohnenden himmlischen Dimensionen finden, werden wir aus unserem Schlaf, unserer Unbewußtheit, erwachen und erkennen, daß wir uns eine eigene Dimension erschaffen haben, in der sich unser ganzes Leben abspielt. Mit unseren Gedanken und Vorstellungen halten wir diese permanent aufrecht und projizieren sie ständig von neuem. Wir müssen wieder aus dieser starren und materialisierten Dimension herausfinden und nicht nur Veränderungen innerhalb dieser Dimension vornehmen. Nur wenn wir uns innerlich transformieren, können wir uns von den Kräften befreien, die in unserem Unterbewußtsein in und auf uns wirken und in dieser Realität festhalten. Heute sind wir an einem sehr kritischen Wendepunkt angelangt und es wird sicherlich nicht ausreichen, wenn wir andere Autos bauen und auf alternative Energien umsteigen. Unser Verstand, unsere Vorstellungen und unser Denken haben unsere derzeitige Weltsituation verursacht und deshalb ist es unmöglich, daß wir über alleiniges Denken wieder aus dem Wirrwarr von existentiellen Problemen herausfinden. Das System, in dem wir leben, hat in fast allen Bereichen eine solche Dynamik entwickelt, daß es sich verselbstständigt hat und niemand alle Zusammenhänge in ihrer Kausalität und Wirkung überblicken kann. Hölderlin sagte schon vor über zweihundert Jahren, daß wir uns seit Aristoteles nur noch in eine Richtung entwickelt haben und uns eine künstliche Realität erschufen, die nicht die eigentliche Wirklichkeit ist. Wir nehmen nur noch Lebewesen und Gegenstände wahr, die zu Materie verdichtet sind und wissen nicht mehr, daß alles ein Abbild der geistigen Welten ist. Alles, was wir erleben und wie wir die Welt sehen, ist ein Spiegel von uns selbst und deshalb ist es notwendig, daß wir uns innerlich transformieren und die verschiedenen Themen, die uns umtreiben und beschäftigen, in uns selbst erlösen, so daß wir uns von dem befreien, was in unserem Unterbewußtsein auf uns wirkt und uns in unserer Dimension festhält oder einschließt.

Immer wieder versucht Hölderlin, über den seinen Gedichten innewohnenden Klang und Rhythmus, uns auf eine Reise mitzunehmen, so daß wir den geistigen Urstoff der Schöpfung, unsere Seele, selbst erleben und uns unserer eigenen Göttlichkeit bewußt werden. Er nennt uns Halbgötter und versucht uns innerlich anzusprechen, so daß wir die geistige schöpferische Kraft unserer Seele spüren oder sogar in ihre Dimension einreisen. Es werden Generationen kommen, die wieder zu unserer ursprünglichen Einheit zurückfinden werden. Wir werden wieder Kontakt zu den Göttern haben und diese als letzten Schritt in uns selbst, in unser Sein, integrieren, so daß wir unsere ursprüngliche Ganzheit erlangen und unser Ich-Bewußtsein sich dauerhaft in ein allumfassendes göttliches Bewußtsein transformiert. Die ersten Menschen waren in einer paradiesischen Einheit mit der kosmischen Kraft der Schöpfung und dahin wird es notwendigerweise wieder führen, weil alles nach unendlichen Kreisläufen wieder zu seinem Ursprung zurückkehrt und letztendlich in die Ewigkeit eingeht. Hölderlins Gedichte machen uns Hoffnung und immer wieder ist es die Liebe, die alles verbindet und den Weg zu unserer Seele öffnet. Er sagt uns aber auch, daß wir nicht aus eigener Kraft zurückfinden werden. Im Gedicht „Hymne an die Menschheit" sind es die ausführenden Kräfte des Göttlichen, die wie Blitze des „Rächers" auf die Erde kommen und alles besiegen werden, was die Wahrheit des göttlichen Geistes verhindert. Alles, was wir hier auf der Erde sowohl im Kollektiv als auch individuell erleben, ist ein Spiegelbild von unseren inneren geistigen Welten und deshalb ist es notwendig, daß wir uns auf die Suche nach unserem Ursprung begeben und uns wieder bewußt werden, daß wir in einer mehrdimensionalen Welt leben, in der alles miteinander vernetzt ist. Wir sind göttliche Wesen und in uns selbst ist die ewige geistige Kraft der Schöpfung, unsere Seele, ständig vorhanden. Es ist das Zusammenspiel von unseren Vorstellungen, unseren Gedanken und der uns innewohnenden unbeschreiblichen schöpferischen Kraft, aus dem unsere Realität erschaffen wurde und wird. Wir haben uns so eine eigene kleine Welt erschaffen, ohne uns dessen bewußt zu sein. In diesem Sinne ist unsere materialisierte Realität nur eine momentane Projektion unserer Vorstellungen und unseres

Weltbildes. Nur wenn wir wieder den Zugang zu unserer Seele finden und so irgendwann die uns innewohnende geistige Kraft der Schöpfung selbst erleben, können wir aus unserem Schlaf erwachen und ein höheres allumfassendes Bewußtsein erlangen.

Für Hölderlin sind es deshalb seine heiligen Empfindungen, die ihn leiten und führen sollen, und nicht sein Verstand. Über sie hat er Zugang zu unserer Seele und er weiß, daß unsere Seele alles und jeden miteinander verbindet. Sie wirkt in allen Dimensionen und ist die lebensspendende geistige Kraft der Schöpfung selbst. Wenn wir in ihrem Sinne handeln, aus allumfassender innerer Liebe, so ist alles in Harmonie und nichts kann sich widersetzen, weil sie die mächtigste Kraft ist, deren Ursprung niemand kennt. Aus Ihr ist alles entstanden und in Sie kehrt alles zurück.

In seinem letzten Gedicht, „die Aussicht", das Hölderlin kurz vor seinem Tod geschrieben hat, erklärt er nochmals, daß sich alles, was wir als Mensch erlebt haben und noch erleben werden, vor dem Hintergrund der Ewigkeit abspielt. Die göttliche Ordnung ist ewig und aus ihr gingen alle Bilder hervor und kamen in die Zeit. Sie ist die eigentliche Wirklichkeit und ergänzt alles, was in die Zeit kam, weil sie weiterhin in allem vorhanden ist. Alles, was von der Ewigkeit abgebildet wird, zieht wie Bilder an ihr vorbei. Die Schöpfung selbst wird immer existieren und alles, was von ihr abgebildet wird, ist in ihr enthalten und für sie nur von kurzer Dauer. Irgendwann werden wir Menschen wieder Zugang zu himmlischen Höhen erhalten und diesen Zusammenhang verstehen. So wie aus Bäumen Blüten hervorgehen, werden auch wir wieder blühen und unsere Göttlichkeit erkennen. Der Himmel wird sich uns nicht nur öffnen, sondern wir werden selbst dieser Himmel sein, so wie aus einer Blüte eine Frucht entsteht. Alle Bilder, die aus der Ewigkeit hervorgingen und in die Zeit kamen, sind für die Ewigkeit nur von kurzer Dauer.

Alles was Gestalt wurde, zieht an der Ewigkeit vorbei und geht auch wieder in diese ein, weil die Zeit ein endlicher Ausschnitt innerhalb der Ewigkeit ist. Wenn wir wieder unsere ursprüngliche Ganzheit erlangt haben und selbst die Frucht des Göttlichen sind, so wird sich das Bild von uns in die Ewigkeit auflösen. Wir werden wieder in den ewigen Urstoff der Schöpfung, in unsere Seele, eingehen und neue Bilder werden entstehen.

Daß die Natur ergänzt das Bild der Zeiten,
Daß die verweilt, sie schnell vorübergleiten,
Ist aus Vollkommenheit, des Himmels Höhe glänzet
Den Menschen dann, wie Bäume Blüt' umkränzet.

10 Mein mystisches Erlebnis und die Magie der Zwischenwelten

Als ich ungefähr 37 Jahre alt war, verspürte ich innerlich den Drang, mich auf eine spirituelle Suche zu begeben. Mir war es klar, daß es mehr gibt als unsere gestaltgewordene Realität. Ich las viele spirituelle Bücher und meditierte fast täglich. Als ein damaliger enger Freund meine Bücher sah, empfahl er mir Martin Heidegger und sagte mir, daß die Schriften von Heidegger sehr spirituell sind. Mein Freund unterrichtete Philosophie an der Universität, sein Spezialgebiet war die Phänomenologie von Edmund Husserl und er hatte auch Artikel über die Philosophie Heideggers publiziert. Ein paar Tage später befasste ich mich mit Heidegger und las einen bemerkenswerten Satz von ihm: „Die geschichtliche Bestimmung der Philosophie gipfelt in der Erkenntnis der Notwendigkeit, Hölderlins Wort das Gehör zu verschaffen." Intuitiv wußte ich sofort, daß ich Hölderlins Gedichte lesen mußte und nicht Heidegger. Wieso stellte Heidegger die Gedichte Hölderlins über jegliches Denken aller Philosophie und wie kam er zu dieser Erkenntnis?

Am nächsten Morgen suchte ich im Internet die Gedichte Hölderlins und bei meiner ersten Suche erschien das Gedicht „Der Rhein". Ich hatte noch nie etwas von Hölderlin gelesen und war innerlich sehr gespannt auf das Gedicht. Als ich am PC anfing das Gedicht zu lesen, geschahen die unglaublichsten Ereignisse, die mir je in meinem Leben passiert sind. Auf einmal wurde der erste Vers des Gedichts auf dem Bildschirm riesengroß. Es war, als ob er aus dem Bildschirm herauskommen würde und nachdem ich seine Bedeutung innerlich verstanden hatte, schrumpfte er wieder auf seine normale Größe. Dies geschah in Sekundenschnelle auch mit den folgenden Versen. Ich weiß nicht mehr, wie viele Verse ich gelesen hatte, weil ich innerlich so ergriffen war und etwas Ungeheuerliches passierte: Das Gedicht stellte mir eine Frage, die ich auf geistiger Ebene hören konnte: *Hast du dir alle Wünsche und Träume erfüllt?* Für den Bruchteil einer Sekunde war ich mit meinem bisherigen Leben glücklich und zufrieden. Ich hatte mir nach meinen damaligen Vorstellungen alle Wünsche und Träume erfüllt und konnte in diesem Moment die Frage mit ja beantworten. Ich bekam die zweite Frage gestellt. *Hast du wegen jemandem ein schlechtes Gewissen?* Die einzige Person, wegen der ich wirklich über Jahre ein schlechtes Gewissen gehabt hatte, bat ich einige Jahre vor diesem hier geschilderten Erlebnis um Verzeihung und sie sagte mir, daß sie mein Verhalten verstanden habe und ich mir keine Sorgen machen solle. Mein feiges Verhalten wurde mir verziehen und ich war damals sehr erleichtert und von meinem schlechten Gewissen erlöst. Daraufhin wurde mir eine dritte Frage gestellt: *Hat irgendjemand wegen dir ein schlechtes Gewissen?* Jahre zuvor hatte ich unerwartet, wir hatten uns sicherlich über zehn Jahre nicht gesehen, eine Person getroffen, die mich im Jugendalter sehr verletzt hatte, auch wenn dies sicherlich nicht ihre Absicht war. Ich lud sie auf einen Kaffee ein und sagte ihr, daß sie sich wegen damals keine Sorgen machen muß und für mich alles wieder in Ordnung wäre. Sie lächelte erleichtert und wir verabschiedeten uns friedvoll. Die drei Fragen wurden mir von dem Gedicht wahrscheinlich in Sekundenschnelle oder vielleicht sogar in einem Bruchteil von einer Sekunde gestellt. Die Situationen, um die es in den Fragen ging, erschienen mir vor meinem geistigen Auge und nachdem ich sie reinen Gewissens beantwortet hatte, geschah etwas, das mein Leben dauerhaft verändern sollte: Ein weißlicher Strahl kam ein paar Zentimeter unterhalb meines Bauchnabels aus mir heraus und es war so, wie wenn der Strahl in demselben Moment wieder zurückkommen würde, ohne sich jedoch aufzulösen.

Daraufhin konnte ich den Strahl nicht mehr sehen, aber mein ganzer Körper wurde von einer so starken Energie durchströmt, wie ich sie noch nie erlebt hatte. Von einem Moment auf den andern fühlte ich diese Energie nicht nur in mir, sondern die ganze Erde bebte und ich war energetisch mit allem verbunden.

Meine damalige Partnerin, sie befand sich in demselben Raum wie ich, sagte in ihrer Heimatsprache: „Necesito un iluminado para que se vayan mis diablos", was ins Deutsche übersetzt „ich brauche einen Erleuchteten, damit meine Teufel gehen" heißt. Kurz danach sah ich, wie viele Schatten von ihr gingen. Mehrere Schleier lösten sich von ihr und ihrem Gesicht und verschwanden. Der ganze Raum wurde heller und klarer. Die Energie, die ich in mir verspürte war so stark, daß sowohl mein Körper als auch die ganze Erde vibrierte und von dieser kosmischen Kraft durchdrungen wurde. Es fühlte sich an, als ob ich mit einem Stromkabel verbunden wäre, das Millionen von Volt hat und den ganzen Kosmos durchdringt. Ich wußte sofort, daß gerade etwas geschah, was ich noch nie zuvor erlebt hatte. Mittlerweile war es vielleicht zehn Uhr morgens und ich ging in den Garten. Der hellblaue Himmel war bei strahlendem Sonnenschein vollkommen unbewölkt. Auf einmal sah ich, daß Sterne oder Planeten wie Sternschnuppen vom Himmel fielen. Etwas später öffnete sich der Himmel und es kamen zwei oder drei Blitze direkt zu mir herunter. Sie kamen direkt auf mich zu und es war, als ob sie in mich hineingingen. Mir wurde in diesem Moment bewußt, daß der Ursprung dieser geistigen Blitze viel weiter entfernt ist als alle Sterne und Planeten, die wir am Himmel sehen können. Bei einem der Blitze sah ich unzählige Leben wie aneinandergekettet. Mir war augenblicklich klar, daß dies meine eigenen Inkarnationen sind und sie im Ursprung dieser Blitze schon geschrieben standen. Bei einem anderen Blitz wurde mir bewußt, daß die drei Fragen, die mir zuvor bei dem Gedicht gestellt wurden, schon existierten, bevor es uns Menschen und die Erde überhaupt gab. Gleichzeitig war es aber auch so, als ob ich mir die drei Fragen selbst gestellt hätte, als ich als Mensch und die Menschheit an sich noch gar nicht existierten. Wie konnte ich mir diese Fragen selbst stellen, als es mich in meiner derzeitigen Gestalt noch gar nicht gab?

Die Blitze erweckten in mir ein uraltes Wissen und Bewußtsein. Es war, als ob ich viele Bücher gelesen hätte, an deren Inhalt es keinen Zweifel gibt. Alles, was wir hier als Mensch auf der Erde erleben, steht dort, von wo die Blitze herkamen, schon geschrieben! Für mich war nun klar, daß es in mir etwas gibt, was schon immer existierte und ich göttlichen Ursprungs bin. Ich selbst bin dieser Gott, der mir diese Fragen gestellt hat und es war mein Gewissen als Mensch, das mir das Tor zu unserem Ursprung geöffnet hatte. Es gibt keinen Gott, der im Himmel über uns richtet, sondern wir selbst haben die geistige Kraft der Schöpfung in uns. Der weißliche Strahl kam aus mir selbst heraus und verband mich mit dem ganzen Kosmos und es ist unser eigenes Gewissen, mit dem wir auf einer höheren Ebene über uns selbst urteilen. Für einen Moment war ich frei von allen Wünschen und hatte mir alle Träume erfüllt. Es war dieser kurze Augenblick in dem ich ein reines Gewissen hatte. Ich konnte jemandem verzeihen und mir wurde verziehen. Alle drei zusammen erlaubten mir, in geistige Dimension der Schöpfung einzureisen.

Mittlerweile war die Energie, die meinen Körper durchströmte, noch stärker und ich spürte, daß sie im ganzen Kosmos vorhanden ist und alles belebt und verbindet. Die ganze Erde bebte und ich fühlte mich durch diese unbeschreibliche kosmische Kraft mit allem und jedem verbunden. Noch nie zuvor war ich so glücklich und noch nie zuvor war ich mit jemandem so stark vereint, wie ich jetzt mit allem auf das Innigste vereint war. Die Verbindung zum ganzen Kosmos war so stark, daß ich mich selbst in allem und jedem spürte. Es gibt keine Worte, um mein damaliges Erlebnis trefflich zu beschreiben. Die Liebe, die ich zu allem empfand und fühlte, war zu groß, um sie in Worte zu fassen. Mir wurde immer bewußter, daß diese unbeschreibliche Energie allem und jedem innewohnt. Sie ist die geistige schöpferische Kraft, aus der alles entsteht und die allem Leben spendet.

Am nächsten Tag, ich hatte wahrscheinlich gar nicht oder nur ein paar Minuten geschlafen, fühlte ich mich immer noch mit dem ganzen Kosmos so stark verbunden, daß ich zu allem eine so große Liebe fühlte, wie ich sie noch nie zu jemandem empfunden hatte. Alles war durch diese geistige Energie auf das Innigste mit mir verbunden, so daß ich mich in allem spürte. Es war so, als ob ich selbst in allem wäre und alles in mir. Die Liebe zu den Bäumen und Kakteen in unserem Garten war genauso stark wie zu meiner damaligen Partnerin oder zu meiner Familie. Es gab keine Unterschiede, sondern alles war eins mit der kosmischen Kraft der Schöpfung.

Um die Mittagszeit war die Energie in meinem Körper so stark, daß ich das Gefühl hatte, mein Körper würde sich in diese unbeschreibliche, kosmische geistige Kraft auflösen. Für mich gab es keinen Zweifel, daß ich die Kraft der Schöpfung erleben durfte und daß ich, wenn ich mich jetzt auflösen würde, nicht mehr wiedergeboren werden würde, sondern mich in diese geistige Kraft auflösen würde. Ich sah weißliche Strahlen vom Himmel kommen und die Erde erschaffen oder projizieren. Berge, Bäume sowie alles andere, was wir in der Natur sehen können, werden in diesem Moment erschaffen. Alles ist ein Abbild von der kosmischen Kraft der Schöpfung. Zum einen nahm ich diese kosmische Urkraft als eine unbeschreibliche Energie wahr, die alles miteinander verbindet und belebt. Zum andern erkannte ich auch, daß Gedanken existieren, die eine schöpferische Kraft haben oder die Schöpfung selbst sind. Das Zusammenspiel von beiden erschafft diese Realität und halten sie aufrecht.

Ich war so stark mit allem und jedem verbunden, daß es für mich keine anderen Gefühle und Empfindungen gab, als eine unbeschreibliche Liebe in einem vollkommenen Einssein mit dem ganzen Kosmos. Die geistige Energie, die ich erleben durfte, ist der Ursprung von uns selbst und auch von allen Planeten und Sternen. Mir wurde bewußt, daß ich die eigentliche Wirklichkeit erlebte und unsere gestaltgewordene Realität nur ein Abbild von dieser unglaublichen schöpferischen Kraft ist. Es war, als ob unsere Dimension gar nicht wirklich existieren würde und als ob ich mein ganzes Leben lang in einer Art Traum gelebt hätte. Für Tage fühlte ich mich so frei und glücklich wie nie zuvor in meinem Leben. Doch was sollte ich tun, wenn dieses Erlebnis nicht mehr enden und ich ständig in diesem Einssein bleiben würde? Sollte ich in die Welt hinausgehen und den Menschen von der Großartigkeit der Schöpfung erzählen und sie von ihrer eigenen Göttlichkeit überzeugen? Selbst nach einigen Tagen fühlte ich in meinem ganzen Körper noch eine Energie, die so stark war, daß alles vibrierte und die mich mit dem ganzen Kosmos vereinigte. Mir war klar, daß ich in diesem Zustand nicht arbeiten konnte. Meist saß ich einfach nur da und genoß diese wunderbare Erfahrung. Einige Tage später wurde die Energie etwas schwächer, so daß ich auch aus dem Haus gehen konnte. Wir fuhren in die Berge und als ich am Rande einer Schlucht saß, war mir noch einmal ein Einblick in die himmlische Sphäre der Schöpfung erlaubt: Ich sah, wie leicht weißliche Strahlen die Erde formten und abbildeten.

Die ganze Natur ist ein momentanes Abbild dieser kosmischen Kraft, die ich seit Tagen in mir spürte und mich mit allem vereinigte. Für Tage war mein ganzer Körper von dieser Kraft durchströmt und ich war so stark mit allem und jedem verbunden, daß ich alles als allumfassende Liebe wahrnahm. Eine Liebe, die so stark und rein war, wie ich sie in meinem ganzen Leben noch nicht einmal für einen Moment erlebt hatte. Mir wurde immer bewußter, daß alles aus dieser uns innewohnenden geistigen Kraft erschaffen wurde und wird. Sie ist sowohl in uns selbst, als auch im ganzen Kosmos als lebensspendende Kraft ständig vorhanden. Wir sind direkt von oder aus dieser schöpferischen Kraft erschaffen worden. Daran gibt es keinen Zweifel! Wir sind göttlichen Ursprungs und in uns selbst ist die geistige Kraft der Schöpfung ständig vorhanden. Sie ist es, die uns lebendig macht und mit allem und jedem verbindet. Ich erlebte für mehrere Tage eine Dimension vollkommener Freiheit und Ungebundenheit. Im Laufe der Tage erkannte ich immer mehr, daß ich eine Dimension erlebte, die weit über unserer polaren Realität ist. Die Kräfte, die mich normalerweise umtrieben und beschäftigten, waren wirkungslos und es wirkte in und auf mich nur noch eine einzige Kraft. Es gab keine Unterscheidungen, keine unterschiedlichen Emotionen oder Gefühle, sondern nur noch eine unermeßliche Kraft, die mich mit allem und jedem auf das Innigste vereinte. Dieses Einssein kann ich nur als Liebe beschreiben, eine Liebe die so groß und allumfassend war, wie ich sie noch nie erlebt hatte. Erst viele Monate später verstand ich die tiefere Bedeutung von dem Ereignis, bei dem ich morgens um zehn bei strahlendem Sonnenschein gesehen hatte, wie mehrere Himmelskörper vom Himmel gefallen waren: An der Konstellation der Himmelskörper können wir das vielfältige Zusammenspiel von den Wirkungen der geistigen Kräfte erkennen, die uns beeinflußen und unser Schicksal bestimmen. Ich erlebte eine Dimension, die über unserer polaren Dimension ist und konnte sehen, daß mein Geburtshoroskop aufgehoben wurde. Alle Kräfte, die uns normalerweise an unsere polare Dimension binden und in ihr festhalten, wirkten für die Zeitdauer meines Erlebens nicht mehr auf mich. Für mehrere Tage wirkten keine geistigen Kräfte in meinem Unterbewußtsein, so daß ich vollkommen frei und ungebunden war. Jegliche Polarität war aufgehoben und ich erlebte dies als ein Einssein mit allem und jedem. Mir wurde bei meinem Erlebnis aber auch klar, daß ich in diesem Zustand nicht bleiben konnte, weil ich keinen eigenen Willen mehr hatte, um irgendetwas zu tun oder zu erreichen. Ich hatte noch ein Bewußtsein von mir selbst und gleichzeitig fühlte ich mich in allem. Es gab Momente in denen es sich anfühlte als ob ich alles, also Gott selbst, wäre. Dies waren aber nur kurze Momente, weil ich mir bewußt war, daß ich die unermeßliche geistige Kraft der Schöpfung erleben durfte und auch ich aus ihr erschaffen wurde. Den Ursprung der Schöpfung können wir nicht ergründen oder selbst erleben. Woher stammt diese geistige Kraft, die alles belebt und in allem als schöpferische Kraft vorhanden ist? Woher kamen die Blitze, die auf mich zukamen und mir ein höheres Bewußtsein ermöglichten?

In der geistigen Dimension der Schöpfung existieren auch Gedanken, der Gedanke von mir selbst, von meinem ganzen Leben und meinen verschiedenen Inkarnationen; die drei Fragen und alles was danach geschah, stand im Ursprung der Blitze schon geschrieben, bevor es hier auf der Erde real von mir erlebt wurde. Es gab Momente, in denen die Energie so stark war, daß ich dachte, mein Körper würde sich auflösen. Ich spürte, daß diese geistige Kraft den ganzen Kosmos durchdringt und alles miteinander vernetzt und verbindet. Sie hat schon immer existiert und wird sicherlich ewig existieren. Aus ihr ist im Zusammenspiel mit göttlichen Gedanken alles erschaffen worden und sie ist in allem als lebensspendende Kraft vorhanden. Das alles war für mich jetzt so klar und ich konnte nicht begreifen, daß ich all die Jahre zuvor in einer solchen Unbewußtheit gelebt hatte.

Etwa zwei Wochen nach Beginn meines Erlebnisses begann meine Rückreise. Ich sah, wie ein Schatten in blitzartiger Geschwindigkeit in meine damalige Partnerin einkehrte.

Auf einmal bekam ihre Stimme einen dämonischen Klang. Es war für mich nicht ihre Stimme, sondern so als ob etwas aus ihr spreche würde. Aus dem Bauch heraus sagte ich spontan: „Jetzt hast du es wieder." Mir war sofort klar, daß geistige Wesen zurückkommen, die von der viel stärkeren Kraft der Schöpfung vertrieben worden waren. In der folgenden Nacht konnte ich sehen, wie der Himmel sich zuzog. Riesige Wolken bedeckten ihn und ich bekam eine unheimliche Furcht. Mir wurde bewußt, daß es keine Wolken in unserem Sinne waren, sondern geistige Kräfte, die uns die himmlischen Dimensionen verdunkeln. Am nächsten Morgen war es, als ob ich in eine kleine Kugel oder Glocke einreisen würde, in unsere irdische Realität. Für Momente hatte ich den Gedanken, daß ich etwas erlebt und gesehen hatte, was man als Mensch eigentlich nicht sehen und erleben darf. Mir wurde bewußt, daß wir Menschen uns eine eigene kleine Welt erschaffen haben, die unabhängig der kosmischen Ordnung zu existieren scheint. Viele geistige Wesen waren auf mich aufmerksam geworden, da sie während der zwei Wochen meines Erlebnisses nicht mehr in meiner Nähe sein konnten, weil ich in dieser Zeitspanne eine Dimension erlebte, in der sie nicht mehr wirken können.

Die nächsten Wochen und Monate waren für mich sehr schwierig und ich benötigte einige Jahre, um meine magischen Erlebnisse zu verstehen. In den Monaten nach meinem Erlebnis eines vollkommenen Einsseins mit der geistigen Kraft der Schöpfung erlebte ich eine magische Welt. Im Folgenden werde ich einige wenige Erlebnisse schildern.

In einer Nacht, es war nur wenige Tage nach meinem Erlebnis, hatte ich folgenden Traum: Ich war auf einer Wendeltreppe, die aus vielen, direkt aneinandergeschichteten Brettern bestand, so daß es keine Zwischenräume, also keine einzelnen Stufenhöhen wie bei einer normalen Treppe, gab. Die Treppe bewegte sich im Kreis und unten war ein Mann, der den Pfosten oder das Rohr bewegte, an dem die Bretter befestigt waren. Ich erkannte, daß es Hölderlin war, der die Treppe im Kreis drehte. Auf einmal öffnete sich ein Brett und ich befand mich in der Schulturnhalle meines Heimatdorfes, wo ich vier Jahre in die Grundschule ging. Intuitiv wußte ich, daß die einzelnen Bretter meine unzähligen Inkarnationen sind und Hölderlin diese bewegte und bestimmte. In einem anderen Traum erschienen geistige Wesen und versuchten mir einzureden, daß ich nie ein Erleuchtungserlebnis gehabt hätte. Sie wollten das Erlebnis und mein erlangtes Bewußtsein aus meinem Gedächtnis löschen und verdunkeln. Da stellte sich Hölderlin zwischen mich und die geistigen Wesen und sagte zu ihnen: „Das Erlebnis wird für immer im Gedächtnis bleiben und nie vergessen werden." Daraufhin verschwanden die Wesen und ich erwachte. Mein Traum war so real, daß ich wußte, daß geistige Wesen wirklich existieren und uns verdunkeln. Mir wurde auch bewußt, daß ich mein Erlebnis nie vergessen darf und es meine Aufgabe ist, das erlangt Bewußtsein über Inkarnationen hinweg beizubehalten. Über mehrere Nächte träumte ich Verse und Sätze von Hölderlin und Situationen aus seinem Leben. Danach informierte ich mich im Internet und stellte zu meinem Erstaunen fest, daß das, was ich auf Traumebene erlebt hatte durchaus stimmte. Irgendwann wurden mir die Träume zu vereinnahmend und ich sagte im Traum mit lauter Stimme, daß ich keine solchen Träume mehr haben will. Die Träume von Hölderlin endeten und kehrten auch nicht wieder zurück.

Nachdem ich mich einige Wochen später von meiner Partnerin getrennt und unser gemeinsames Haus verlassen hatte, ging ich in eine ungefähr zwei Autostunden entfernte Stadt und mietete ein Zimmer in einem Hotel. Am nächsten Tag ging ich bei strahlendem Sonnenschein am späten Vormittag in den Stadtpark und beobachtete, wie mehrere Personen Tai Chi praktizierten. Man konnte sofort erkennen, daß sie über eine jahrelange Erfahrung verfügten. Sie benützten Schwerter und ihre Bewegungsabläufe waren sehr harmonisch. Ich setzte mich auf eine Treppe und beobachtete die wunderschönen Bewegungen des Tai Chi. Als die Gruppe ihre Übungen beendet hatte, gesellte sich eine alternativ gekleidete Frau zu ihnen und begann ein Ritual. Unter Verbeugungen bewegte sie ein Gefäß, in dem sie etwas räucherte, in verschiedene Himmelsrichtungen. Danach zerstreute sich die Gruppe und jeder ging seiner Wege. Auf einmal sah ich, wie aus dem Boden eine riesige weißneblige Wolke hervorkam. Sie war so groß wie ein Heißluftballon und für mich wie eine Nebelschwade viele Meter hoch sichtbar. Mir war sofort klar, daß die Frau mit dem Ritual unwissentlich ein großes und mächtiges Wesen gerufen hatte. Weder die Frau noch die anderen Personen waren sich bewußt, daß ein geistiges Wesen erschienen war. Schließlich hatten sie dem Wesen ihre Rücken zugekehrt und sich in alle Richtungen zerstreut. Ich selbst hatte mich auch etwas weiter entfernt, weil ich innerlich gespürt hatte, daß etwas passieren würde. Außerdem war ein Vogel in einem Baum, der schon während des Rituals ungewöhnlich laut gezwitschert und aufgeregt geflattert hatte, so als ob er mich warnen wollte. Mir war bewußt, daß das geistige Wesen sicherlich auf mich aufmerksam werden würde und bin deshalb weggegangen. Am nächsten Morgen ging ich ins Zentrum der Stadt. Es waren sicherlich mehrere hundert Menschen, die umherliefen oder auf Parkbänken saßen und sich unterhielten. Plötzlich sah ich von weitem, es waren vielleicht etwas über zwanzig Meter, eine Frau, aus deren Augen zwei Strahlen kamen, die mich fixierten. Ihre Augen hatten die Größe von dem Licht einer Ampel und ihr Blick kam wie tunnelartige Röntgenstrahlen auf mich zu und zog mich in ihren Bann. Da mich die Frau auf unerklärliche Art und Weise anzog, lief ich zu ihr hin und setzte mich neben sie auf die Bank. Gleich zu Beginn unserer Unterhaltung sagte sie zu mir, daß ich Geister und Dämonen sehen könne und sie wußte auch, daß ich vor kurzem meine Frau verlassen hatte. Außerdem wußte sie, daß ich vorhatte, wieder für eine Zeit nach Deutschland zurückzukehren. Wie konnte sie all dies wissen? Sie erklärte mir, daß es überall Geister und Dämonen gibt, viel mehr als Menschen, und sie diese geistigen Wesen ständig sehen könne. Die Frau beschrieb mir ein Horrorszenario: Geister und Dämonen treiben uns Menschen zu den unmöglichsten Taten. Sie sind es, die uns bestimmen und beherrschen. Vergewaltigungen, Morde und andere schrecklichen Taten werden von Dämonen durch uns Menschen ausgeführt. Wir sind dabei nur der Spielball dieser geistigen Wesen. Ich erwiderte der Frau, daß es in uns auch etwas gibt, das stärker ist als all die Dämonen und nannte ihr als Beispiele Jesus, Buddha und Osho. Wir haben die geistige Kraft der Schöpfung in uns und diese kann uns von allen geistigen Wesen befreien, die hier in unserer polaren Dimension auf uns wirken. Sie erwiderte, daß dies zwar schon richtig sei, aber daß wir Menschen so etwas wie eine Erleuchtung nie erreichen könnten. Mittlerweile war mein linkes Bein fast eingeschlafen und mir wurde das Gespräch zu düster. Deshalb stand ich auf und verließ so schnell wie möglich diese mysteriöse Seherin.

In den folgenden Monaten sah ich oftmals, wie Schatten in Menschen ein- und ausstiegen. Ich war mir bewußt, daß das, was ich als neblige Schatten sehen konnte, geistige Wesen sind, die auf uns wirken. Einmal saß ich im Flugzeug und konnte diesen Vorgang aus nächster Nähe beobachten: Als ein Mann eingeschlafen war, sah ich, wie hinten aus seinem Nacken ein Schatten herauskam und durch das Flugzeug wanderte. Als er in die Nähe einer Frau kam, zuckte diese zusammen und eine andere Frau, sie schlief in diesem Moment, zog eine Decke über sich.

Monate später besuchte ich alte Jugendfreunde. Abends

fing einer der Freunde in betrunkenem Zustand damit an, uns auf das Übelste zu beschimpfen. Ein Schatten kam aus seinem Gesicht heraus und verformte sich zu einer unheimlichen Grimasse. Es war, als ob das Gesicht meines Freundes größer und zu einer monsterhaften Fratze verformt auf mich zukommen würde. Für mich war es nicht mehr seine eigene Stimme, sondern sie hatte einen unheimlichen und dämonischen Klang. Mir war klar, daß gerade ein Dämon aus ihm sprach und dieser sich durchaus bewußt war, daß ich ihn sehen und wahrnehmen konnte. Als ich später mit einem anderen Freund, der an diesem Abend auch anwesend und beschimpft worden war, über das Geschehene sprach, sagte er mir, daß er unseren Freund als betrunken und aggressiv wahrgenommen hatte, aber er hatte den Dämon weder sehen noch hören können.

Als ich nach vielen Monaten wieder eine Nacht in meinem Elternhaus verbrachte, machte ich eine andere, ungeheuerliche Erfahrung. In der Nacht saß ich allein in meinem Jugendzimmer und auf einmal spürte ich, wie mich etwas in den Rücken drückte. Danach spürte ich einen stechenden Schmerz in meinem Arm. Es war mir klar, daß mich geistige Wesen belästigten. Mal war es am Rücken, dann an der Brust und danach wieder an einem Arm oder an den Beinen. Nach einigen Stunden verließ ich mein Elternhaus ohne eine Minute geschlafen zu haben, weil sich die Belästigungen zu Schmerz gesteigert hatten. Ein paar Wochen später besuchte ich erneut meine Eltern. Ich hatte mir vorgenommen, mutiger zu sein und die ganze Nacht in meinem Jugendzimmer zu verbringen. Kurz bevor ich einschlief, spürte ich an meiner Brust eine elektrisierende Wolke. Sicherlich war es ein geistiges Wesen oder sogar eine Ansammlung von mehreren. Als ich am nächsten Morgen aufwachte, hatte ich Fieber, starken Husten, Halsschmerzen und geschwollene Lymphdrüsen. Die Brust schmerzte mich und ich hatte eine heisere Stimme.

Genau dieselben Symptome, die mich im Kindesalter jahrelang begleitet hatten. Als Kind hatte ich bis zu meinem zwölften Lebensjahr immer wieder Bronchitis gehabt. Ich wußte, daß es diese elektrisierende Wolke war, die mich krank machte. Deshalb verließ ich mein Elternhaus, um einige Tage bei einem Freund zu verbringen. Als ich mit dem Auto ein oder zwei Kilometer weit weg war, spürte ich, wie sich eine Wolke von mir löste und dabei machte sie ein Geräusch, als ob sie zerplatzt wäre. Auf einen Schlag war ich wieder vollkommen gesund. Die Lymphdrüsen waren nicht mehr geschwollen und sowohl der Husten als auch die Halsschmerzen und das Fieber, sowie alle anderen Krankheitssymptome waren von einem Moment auf den anderen verschwunden. Seitdem bin ich in meinem Elternhaus nie wieder krank geworden. Im Laufe der Jahre machte ich viele solcher Erfahrungen und ich bin mir heute bewußt, daß letztendlich viele Krankheiten von geistigen Energien oder von geistigen Wesen verursacht werden. Vor über hundert Jahren war es auch in unserem Kulturkreis noch normal, daß man z.B. bei einem epileptischen Anfall von einer Besessenheit sprach. Viele Menschen wußten noch, daß die betroffene Person für die Zeit des Anfalls von einem geistigen Wesen besetzt ist. Viele Naturvölker versuchen auch noch heute, böse Geister zu vertreiben, um kranke Menschen zu heilen.

Das Erlebnis, das ich beim Gedicht „Der Rhein" erleben durfte, veränderte mein Leben vollständig. Für fast zwei Wochen war es mir erlaubt, die schöpferische geistige Kraft unserer Seele sowohl geistig als auch körperlich zu erleben. Für die Zeitspanne dieser zwei Wochen gab es nur noch diese uns innewohnende geistige Kraft, die in mir wirkte und alles in Liebe vereinte. Zu allem und jedem verspürte ich eine unbeschreibliche und allumfassende Liebe. Ich war frei von allen Kräften, die uns normalerweise an unsere vorgestellte Realität binden. Alles war in Harmonie miteinander verbunden und es war so, als ob ich in allem wäre und alles in mir. Noch nie zuvor war ich so frei und von Liebe erfüllt.

Danach kam ich für Monate in eine Art Zwischenwelt und die Erfahrung lehrte mich, daß unzählige geistige Wesen in unserem Unterbewußtsein auf und in uns wirken. Mir wurde auch bewußt, daß wir uns eine eigene vorgestellte Realität erschaffen haben, die nicht die ursprüngliche Wirklichkeit ist. In dieser für mich sehr schwierigen Zeit lernte ich meinen liebsten Freund und Lehrer näher kennen. Er begleitete mich monatelang fast täglich und über viele Jahre so oft es uns möglich war. Für mich ist er die einzige Person, die mich wirklich verstehen konnte. In tausenden Stunden lernte ich, wie und weshalb geistige Wesen in und auf uns wirken. Ich kam in ein Umfeld, in dem sich mehrere Personen liebevoll um mich kümmerten und sehr viel Verständnis für mich hatten, so daß ich ohne Eile wieder in unsere Realität zurückfinden konnte. An dieser Stelle möchte ich mich bei allen bedanken, die mich in dieser sehr schwierigen Zeit unterstützten und mich nicht für psychisch krank hielten. Hölderlin hatte damals nicht dieses Glück, sondern wurde nach seiner Frankreichreise von vielen für verwirrt und geisteskrank gehalten. Später wurde er sogar gegen seinen Willen in eine geschlossene Psychiatrie eingeliefert und mißhandelt. Er hatte damals niemanden, der ihm helfen und ihn verstehen konnte und keinen weisen Lehrer, der ihn begleitete. Das erste Jahr nach meinem Erlebnis eines vollkommenen Einsseins war für mich sehr schwer, weil ich oftmals unzählige geistige Wesen sehen und mir ihre Existenz und Wirkung nicht erklären konnte. Ich war sehr empfindsam und sehr offen für die geistigen Wesen der Zwischenwelten sowie deren Wirkungen. Manchmal war ich ängstlich und ließ nachts das Licht brennen, weil ich die geistigen Wesen dann nicht so oft sehen konnte. Mir half zwar immer wieder mein Bewußtsein, daß uns die geistige Kraft der Schöpfung innewohnt und diese mächtiger ist als alle geistigen Wesen, aber dennoch hätte ich diese schwierige Zeit wahrscheinlich ohne meinen Lehrer und meine Freunde nicht überstanden, ohne verrückt zu werden. Ich hatte die Zeit und die Hilfe, mich in einem harmonischen Umfeld erden zu können und mein Leben in einer unvorstellbaren Freiheit neu zu beginnen. Über viele Monate war ich so empfänglich, daß ich die geistigen Kräfte ungefiltert wahrnahm und sie oft, vor allem dann wenn ich sie nicht sehen konnte, am ganzen Körper spürte.

Es ist sicherlich nicht so, daß es böse Geister gibt, die über unschuldige Menschen herfallen, um sie zu schrecklichen Taten zu treiben oder um sie krank zu machen. Geister, Dämonen und, auf einer viel höheren Stufe, die archetypischen Kräfte der ursprünglichen Götter sind die ausführenden Kräfte unseres Unterbewußtseins. Sie sorgen dafür, daß unser letztendlich selbst erschaffenes Schicksal real Gestalt und erlebt wird. Zwischen unserer gestaltgewordenen Realität und der uns innewohnenden himmlischen Dimension der Schöpfung existieren mehrere geistige Dimensionen. Alle Dimensionen existieren auch in uns selbst, so haben wir mehrere feinstoffliche Körper wie z.B. unseren Astralkörper oder unseren Geistkörper, und in allen gibt es wirkende, ihnen entsprechenden geistigen Kräfte. So hatte ich manchmal Astralreisen in ganz andere Dimensionen, die aber meist schnell endeten, weil ich meinen Astralkörper nicht wirklich mit meinem eigenen Willen lenken konnte und manchmal auch Angst hatte. Doch wir sind nicht nur Spielball von geistigen Wesenheiten, sondern in uns selbst haben wir auch die geistige Kraft der Schöpfung, aus der letztendlich alles erschaffen wurde und wird. Mit Hilfe dieser unbeschreiblichen und schöpferischen Kraft haben wir uns mit unseren Gedanken, Vorstellungen und Wünschen eine vorgestellte Realität erschaffen. Wir haben so in tausenden von Jahren und in unzähligen Inkarnationen sowohl unser individuelles als auch unser Schicksal im Kollektiv bestimmt. Klar gibt es geistige Wesen, die uns zu schrecklichen Taten treiben und die sich von Energien ernähren, die bei einer Folter, einer Ermordung oder bei einer Vergewaltigung entstehen. Andere ernähren sich von den Energien einer Depression oder verursachen diese, indem sie derjenigen Person Energie absaugen, so daß die betroffene Person keine Lebenslust mehr hat und alles wie eine schwarze Wand wahrnimmt. Aber was hat die Person in ihren früheren Leben gemacht, so daß als Konsequenz diese geistigen Wesen auf sie wirken? Hat sie bei einem magischen Ritual diese Wesen gerufen und einen Wunsch geäußert, ihnen Blut geopfert oder hat sie diese Wesen über Inkarnationen hinweg sogar angebetet? Gibt sie diesen Wesen auch heute noch mit ihren Handlungen und Gedanken die entsprechende Energie? Unser Schicksal ist nicht durch Zufall entstanden, sondern ist eine vielschichtige Folge von Aktion und Reaktion in einer mehrdimensionalen Welt, in der alles miteinander vernetzt ist. Viele geistige Wesen haben wir über Rituale, Handlungen und über unsere Wünsche oder einfach dadurch, weil wir ständig an etwas gedacht haben, selbst erschaffen. Andere sind entstanden, weil wir unsere Seele an sich oder einen Aspekt in uns unterdrückt haben. Es gab aber wahrscheinlich auch schon geistige Wesen, bevor es uns Menschen in unserer derzeitigen materialisierten Gestalt gab. Wir haben sie mit unseren Handlungen angelockt und die dunklen von ihnen mit unseren Energien wie Haß oder Wut ernährt. In vielen Jahren lernte ich, daß es nicht darum geht, über die geistigen Wesen als gut oder böse oder als hell oder dunkel zu urteilen, sondern darum, daß wir herausfinden, warum etwas in oder auf uns wirkt. Was für ein Thema oder was für einen Aspekt dieses Themas haben wir nicht in uns erlöst und was ist uns noch nicht bewußt?

Mittlerweile sind seit dem Erlebnis, das ich bei dem Gedicht „Der Rhein" machen durfte, fast dreizehn Jahre vergangen. Noch immer spüre ich oftmals geistige Wesen. Meist nehme ich sie als eine elektrisierende Wolke körperlich wahr, ohne sie jedoch sehen zu können. Manchmal machen sie sich so stark bemerkbar, daß ich ein starkes Stechen im Rücken verspüre, das in Schmerzen ausarten kann, wenn man ihnen kein Gehör schenkt. Aus Erfahrung weiß ich, daß es um etwas geht, was ich oder eine mir sehr nahestehende Person noch zu erlösen hat. Wir haben uns in tausenden von Jahren den Zugang zu unserer Seele in unzähligen Variationen unzugänglich gemacht. Die uns innewohnende geistige Kraft der Schöpfung haben wir dazu verwendet, um uns mit unseren Vorstellungen, Gedanken, Meinungen und Handlungen eine eigene Realität zu erschaffen. Weil wir nur nach unseren eigenen Vorstellungen, Regeln und Gesetzen unser Leben gestalteten und noch immer gestalten, ist auch, um es mit Hölderlins Worten zu benennen, eine „Scheidewand" entstanden, die uns von den himmlischen Dimensionen trennt und deren Kräfte sowohl individuell als auch im Kollektiv in unserem Unterbewußtsein auf und in uns wirken. In diesem Sinne sind die geistigen Wesen, die uns die himmlischen Dimensionen verdunkeln und uns in unserer Dimension festhalten, ein Spiegelbild von unseren Vorstellungen und Wünschen. Nur wenn wir die Vorstellung, die wir von uns selbst haben, ändern und uns bewußt wird, daß uns die ewige geistige Kraft der Schöpfung innewohnt, können wir die von uns projizierte Realität dauerhaft verändern. Auch heute gibt es nur sehr wenige Menschen, die akzeptieren, daß es eine kosmische Ordnung und einen himmlischen Willen gibt. Unser vorgestelltes Verständnis von uns selbst, unser Ich-Bewußtsein und das daraus entstandene Ego sind zu mächtig, um etwas Größeres zuzulassen. Wir haben ein Bild von uns selbst erschaffen, das vorgestellt ist und nicht der eigentlichen Wirklichkeit entspricht. Die meisten wollen sich von niemandem bestimmen lassen und versuchen, oft sogar mit Gewalt, ihre vorgestellten

Meinungen zu verwirklichen und durchzusetzen. Nur wenige sind sich wirklich bewußt, daß wir in einer vergänglichen, vorgestellten Realität leben und uns etwas viel Größeres innewohnt. Wenn man im Einklang mit der kosmischen Ordnung handelt, so ist es nicht so, daß man fremdbestimmt wird, sondern man handelt im Einklang mit seinem innersten Kern, unserer Seele. Sie ist der geistige Urstoff der Schöpfung, der uns alle in Liebe und Harmonie verbindet. Deshalb sollten wir lernen, auf unsere innere Stimme zu hören und nicht nur auf unseren Verstand. Es sind unsere Empfindungen, die uns mit der geistigen Dimension unserer Seele verbinden und nicht unsere Vorstellungen. Wenn wir im Einklang mit unserer Seele handeln, so handeln wir aus einer dimensionsübergreifenden inneren Ganzheit und sind in Harmonie mit den geistigen Kräften der Schöpfung.

Wir sollten uns bewußt werden, daß unsere gestaltgewordene Realität ein Abbild von unseren Vorstellungen ist und wir, wie in einem Traum, nicht die eigentliche Wirklichkeit erleben. Uns steht in den nächsten Jahrzehnten ein großer Wandel bevor, den wir sicherlich nicht mit alleinigem Denken bewältigen können, weil es unsere Gedanken, Ideen und Vorstellungen waren, mit denen wir uns selbst in eine Sackgasse geführt haben. Es wird nicht ausreichen, etwas innerhalb unserer Realität zu verändern, sondern wir müssen uns aus unserer selbsterschaffenen Dimension an sich befreien, so daß wir aus unserem Traum erwachen und ein höheres Bewußtsein erlangen. Das dunkle Zeitalter hat seinen Höhepunkt erreicht und deshalb ist es unsere Aufgabe, uns innerlich für die kommenden, höheren geistigen Dimensionen zu öffnen. Für Hölderlin sind wir halb Gott und halb Mensch. Mit erwachtem Bewußtsein bereitet er uns in seinen Gedichten auf ein neues Zeitalter vor. Er versucht, uns in die geistige Dimension der Schöpfung mitzunehmen, so daß wir allumfassende Liebe und vollkommene Freiheit selbst erleben und in Demut die unermeßliche schöpferische Kraft unserer Seele, unseren Ursprung und eigentliche Größe erkennen.

Aus tiefstem Herzen bedanke ich mich bei diesem großen Dichter, beim unbenennbaren höchsten Himmel und all seinen ausführenden geistigen Kräften für das himmlische Geschenk, das ich mit Hilfe des Gedichts „Der Rhein" erleben durfte.

Literaturverzeichnis

Hölderlin, Die Gedichte, Herausgeber Jochen Schmidt, Insel Verlag, Frankfurt am Main und Leipzig 1999

Friedrich Hölderlin, Sämtliche Werke, Briefe und Dokumente in zeitlicher Folge, 12 Bände, Herausgegeben von D.E. Sattler, Bremer Ausgabe, 2004, Luchterhand Literaturverlag, München

Friedrich Hölderlin, Sämtliche Werke und Briefe, Hrsg. Michael Knaupp, Carl Hanser Verlag München, 2. Auflage 2019; dreibändige Sonderausgabe

LAOTSE, Tao Te King, Aus dem Chinesischen von Richard Wilhelm, Fischer Taschenbuch Verlag, Frankfurt am Main, September 2008.

Tao Te King, Übersetzung eines unbekannten Verfassers, privat

Osho, Tao, Los Tres Tesoros, volumen 1; Editorial Sirio, S.A., Malaga, Spanien, 4. Ausgabe November 2009; spanische Übersetzung von Swami Dhyan Mandir, mit Genehmigung Osho International Foundation, Zürich, Schweiz; Originalausgabe: Osho, the Three Treasures, der Osho International Foundation 1975, Zürich, Schweiz, 1975

C.G. Jung: Die Beziehungen zwischen dem Ich und dem Unbewußten, dtv, Januar 2001, 11. Auflage November 2009; C.G. Jung-Taschenbuchausgabe in elf Bänden, Herausgegeben von Lorenz Jung auf der Grundlage der Ausgabe „Gesammelte Werke"